Cultura e Razão Prática

Coleção
ANTROPOLOGIA SOCIAL
fundada por Gilberto Velho
dirigida por Karina Kuschnir

- O Riso e o Risível
  Verena Alberti

- Falando da Sociedade
- Outsiders
- Segredos e truques da pesquisa
- Truques da Escrita
  Howard S. Becker

- Antropologia Cultural
  Franz Boas

- O Espírito Militar
- Os Militares e a República
  Celso Castro

- Bruxaria, Oráculos e Magia entre os Azande
  E.E. Evans-Pritchard

- Futuros Antropológicos
  Michael M.J. Fischer

- Nova Luz sobre a Antropologia
  Clifford Geertz

- O Cotidiano da Política
  Karina Kuschnir

- Cultura: um Conceito Antropológico
  Roque de Barros Laraia

- Guerra de Orixá
  Yvonne Maggie

- Evolucionismo Cultural
  L.H. Morgan, E.B. Tylor, J.G. Frazer

- A invenção de Copacabana
- De Olho na Rua
  Julia O'Donnell

- A Teoria Vivida
  Mariza Peirano

- Cultura e Razão Prática
- História e Cultura
- Ilhas de História
- Metáforas Históricas e Realidades Míticas
  Marshall Sahlins

- Antropologia Urbana
- Um Antropólogo na Cidade
- Desvio e Divergência
- Individualismo e Cultura
- Projeto e Metamorfose
- Rio de Janeiro: Cultura, Política e Conflito
- Subjetividade e Sociedade
- A Utopia Urbana
  Gilberto Velho

- Pesquisas Urbanas
  Gilberto Velho e Karina Kuschnir

- O Mistério do Samba
- O Mundo Funk Carioca
  Hermano Vianna

- Sociedade de Esquina
  William Foote Whyte

Marshall Sahlins

CULTURA E RAZÃO PRÁTICA

Tradução:
Sérgio Tadeu de Niemayer Lamarão

Revisão Técnica:
Luís Fernando Dias Duarte
Departamento de Antropologia,
Museu Nacional/UFRJ

ZAHAR

Título original:
Culture and Practical Reason

Tradução autorizada da primeira edição norte-americana
publicada em 1976 por The University of Chicago Press,
de Chicago, EUA

rua Marquês de S. Vicente 99 – 1º | 22451-041 Rio de Janeiro, RJ
tel (21) 2529-4750 | fax (21) 2529-4787
editora@zahar.com.br | www.zahar.com.br

Grafia atualizada respeitando o novo
Acordo Ortográfico da Língua Portuguesa

Capa: Joana Leal
Composição: TopTextos Edições Gráficas

CIP-Brasil. Catalogação na fonte
Sindicato Nacional dos Editores de Livros, RJ

Sahlins, Marshall David, 1930-
S138c Cultura e razão prática / Marshall Sahlins; tradução Sérgio Tadeu de Niemayer Lamarão; revisão técnica Luis Fernando Dias Duarte. – Rio de Janeiro: Zahar, 2003.
(Antropologia social)

Tradução de: Culture and practical reason
Inclui bibliografia
ISBN 978-85-7110-696-3

1. Etnologia. 2. Materialismo dialético. 3. Antropologia estrutural. I. Título. II. Série.

CDD: 306
02-2169 CDU: 315.7

SUMÁRIO

Tudo que existe, existe de uma maneira determinada e tem propriedades definidas.

EMILE DURKHEIM

"Représentations individuelles et représentations collectives", 1898

PREFÁCIO

Este livro representa uma crítica antropológica da ideia de que as culturas humanas são formuladas a partir da atividade prática e, mais fundamentalmente ainda, a partir do interesse utilitário. À ideia em questão chamo geralmente de "teoria da práxis", quando a atenção recai nas formas de atividade econômica, ou de "teoria da utilidade", quando diz respeito à lógica do proveito material governando a produção. Gostaria de restringir a "práxis" basicamente ao sentido da ação produtiva, seu sentido principal nos escritos marxistas, incluindo, como nessa literatura, tanto os aspectos objetivos do processo quanto os subjetivos: por um lado, as relações e meios de produção historicamente dados; por outro, a experiência que os homens têm de si próprios e dos objetivos da sua existência durante a transformação produtiva do mundo através de uma determinada forma instrumental. A "utilidade" pode igualmente ser pensada nas dimensões subjetiva e objetiva, embora muitas teorias não especifiquem bem qual a lógica prática que tomam como base da ordem cultural. Para algumas, contudo, é claro que a cultura deriva da atividade racional dos indivíduos na perseguição dos seus melhores interesses. Este é o "utilitarismo" propriamente dito; sua lógica é a maximização das relações meios-fins. As teorias da utilidade objetiva são naturalistas ou ecológicas. Para elas, o saber material determinante substancializado na forma cultural é a sobrevivência da população humana ou da ordem social dada. A lógica exata é o proveito adaptativo ou a manutenção do sistema dentro de limites naturais de viabilidade. Contrapondo-se a todos esses gêneros e espécies de razão prática, este livro apresenta uma razão de outra espécie: a simbólica ou significativa. Toma como qualidade distintiva do homem não o fato de que ele deve viver num mundo material, circunstância que compartilha com todos os organismos, mas o fato de fazê-lo de acordo com um esquema significativo criado por si próprio, qualidade pela qual a humanidade é única. Por conseguinte, toma-se por qualidade decisiva da cultura — enquanto definidora para todo modo de vida das propriedades que o caracterizam — não o fato de essa cultura poder conformar-se a pressões materiais, mas o fato de fazê-lo de acordo com um esquema simbólico definido, que nunca é o único possível. Por isso, é a cultura que constitui utilidade.

O debate deste livro, como já sugere esta breve sinopse, compreende, a um só tempo, um diálogo complexo de teorias entre si e em relação às espécies de sistemas culturais que pretendem explicar. No capítulo 1 tem-se uma descrição de certas dificuldades encontradas pelo materialismo histórico na análise das chamadas sociedades primitivas. Desta discussão parece razoável concluir, pelo menos provisoriamente, que o marxismo e os estruturalismos antropológicos aceitos são somente contribuições teóricas relativas, apropriadas respectivamente para épocas históricas ou universos culturais específicos. Já no segundo capítulo sugere-se que os problemas que dividem o marxismo e a teoria cultural têm similares profundos na história do pensamento antropológico sobre a sociedade "primitiva". A elucidação da controvérsia entre a razão cultural e prática dentro da Antropologia, como é aí feita, torna possível criticar o materialismo histórico no capítulo 3 e inserir a sociedade burguesa no reino da ordem simbólica no capítulo 4. Este último engendra o título do trabalho, *Cultura e razão prática*, numa dupla de entendimento característica do constante movimento do livro entre a oposição de teoria com teoria e a confrontação da teoria com objeto, pois o propósito do capítulo 4 é o de realçar a estrutura simbólica na utilidade material. O capítulo final oferece as primeiras conclusões do exercício todo: a utilidade *versus* o "primitivo" no nível do fato.

Assim, o livro desenvolve uma posição — no que diz respeito ao significativo — na disputa com o pensamento prático, que é clássica não só na antropologia como em toda a ciência social (sem falar na filosofia). Além disso, é um debate para o qual o conhecimento de qualquer sociedade e história é pertinente. É claro que eu não poderia esperar (ou querer) escapar de ser acusado pela documentação que apresento na controvérsia nem, infelizmente, poderia esperar que a solução oferecida escapasse de ser categorizada dentro da procustiana oposição de "idealismo" e "materialismo", em cima da qual a discussão normalmente acontece. Quanto à documentação, eu só sustentaria a escolha das teorias e descobertas antropológicas como um lugar privilegiado para tal debate. Isto porque o conceito antropológico de cultura coloca o desafio à razão prática na sua forma mais enérgica e também porque, como mostrarei no devido tempo, este mesmo conceito deixa para trás dualismos tão antigos como espírito e matéria, e idealismo e materialismo. Dentro da própria antropologia, escolhi certos autores e sociedades para situar e exemplificar as questões principais. Claro que a seleção foi orientada pelo que melhor parecia servir a estes propósitos, mas aí também, certamente, as limitações e idiossincrasias da experiência individual devem ter agido. Por esta razão, qualquer comentário baseado em outras fontes e disciplinas será bem-vindo. Ele só viria confirmar o ponto essencial: que o debate entre o prático e o significativo é a questão fatídica do pensamento social moderno.

Quanto à acusação de "idealismo" que qualquer insistência no significativo parece acarretar, parece-me que tem sua origem precisamente no tipo de relações sujeito/objeto da epistemologia pré-simbólica e pré-antropológica, cuja transcendência foi a condição histórica do conceito de cultura. Voltar agora a essa linguagem seria privar o conceito de suas propriedades determinadas. O problema da cultura seria reduzido aos termos da endêmica antinomia ocidental de um sujeito sem mundo em confronto com um objeto sem pensamento, arraigada oposição entre espírito e matéria onde 2.500 anos de filosofia desenharam a linha da realidade em todas as posições concebíveis, desde o idealismo do bispo Berkeley até o materialismo de Vladimir Illitch. Inserir a cultura na mesma problemática é simplesmente indagar se ela representa a experiência "real" do sujeito ou as suas concepções ideais, quando, em verdade, ela é a condição social de possibilidade de cada uma e de ambas. Boas, como veremos, iria formular a moderna noção de cultura exatamente a partir do descontentamento com este quadro não mediado entre sujeito/objeto. Passando sucessivamente da física à psicofísica e daí à geografia, linguística e etnologia, ele descobria, a cada momento, a mesma espécie de descontinuidade entre o subjetivo e o objetivo e também uma razão mais geral, coletiva (menos kantiana e mais cultural) para a descontinuidade. No plano etnológico, finalmente, o termo interposto veio a ser a tradição coletiva, que informa a percepção subjetiva através de uma concepção histórica. É aqui que está a contribuição especificamente antropológica ao dualismo estabelecido: um terceiro termo, a cultura, não simplesmente mediando a relação humana com o mundo através de uma lógica social de significação, mas compreendendo através daquele esquema os termos objetivo e subjetivo relevantes da relação.

Neste livro, afirmo que o significado é a propriedade específica do objeto antropológico. As culturas são ordens de significado de pessoas e coisas. Uma vez que essas ordens são sistemáticas, elas não podem ser livre invenção do espírito. Mas a antropologia deve consistir na descoberta do sistema, pois, como espero mostrar, não pode mais contentar-se com a ideia de que os costumes são simplesmente utilidades fetichizadas.

1 O MARXISMO E OS DOIS ESTRUTURALISMOS

A questão que primeiro inspirou este livro foi se a concepção materialista da história e da cultura, tal como formulada teoricamente por Marx, poderia ser transferida sem problemas para a compreensão das sociedades tribais. Uma vez que me parecia que não, a questão tornou-se: qual a natureza real da dificuldade?

Apresso-me a acrescentar que a referência é ao sistema materialista tal como exposto metodologicamente em passagens dos *Manuscritos econômicos e filosóficos de 1844*, *A ideologia alemã*, *As teses sobre Feuerbach*, *A contribuição à crítica da economia política*, os *Grundrisse*, *O capital* e outros trabalhos de Marx que irão sendo citados aqui. A teoria social geral realçada nesses estudos é comumente tratada como "materialismo histórico". Sabe-se bem que Marx nunca usou o termo "materialismo histórico" (ou "materialismo dialético") para descrever sua filosofia. A necessidade de tais rótulos surgiu mais tarde — e isso pode ser sintomático quanto ao problema que nos ocupará. Estudiosos sérios de Marx têm observado que lhe faltou sistematizar de modo adequado as práticas que realmente usou nas análises mais concretas da história e da sociedade capitalista. Nesse sentido, o presente trabalho poderia ser pensado como uma resposta em dois níveis à disparidade, uma vez que ele toma essa brecha epistemológica entre prática e conceito como um momento para refletir sobre a conveniência da práxis material para dar conta da ordem cultural.

Tal reflexão desemboca necessariamente numa crítica interna da teoria antropológica como tal. Além disso, acredito que o contato com sociedades tribais e camponesas gerou algo novo e autêntico na antropologia, particularmente no seu conceito de cultura, e me encaminho para defender este ponto. Seria uma reflexão desanimadora — embora concebível — sobre a nossa suposta "ciência" se a interpretação materialista, tal como desenvolvida por Marx em meados do século XIX pudesse ser aplicada sem problemas ao mundo tribal. Cem anos de pensamento e trabalho de campo, todo aquele desconforto mental e físico, teriam sido literalmente para nada — uma volta imensa pelo interior não mapeado da humanidade que simplesmente nos traria de volta ao ponto de partida. Nada do que aprendemos sobre cultura humana nas aldeias indígenas, africanas ou polinésias teria apresentado quaisquer surpresas reais. Ao contrário, a antropologia, serva do imperialismo, além das suas contribuições para espalhar a política e ideologia ocidentais, teria se revelado um grande passatempo intelectual: a sociedade burguesa coçando a cabeça.

Isso poderia acontecer. Por outro lado, o materialismo aceito tem tido suas dificuldades com o conhecimento antropológico. Determinar a origem do problema seria um grande serviço tanto para a teoria antropológica como para a marxista. Pois, pelo simples fato de ser a antropologia a cria de uma sociedade burguesa, cujas supostas virtudes superiores ela não referenda, sua intenção maior pode ser a mesma do materialismo crítico: "ajudar os homens a sair de sua autoconstruída prisão de incompreendido determinismo econômico" (Schmidt, 1971, p.41). É este o espírito deste livro.

A resistência da sociedade tribal à teoria materialista tem tido muitas expressões. Houve claras antecipações do problema nos trabalhos de Marx e Engels: cautela quanto à pertinência da dialética material, onde os meios de produção não confrontam os produtores enquanto forças retificadas e alienadas; circunspecção quanto às forças formativas da base econômica relativas aos laços "naturais" de "sangue"; observação da imutabilidade das comunidades aldeãs arcaicas (ver especialmente Marx, 1964; 1967 [1867], 1: 358; Engels, 1972 [1891]; Marx e Engels, 1936, p.405-6). De forma que agora, para cada pretensão de universalidade da interpretação materialista, existe uma contrapretensão da sua relatividade. Para cada afirmação da sua aplicabilidade ao todo da história (Althusser e Balibar, 1970; Terray, 1972) há uma reserva da sua especificidade ao crescimento e declínio do capitalismo (Petrovic, 1967; Schmidt, 1971). A polêmica incide sobre o estatuto teórico do materialismo histórico enquanto a ciência da História ou — coruja de Minerva alçando voo no crepúsculo — enquanto autoconsciência crítica da sociedade capitalista avançada,

Entretanto, dentro da própria academia antropológica, o materialismo histórico não tem sido um desqualificado sucesso. Claro que existem resistências ideológicas, mas também existem críticas sérias. Este capítulo levanta algumas das principais conclusões de certos debates recentes entre o marxismo e os dois estruturalismos antropológicos, o inglês e o francês. Mas antes, algumas regras de base para tal discussão.

Seria puro "terrorismo" por parte do marxismo refutar esses argumentos antropológicos como idealismo burguês (cf. Sartre, 1963). Mas seria de igual modo desanimador para a antropologia adotar o mesmo terrorismo ao contrário, descartando o desafio marxista como um "determinismo econômico vulgar", uma compreensão "reflexionista" ingênua das relações entre a base econômica e as superestruturas político-ideológicas. Há exemplos concretos suficientes em Marx, para não mencionar as bem-conhecidas explicações na correspondência de Engels, que justificam deixarem-se de lado tais críticas. A questão adrede ao debate com o estruturalismo inglês é real: a relevância do esquema analítico marxista para uma sociedade que não conhece uma distinção organizacional entre base e superestrutura, quer dizer, onde as duas são formalmente a mesma estrutura. Em compensação, este problema morfológico ou institucional é somente um aspecto da questão mais profunda da controvérsia entre marxismo e o estruturalismo francês.

"Controvérsia" pode não ser a palavra correta. Em algumas instâncias, existe uma acomodação difícil. O furioso caso de amor-ódio entre estruturalismo e marxismo comprova a exatidão do relatório etnográfico de Luc de Heusch sobre o Quartier Latin, quando conclui que a *intelligentsia* francesa é a mais nervosa da Europa. Além disso, as maneiras usuais pelas quais os dois são opostos — a sincronia do estruturalismo à diacronia do marxismo, o idealismo daquele ao materialismo deste — tornam difícil de entender como se deveria ainda pretender uma síntese. É verdade que alguns militantes desprezam o estruturalismo por seu aparente imobilismo. Mas Lévi-Strauss diz que, num certo sentido, é marxista (1965, p.61; 1966, p.130); do mesmo modo que Godelier acha que Marx era um estruturalista (1972). Além disso, esta atração entre opostos tem similar na própria antropologia, no fascínio que Lévi-Strauss sente pelos etnólogos anglo-saxãos, apesar do seu habitual e obstinado empirismo. O que o estruturalismo parece oferecer, além mesmo da concepção da continuidade na história que Marx reconhecia para determinadas sociedades pré-capitalistas, é uma afirmação explícita da cultura na práxis, da ordem simbólica na atividade material.

Marx está também entre os primeiros a reconhecerem isto. Mas, para usar uma distinção de Althusser, reconhecer um fato importante, *vê-lo*, não é o mesmo que desenvolver o seu conceito. As formulações gerais da teoria da cultura de Marx subordinariam a lógica social da produção à lógica instrumental do trabalho e, assim, transformariam as *coordenadas* simbólicas do ser social em *consequências* daquele ser. A relação entre a ação produtiva no mundo e a organização simbólica da experiência — eis o ponto crítico entre o marxismo e o estruturalismo francês; este é também o problema nos debates restritos à antropologia sobre a razão cultural e prática. A discordância é sobre a adequação da práxis para instituir a ordem humana.

A discussão a seguir procura estabelecer o quadro de referências dessa discordância e de todos os seus corolários, igualmente fundamentais, referentes às relações entre estrutura e evento, cultura e natureza, ideologia e economia. Talvez a importância da questão, da mesma forma que as dificuldades que o marxismo e o estruturalismo enfrentam ao fugirem um do outro, seja aumentada pela observação de que a visão marxista do futuro socialista, o controle pela sociedade do controle da sociedade sobre a natureza, é muito semelhante à ideia que, antes dela,

Lévi-Strauss e Boas haviam sustentado sobre o passado primitivo. Ora, não é este o entendimento antropológico essencial da própria cultura?

O marxismo e o estruturalismo inglês: a controvérsia Worsley-Fortes

Quando Peter Worsley (1956) submeteu os estudos de Meyer Fortes sobre os Tallensi (principalmente os de 1945, 1949) a uma crítica marxista, adotou uma estratégia que parecia mais analítica que dialética. "É necessário", escreveu, "fracionar um sistema de relações de parentesco, que é um sistema unitário de relações entre pessoas, nos seus *sistemas componentes intencionais* de ordem diferente (econômica, procriativa, ritual etc.) e examinar as relações entre esses sistemas" (1956, p.64, grifo meu). Aqui já se tem um impressionante afastamento do materialismo aceito. O exame analítico que Worsley realiza sobre o sistema de linhagem dos Tallensi é exatamente o oposto do procedimento usado por Marx para desmistificar o capitalismo ocidental. Worsley é obrigado a desmembrar uma unidade aparente de modo a descobrir as relações ocultas entre as suas partes; para Marx, o problema era descobrir a unidade entre as partes — a economia, a lei, o Estado — que se apresentavam distintas e autônomas.

Essa diferença de método é, acho eu, a contrapartida teórica de uma diferença de objeto cultural. A síntese materialista alcançada por Marx foi um triunfo sobre a aparência enganosa e peculiar da sociedade burguesa. Lukács explica: "A economia, a lei e o Estado aparecem aqui como sistemas fechados que controlam o todo social, em virtude da perfeição do seu próprio poder e pela sua própria construção em leis." ... "O materialismo histórico", conclui Lukács, "foi uma conquista que fez época exatamente porque foi capaz de ver que esses sistemas, na aparência totalmente independentes, herméticos e autônomos, eram, na verdade, aspectos de um todo inclusivo e que a sua independência devia ser ultrapassada" (Lukács 1971, p.230). Mas os Tallensi, da forma como Worsley os descreve, apresentam esse problema ao inverso:

> Vimos que aquelas pessoas, perante as quais alguém se situa, por exemplo, numa relação *política* particular, são também as mesmas perante as quais alguém se situa em outras relações — moral, religiosa, educacional etc. Os laços que ligam os indivíduos na sociedade Tale não são somente laços de interesse unitário; existe uma rede complexa de laços de entrosamento que mantêm as pessoas juntas. Essa multiplicidade de laços é principalmente expressa no idioma do parentesco. As relações políticas entre os grupos são igualmente expressas em termos de parentesco, embora o conteúdo de tais relações seja obviamente de natureza diferente do conteúdo das relações entre a parentela real. A relação de parentesco é, então, a estrutura do sistema social total; os

> vários laços que mantêm as pessoas juntas coincidem com os da relação de parentesco direta, e isso dá forma à estrutura da sociedade como um todo. [1956, p.63.]

Worsley é portanto levado a encontrar uma diversidade na unidade institucional — segundo o modelo de um método para descobrir a unidade numa diversidade institucional. Para se ter um quadro mais claro dessa inversão teórica, permitam-me reproduzir a mais famosa das declarações de Marx sobre os princípios materialistas:

> A conclusão geral a que cheguei e que, uma vez alcançada, continuou servindo de linha-mestra aos meus estudos, pode ser brevemente resumida como se segue: na produção social que os homens realizam eles entram em relações definidas que são indispensáveis e independentes da sua vontade; essas relações de produção correspondem a um estágio definido de desenvolvimento das suas forças materiais de produção. A soma total dessas relações de produção constitui a estrutura econômica da sociedade — os verdadeiros alicerces em cima dos quais se erguem as superestruturas política e jurídica e às quais correspondem formas definidas de consciência social. O modo de produção na vida material determina o caráter geral dos processos de vida social, política e espiritual. Não é a consciência dos homens que determina sua existência mas, ao contrário, sua existência social é que determina sua consciência. [Marx 1904 (1859), p.11-2.]

Marx prossegue, é claro, delineando a dialética da mudança: o conflito entre as forças materiais em desenvolvimento e as relações de produção estabelecidas, levando à revolução social, à transformação da base econômica e, consequentemente, à transformação mais ou menos rápida de "toda a imensa superestrutura". Tanto a dinâmica quanto a determinação na teoria, o movimento diacrônico e a relação sincrônica, pressupõem uma ordem cultural diferenciada. A sociedade enfocada pela teoria materialista está dividida em "sistemas intencionais compostos" — economia, política, ideologia — cada um organizado por instituições especializadas (Mercado, Estado, Igreja, etc.). A própria formulação de Marx do materialismo histórico contém um *a priori* estrutural definido — mas de uma espécie que a antropologia tem reconhecido como particular e histórica.

A marca registrada do "primitivo" na ordem das culturas humanas é exatamente a ausência da diferenciação entre base e superestrutura suposta pela concepção materialista. O termo não tem tido qualquer uso sensível na antropologia, a não ser para designar uma estrutura generalizada. Nas culturas tribais, a economia, a política, os rituais e a ideologia não aparecem como "sistemas" distintos, nem as relações de parentesco podem facilmente ser marcadas por uma ou outra dessas funções. Colocando a coisa objetivamente: a sociedade é ordenada por um único e consistente sistema de relações que tem propriedades que nós reconhecemos por "parentesco", que se estende ou delineia pelos vários planos da ação social. Os grupos e relações tribais são "polivalentes" ou "multifuncionais": eles ordenam todas as atividades que, na civilização ocidental, são sujeitas a desenvolvimentos institucionais especiais. O parentesco, que no Ocidente é uma dessas especializações, limitada ao ângulo doméstico da vida social, é o modelo de uma sociedade como a dos Tallensi. O parentesco é, ao mesmo tempo, "superestrutura", na perspectiva do materialismo clássico, e base na estrutura da sociedade tribal. Para os Tallensi, as relações de parentesco entre pai e filho, marido e mulher, irmão e irmão, são as principais relações de produção. São também relações rituais e jurídico-políticas. A religião é o culto dos ancestrais, da mesma forma que a política é a linhagem e a produção é o conjunto patriarcal.[1]

Daí a necessidade que Worsley sentiu de fragmentar o parentesco nos seus "sistemas componentes". Assimilando desta forma a totalidade de uma sociedade às divisões de uma outra, Worsley destrói o trabalho da história por um trabalho da mente. Mas, então, o "analítico material" deve descontar as propriedades do parentesco das relações econômicas e reduzir, desta forma, a famosa "determinação pela base econômica" a uma ecologia do interesse prático e a uma psicologia da motivação econômica. Para a antropologia das sociedades tribais, a importante lição deve ser a de que este argumento da necessidade material não é intelectualmente acidental. Em parte, o caráter da crítica de Worsley foi imposto pela teoria dominante na antropologia inglesa. A espécie de materialismo que entende o parentesco como o "idioma" das coisas práticas é, de um lado, uma adaptação às condições teóricas existentes dentro da disciplina. O materialismo de Worsley é a antítese da tese estruturalista desenvolvida por Radcliffe-Brown e levada adiante por Fortes e, enquanto pura negação, compartilha das premissas do seu oposto teórico. Conserva particularmente aquela concepção da forma social como "expressão" de um "princípio" essencial que era fundamental no trabalho de Radcliffe-Brown. Contenta-se em substituir o princípio do interesse econômico pelo da solidariedade social, vendo o primeiro como a "base objetiva" do segundo, mas

1 "Efetivamente, a ideologia de parentesco é tão dominante na sociedade Tale e a teia de conexões genealógicas tão extensiva que nenhuma relação ou evento social está totalmente fora da órbita do parentesco. Neste aspecto, os Tallensi se parecem bastante com muitas outras sociedades nas quais, como foi colocado por Firth, o parentesco é o princípio articulador da organização social. Exatamente porque o parentesco atua como o maior determinante do comportamento em qualquer aspecto e departamento da vida social, é que ele é a base econômica da maquinaria de integração social em sociedades deste tipo, como mostram muitos estudos sobre a África, a Oceania e a América ...

Entre os Tallensi, as relações de parentesco são o maior determinante do padrão de organização de todas as atividades através das quais os interesses predominantes do povo são satisfeitos. Isto vale para todos os departamentos da vida social Tale — para as atividades ligadas à produção e consumo de alimentos e todos os bens materiais, para aquelas comprometidas com a reprodução e educação dos descendentes, para as relativas à manutenção dos direitos e deveres dos indivíduos e unidades comunitárias uns em relação aos outros e para as atividades cerimoniais e religiosas" (Fortes, 1949, p.338-40).

fazendo, assim, do materialismo uma outra espécie de sentimentalismo. Deixo para discussão posterior esta influência teórica sobre o materialismo de Worsley. A implicação mais importante da controvérsia com Fortes é ontológica: o que ela diz sobre a natureza do objeto em questão, a sociedade dos Tallensi. Se, por um lado, o materialismo de Worsley foi restringido pelo clima teórico, por outro lado, foi imposto pelos próprios Tallensi. Esta mesma redução do parentesco à razão prática representa uma transformação lógica do materialismo histórico perante uma ordem cultural generalizada que ele não vislumbrara originalmente.

A forma concreta da sociedade Tallensi é uma desconhecida terceira parte da controvérsia, mas é a força dominante da sua lógica. Os estágios na permutação do materialismo histórico de Worsley são conectados pela maneira como o sistema dos Tallensi é constituído. Num primeiro momento da análise, Worsley é obrigado a substituir o conteúdo real das relações de produção dos Tallensi pelas suas formas abstratas (isto é, cooperação) com a intenção de entender as primeiras como um "idioma" das segundas. As relações de produção citadas por Worsley são fatos formais-técnicos: a colaboração e a autoridade exigidas na produção agrícola; os limites demográficos do tamanho e densidade das unidades territoriais; as implicações da distribuição diferencial dos recursos agrícolas para a fusão ou divisão; a necessária escala social de distribuição de comida e, assim, da solidariedade social; as relações de cooperação e competição que se estabelecem entre as pessoas em virtude da sua dependência comum dos recursos particularmente valiosos (campos permanentes) etc. A partir de tais condições técnicas, Worsley derivaria o *conteúdo* das relações estabelecidas — ou, às vezes mais modestamente, a "significação objetiva" (p.42) desse conteúdo. Por volta dos nove ou dez anos, por exemplo, as crianças Tale começam a participar da economia doméstica, sob a autoridade paterna. É "durante esse período", escreve Worsley, "que a identificação de pai e filho, que dá *forma* e força ao sistema de linhagem, começa a desenvolver-se" (p.42, grifo meu).[2] De igual modo, é porque dividem a comida e trabalham juntos que os irmãos desenvolvem aquela "solidariedade fraterna", que é a garantia da linhagem (p.42). A "base prática" da submissão e do afeto filial é o valor econômico da terra, da mesma forma que é a base do desengajamento quando a terra é escassa (p.42 e seguintes). Neste sentido, a partir de algumas observações semelhantes, Worsley conclui: "O sistema de relações de parentesco é o sistema unificador na vida Tale. Mas ele próprio é também a forma de *expressão* de atividades econômicas ... Eu afirmo que o sistema determinante significativo é o sistema econômico, incluindo produção, distribuição e consumo" (p.64, grifo

2 Isso pode ser comparado com a crítica comumente dirigida pelos psicanalistas aos marxistas, de que estes falariam do homem como se não tivesse psique até receber o seu primeiro cheque de pagamento.

meu). Então, no primeiro estágio da análise de Worsley, o sistema de parentesco ordenador da produção é dissolvido nos seus reais "sistemas úteis" — cuja realidade, ao nível econômico, é uma dimensão teórica abstrata — só para reaparecer mais tarde como a "expressão das relações econômicas", das quais é o conteúdo.[3]

Em última instância, portanto, o materialismo torna-se uma variante do "economicismo". A dinâmica da estrutura de linhagem Tallensi é atribuída a motivos lucrativos, concebida como consequência óbvia das condições objetivas de produção. Os filhos permanecem sob a autoridade paterna depois da maturidade (residência patrilocal), para poderem ter acesso à terra da família extensa, ou, então, na falta de terra, uma vontade de ter o controle do seu próprio trabalho ou o cuidado com as suas famílias crescentes leva-os a romper com o domicílio paterno. As solidariedades e divisões estruturais que Fortes tanto aprecia são basicamente questão de sentimento econômico. A lógica da forma de linhagem é o interesse econômico.

Entre os primeiros e os últimos estágios desse desenvolvimento teórico, Worsley interpreta os outros "sistemas intencionais" dentro do sistema de parentesco, tais como o culto dos ancestrais, pela estrutura econômica que ele havia igualmente analisado. Por isso, um momento funcional de uma relação de parentesco polivalente é entendido como o efeito de outro, quando, na verdade, cada um está simultaneamente presente no outro. Worsley, por exemplo, sustenta que a relação jurídica ou ritual entre pai e filho Tale depende de sua relação na produção (p. 41-9, 62). Mas é evidente que sua relação na produção depende também da autoridade do pai na estrutura patrilinear e da devoção ritual do filho (Fortes, 1949, p.204). Mas o dilema básico nesta, como em toda análise, é que não se pode determinar as propriedades de parentesco da relação através das coordenadas econômicas da interação. Nada nas condições materiais ou nos interesses econômicos especifica a qualidade de parentesco enquanto tal. Os agricultores Tallensi não se relacionam como pai e filho pela maneira como entram na produção; então, eles entram na produção porque se relacionam como pai e filho. É isso que torna a réplica de Fortes inatacável (1969, p.220ss.)

---

3 A redução de relações de produção históricas, concretas, a uma estrutura fantasma abstrata de necessidades produtivas parece uma condição necessária para aplicar o materialismo histórico clássico às sociedades primitivas — como, por exemplo, as "unidades de produção" correspondendo a formas de cooperação, na análise de Terray sobre os Guro (1972; ver também mais adiante, p.26), ou as "limitações organizacionais básicas no estudo de Godelier sobre os pigmeus Mbuti (1973). Tal imposição do modelo infraestrutura-superestrutura é às vezes justificada como uma passagem "científica" das realidades aparentes para as escondidas, mas é mais corretamente uma troca analítica simultânea do real pelo formal e do histórico pelo eterno. As relações concretas de produção são tomadas meramente como uma aparência de necessidades formais-técnicas e a mais remota abstração é então tratada como a verdadeira infraestrutura. Daí ser o modo de produção histórico concreto "explicado" pela redução a desanimadoras regras positivamente de eficácia material. Para um procedimento análogo na corrente argumentação ecológica, ver p.36-42.

A argumentação de Fortes diz simplesmente que a forma estrutural do sistema de linhagem dos Tallensi não é dada pelas propriedades objetivas da produção. Poder-se-ia acrescentar que o parentesco é uma atribuição simbólica por definição — uma "categoria primária do pensamento Tale" (1949, p.339) — não uma relação de natureza objetiva. A linhagem é *sui generis*, no sentido de que seus próprios termos, como cultura, não são de forma alguma imanentes às condições materiais e, ao mesmo tempo, ela é dominante sobre essas condições, uma vez que as ordena nos seus próprios termos. Fortes está totalmente preparado para admitir que pode ser da natureza da produção agrícola o pai e o filho *cooperarem* entre si, mas não é da natureza da produção agrícola que *o pai e o filho* é que cooperem e não a mãe e a filha, o tio materno e o sobrinho ou D. Quixote e Sancho Pança. Fortes tinha reconhecido em sua etnografia original que a necessidade material é um fato irredutível, mas, em oposição a tal *fato*, ele insiste corretamente em que a *lógica* na situação é o conjunto das relações de parentesco analiticamente dissipadas por Worsley. Daí que a necessidade material seja determinada pela propriedade de parentesco das relações — mesmo que a definição da existência humana, em termos de linhagem, especifique as necessidades econômicas em primeiro lugar.[4]

Mas, se esta é a força da posição de Fortes, sua vulnerabilidade está na maneira como ele a exprimiu. Sua fragilidade estava na distinção entre forma social e princípio subjacente endêmica ao estruturalismo inglês. A abertura de Worsley foi generosamente abastecida por passagem característica do último capítulo de *Web of Kinship*, de Fortes. A essência do parentesco Tale, conforme sugere Fortes aqui, repousa "na sua função enquanto mecanismo primário através do qual os axiomas morais básicos de uma sociedade do tipo representado pelos Tallensi são traduzidos no dado concreto e determinado da vida social" (1949, p.346) — uma proposição citada por Worsley bem no começo da sua crítica (1956, p.38). Ora, a partir das informações de Fortes, era relativamente fácil para Worsley demonstrar que o "dado concreto e determinado da vida social" era inspirado economicamente, que tanto a moral quanto o parentesco estão sujeitos à inflexão por motivos econômicos e condições ecológicas. Onde Fortes havia visto a tendência à residência patrilocal, ou ainda a tendência dos filhos a retornarem ao domicílio paterno depois da morte do pai, como uma indicação da solidariedade da linhagem patrilinear, Worsley pôde contrapor de forma convincente que tal comportamento é compreensível a partir dessas fazendas adubadas, singularmente férteis, existentes

4 "Este modo de produção não deve ser considerado simplesmente como sendo a reprodução da existência física dos indivíduos. É mais propriamente uma forma definida de atividade desses indivíduos, uma forma definida de expressarem sua vida, um *modo de vida* definido da parte deles" (Marx e Engels, 1965, p.32.).

As implicações desta passagem da *Ideologia alemã* são discutidas detalhadamente nos capítulos 3 e 4, a seguir.

nas unidades territoriais estabelecidas. É a linhagem que "traduz" a reciprocidade da vida econômica; o adubo é mais espesso que o sangue. E se for economicamente rentável, nem a solidariedade nem o culto da linhagem são prova contra a tendência dos filhos de permanecerem separados dos pais, ou os irmãos dos irmãos.

A diferença no tratamento da segmentação das unidades é particularmente instrutiva. Dois navios cruzam-se na noite. Fortes definiu os estágios progressivos do ciclo doméstico dos Tale numa série de diagramas (1949, p.76; as fases iniciais de segmentação são reproduzidas aqui de forma simplificada na figura 1). Para Worsley, contudo, os diagramas eram uma evidência *prima facie* da "incorreção da análise [de Fortes] da divisão na linhagem em termos de conflito entre os princípios de matricentralidade e patricentralidade" (1956, p.57). A objeção dizia respeito à afirmação de Fortes de que "o conceito de origem paterna é contrabalançado pelo conceito de origem materna em todos os aspectos da vida da família" — que esses dois conceitos de descendência "operam como princípios polares na estrutura desse campo".[5] Mas, pela leitura de Worsley, a verdadeira "fonte" da divisão das unidades não pode ser um conflito de princípios sociais; ela é mais propriamente uma diferenciação econômica de unidades domésticas. A secessão dos filhos representa uma disputa de interesses de propriedade, motivada pelo crescimento das suas famílias individuais, pelo seu desejo de independência e pela carência de terra, seja natural ou imposta por um sistema de herança que lhes nega o controle imediato. A diferenciação econômica é, então, "a *força* que atua sobre outras distinções como idade, sexo e clivagens da estrutura de linhagem" (Worsley, 1956, p.60, grifo meu).

5 Para Fortes, esse contraste de princípio organizador permeia a sociedade Tale em todos os níveis e satisfaz uma dialética do seu movimento no tempo e no espaço:

"A estrutura deste campo [do parentesco] é determinada pela interação de duas categorias de laços sociais, os do parentesco e do casamento. Sua interação dá origem a dois conceitos de descendência que operam como princípios polares na estrutura deste campo. O conceito de origem paterna é contrabalançado pelo conceito de origem materna em todos os aspectos da vida familiar. O equilíbrio estrutural da organização doméstica depende de suas funções complementares. Ao nível das relações sociais de associação, encontramos um equilíbrio estrutural semelhante no sistema de linhagem e também no sistema político-ritual ...

A polaridade do parentesco matrilateral e patrilateral regula o desenvolvimento das relações de parentesco no tempo, da mesma forma que sua configuração num tempo dado ... O princípio patrilinear é o fator primário de estabilidade e continuidade na organização da família e, por isso, de toda a estrutura social. Reciprocamente, a identificação dos laços de parentesco através da mãe é o fator primário de dispersão e segmentação na família e na estrutura social. Os valores simbolizados no conceito de descendência patrilinear [note-se que o conceito de descendência é novamente uma tradução de outros valores] constitui a principal força centrípeta; aqueles aglutinados no conceito de parentesco matrilateral são a principal força centrífuga tanto na estrutura da família quanto da sociedade como um todo" (Fortes, 1949, p.341-2).

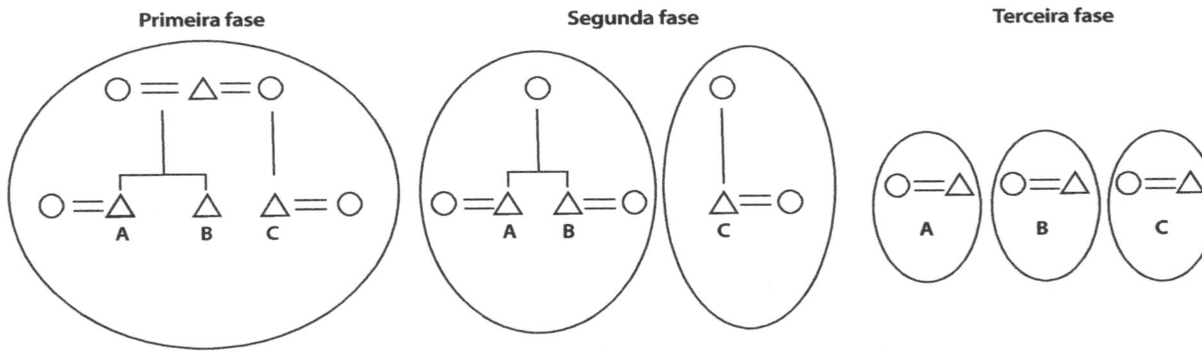

FIGURA 1 • Esquema da divisão complexa dos Tallensi (Resumido de Fortes, 1949, p.76)

Mas é claro que, como Fortes observa, tais argumentos não abalam o seu. Fortes não nega a pressão ecológica ou os interesses econômicos; ele os demonstra. Mas continua insistindo em que *os efeitos sociais do interesse prático — para não mencionar a natureza desse interesse — dependem da estrutura em questão.* Mais uma vez, a lógica econômica é socialmente constituída. Da mesma forma que para os campos permanentes adubados, pode-se levar em conta o desejo das pessoas de conquistarem acesso a eles; mas não para as razões por que os filhos ficam com os pais, ou por que a terra é patrilinearmente herdada. Assim como para a divisão da família, o próprio Fortes salientou o fator econômico (1949, p.262 ss.; referido por Worsley, 1956, p.46-9). Sua colocação é que "as pressões econômicas ... não funcionariam exatamente como funcionam, não fosse a dicotomia inerente à estrutura da família e da linhagem". Todas as pressões econômicas juntas jamais explicariam a sequência da segmentação enquanto tal.

Reduzamos o problema à sua forma mais elementar supondo, com Worsley, que a divisão da família conjunta da fase 1 para a fase 2 se deva a forças econômicas demográficas. Mesmo em termos materiais, a única significação de tal "pressão" teria sido que (*grosso modo*) dois terços da família original podiam continuar vivendo no mesmo local e no mesmo nível econômico inicial. O fato de acontecer intensificação, privação ou segmentação e, neste último caso, de que um terço das pessoas deva afastar-se não é especificado pela "pressão" econômica indeterminante. Pode-se esperar que sociedades diferentes reajam de maneira diferente. Quanto aos Tallensi, a lógica social da divisão era exatamente o que Fortes tinha discutido na análise da sua ordem patrilinear. Os filhos são diferenciados, em primeiro lugar, pelos casamentos dos seus pais e, em segundo, pelos seus próprios. É um fenômeno amplamente conhecido pela antropologia nos sistemas patrilineares: a linhagem é internamente dividida por obrigações e alianças externas, de tal forma que as esposas e mães, indispensáveis à continuidade do grupo, se tornam ao mesmo tempo os focos genealógicos da sua segmentação. Esta lógica, contudo, é estrutural e cultural, com suas próprias propriedades e não conforme ao caráter da "pressão" econômica.

Ao contrário, seria fácil mostrar com lógica e exemplos que a natureza da pressão material é uma função da lógica social Tallensi (por exemplo, Fortes, 1949, p.182-3). Os desequilíbrios demográficos experimentados pelos Tallensi não são uma expressão intrínseca e direta das forças produtivas, mas uma expressão da maneira como estas são culturalmente organizadas, particularmente do modo de acesso aos recursos, aqui governado por regras como as da patrilocalidade, a incorporação da posse da terra a níveis baixos da segmentação de linhagem e a incapacidade dos filhos (mesmo os de meia-idade e já pais também) conquistarem propriedade em seu direito próprio durante o tempo de vida de seus pais. Sob tais condições, a mortalidade e o crescimento diferenciados entre famílias se constituirão numa fonte contínua de pressão microecológica, de tal forma e intensidade que realmente não existiria se, por exemplo, a terra fosse possuída através de unidades de linhagem ou territoriais de nível mais alto com liberdade de acesso para todas as unidades domésticas constituintes.[6] De tudo isso, poder-se-ia concluir, a favor de Fortes, que a força econômica enquanto tal não tem qualquer significação ou efeito social. Não pode haver qualquer relação predicativa entre a indiferença da função material para a forma da sua realização e as propriedades específicas da ordem patrilinear. Por outro lado, uma vez que as forças materiais são socialmente constituídas, seus efeitos específicos são culturalmente determinados. O ponto de debate decisivo entre Worsley e Fortes não é saber qual delas — as circunstâncias materiais ou a estrutura — é uma força social, mas sim qual é uma lógica social.

Mesmo que Fortes pareça vencer o debate, isso não se deve tanto aos méritos da sua colocação teórica. A teoria estrutural-funcional, como vimos, emprestou credibilidade à crítica de Worsley, na medida em que ele se manteve dentro do campo analítico da forma e "princípio" que o próprio Fortes usou. Talvez valha a pena discorrer um pouco sobre a natureza daquela teoria.

A vulnerabilidade da perspectiva de Fortes era uma condição original da antropologia social inglesa. Radcliffe-Brown acreditava poder fundar uma "ciência natural da sociedade" teórica e comparativa descobrindo os princípios gerais manifestos nas práticas sociais específicas (ver, por exemplo, Radcliffe-Brown, 1950, 1952, 1957). O mundo social funcionava em dois níveis: grupos e relações concretos eram a "expressão" de sentimentos mais abstratos; a forma fenomenal (sensível) era uma representação circunstancial do princípio subjacente. Porém, os "princípios" citados por Radcliffe-Brown eram tipicamente reformulações abstratas dos costumes que ele estava tentando explicar. A equação entre pai e filho do pai na terminologia do parentesco, por exemplo, era entendida a partir do "princípio de equivalência dos grupos de irmãos (*siblings*)". A interpretação é claramente uma tautologia, e como tal destrói o propósito original: fechada na prática a que se referia, a explicação carece da profundidade que Radcliffe-Brown lhe teria dado. Poder-se-ia dizer que a reavaliação materialista dos Tallensi feita por Worsley preencheu um vazio intelectual dentro da escola inglesa.

Mas a situação teórica era realmente mais grave que isso e a crítica de Worsley respondeu acuradamente a uma dificuldade mais séria. A deficiência no procedimento de Radcliffe-Brown só se tornou de todo aparente quando foi comparativamente ampliada. Se, numa única instância, o "princípio" é a versão abstrata da forma, a generalização do princípio para acomodar um número de formas distin-

6 Para um excelente exemplo da determinação estrutural da pressão material, tanto na sua intensidade quanto nos seus efeitos, ver o artigo de Raymond Kelly, "Demographic Pressure and Descent Group Structure in the New Guinea Highlands" (1969). Note-se particularmente a demonstração da variação na pressão de acordo com o nível segmentário da posse da terra.

tas torna-se um exercício de classificação. Pois, para Radcliffe-Brown, a equivalência de parentesco de um homem e seu irmão, o levirato e sororato, a poliandria adélfica e a poligamia sororal, da mesma forma que o avunculato nos sistemas patrilineares, são várias instâncias do princípio de "identidade de irmãos". Imerso em tal emaranhado de generalização com classificação, o projeto de Radcliffe-Brown se foi tornando absurdo. Usando o modelo das ciências naturais, ele tentou explicar o particular pelo geral, ver a forma concreta como um caso específico de uma regra mais geral. Ele acreditava estar descobrindo leis naturais da vida social, definindo lei natural "como uma relação das características de uma determinada classe de sistemas naturais" (1957, p.63). Mas onde a lei é então uma classe taxonômica, quanto mais ampla for, menores e mais gerais devem ser os critérios para inclusão nela. Portanto, quanto maior a "generalização" ou "lei", menos ela diz sobre qualquer coisa em particular. No decurso de agrupar cada vez mais formas diversas sob princípios cada vez mais amplos, Radcliffe-Brown explicou cada vez menos acerca de cada uma delas. Não se pode esperar que os "princípios" expliquem a particularidade, porque eles a destroem.[7]

Uma importante resposta da escola inglesa ao vazio da generalização taxonômica foi inverter o procedimento — fazer as classes menores em vez de mais amplas. Um contato satisfatório com a realidade empírica pode ser restaurado subdividindo os princípios e tipos sociais em variedades cada vez mais distintas dos mesmos, tais como expressas em sociedades particulares. Essa "caça de borboletas" — como foi tão sagazmente caracterizada e criticada por Leach (1966) — pode ser entendida como uma retomada dos passos da generalização de Radcliffe-Brown, trocando a vacuidade do princípio geral pela sua variação num caso específico, sem questionar as noções formais construídas no projeto. Quanto à ideia de "princípio", contudo, um aspecto dessas noções tendeu a ser enfatizado, também como que em advertência ao beco sem saída "científico". Os princípios sociais eram crescentemente determinados como valores subjacentes e sentimentos morais. Isso já vinha de sua concepção original. Suas raízes remontam no

7 Por outro lado, quando confrontado em estudos comparativos com uma diversidade irredutível, Radcliffe-Brown costumava empregar outra tática: a ideia dos vários princípios como uma combinação da família e casamento, mas absorvidos de maneira variada pelas diferentes sociedades (1950; 1952; cf. Fortes, 1969). A partir daí, qualquer sociedade podia ser explicada *ad hoc*, enquanto uma apropriação seletiva ou uma combinação específica dos princípios universais. Enfim, esta é a pior espécie de historicismo, uma violação da lei do uniformitarianismo de Lyell, porque supõe, para um passado desconhecido, a existência de processos não observáveis no fenômeno tal como o conhecemos; mas para Radcliffe-Brown era um método infalível, particularmente feliz, desde que os princípios que citava eram eles próprios muitas vezes contraditórios. Desta forma, se "a unidade da linhagem" responde pela alternância de gerações em certas categorias do parentesco Omaha, a "fusão de gerações alternadas" e a separação das adjacentes explicaria as práticas contrastantes dos Yaralde — apesar da presença e unidade das linhagens Yaralde (por exemplo, 1952, p.48-9).

mínimo ao iluminismo, de onde, através de Saint-Simon e Durkheim, entre outros, foi transmitido a Radcliffe-Brown (Evans-Pritchard, 1954, p.21ss.). Nessa problemática, o "princípio" era a força ativa por trás da forma, as "paixões humanas que a põem em movimento". A frase é de uma passagem-chave de *O espírito das leis* (livro 3, capítulo 1):

> Existe uma diferença entre a natureza e o princípio de governo: a primeira é aquela pela qual ele é constituído; o segundo, aquele pelo qual ele é exercido. Uma é a sua estrutura particular e o outro, as paixões humanas que o põem em movimento. [Montesquieu 1966 (1748), p.19; notas de pé de página de Montesquieu: "Esta é uma distinção muito importante, de onde eu tiraria muitas consequências, pois é a chave de um número infinito de leis."][8]

O princípio é a condição humana necessária para a existência da forma social, aquele que dá uma forma à sua razão distintiva. Uma estrutura social é então uma forma de cristalização em relações objetivas de algum valor subjetivo — exatamente como, para Montesquieu, cada tipo de governo tinha seu próprio princípio: governo republicano, virtude; monarquia, honra; despotismo, temor. Eis aqui, então, a fonte do conceito de parentesco de Fortes como uma "tradução" dos axiomas morais básicos da sociedade Tale no dar e tomar da vida social.[9] Também para Worsley, o parentesco era uma "forma de expressão" — mas, nesse caso, uma expressão das atividades econômicas básicas. A conjuntura teórica da antropologia inglesa, que sustentava que o parentesco era a tradução de alguma realidade mais profunda, estava a exigir uma crítica materialista da mesma importância. Muito da incompreensão mútua do seu debate deve-se ao fato de Worsley ter atacado a ideia de que o parentesco expressa os valores sociais, enquanto Fortes observava que é o parentesco que organiza as atividades econômicas.

Sendo tal fato observável na sociedade Tallensi, que concluímos sobre a conveniência do materialismo histórico? Podia acontecer que a argumentação sobre os fatos fosse motivada de forma a impedir qualquer decisão sobre a validade da teoria. A própria versão de Worsley da teoria materialista estava sujeita a

---

8 Sobre a formulação do método analítico-sintético nas ciências naturais e sua extensão analógica às ciências sociais, ver *Philosophy of the Enlightenment*, de Cassirer (1951 [1932]; cf. também Althusser [1969] e Peters [1946] na adoção original por Hobbes do método "resoluto-compositivo" de Galileu).

9 Esta concepção coloca uma dificuldade adicional à relação forma e princípio, pois, como nota Lévi-Strauss num caso paralelo, a estrutura é precisa, mas o valor moral não é específico — a primeira é lógica, mas o último é meramente sentimental — de tal maneira que a derivação da estrutura do sentimento não existe. Se Fortes tivesse tentado seriamente reduzir o parentesco Tallensi a valores básicos tais como "reciprocidade" ("cf. 1949, p.204ss.), ele se teria aproximado, por um lado, do economicismo de Worsley e, por outro, caído no mesmo tipo de indeterminismo (ver Hart, 1974).

uma dupla determinação: pela natureza da teoria estruturalista a que se opunha e pela estrutura da sociedade que explicava. Podia acontecer que seu economicismo fosse devido à primeira, caso em que sua deficiência nada provaria acerca da segunda, pelo menos não que esse tipo de sociedade fosse inerentemente resistente a um marxismo autêntico. Por outro lado, sustentei que a metamorfose do marxismo em um deteminismo economicista ou tecnológico foi uma consequência inevitável de sua confrontação com um sistema generalizado como o Tallensi.[10] Mas, no momento, pode ser suficiente sugerir tal coisa, sem pressupor que ela tenha sido provada. No mesmo sentido, discutirei o seu corolário, sugerindo simplesmente a plausibilidade da posição de Lukács e de alguns outros marxistas, no sentido de que a verdade do materialismo histórico é ela própria histórica.

Não foi um erro, escreveu Lukács, aplicar o materialismo histórico "vigorosa e incondicionalmente à história do século XIX". Pois,

> naquele século todas as forças que influenciavam a sociedade funcionavam de fato exclusivamente como as formas do "espírito objetivo" tornado manifesto. Nas sociedades pré-capitalistas, não era exatamente essa a situação. Nessas sociedades, a vida econômica não tinha ainda adquirido aquela independência, aquela coesão e imanência, nem sequer tinha noção da colocação dos seus próprios marcos e de ser o seu próprio mestre que associamos com a sociedade capitalista [1971, p.238].

Mas, pela mesma razão, ou seja, de que a teoria é "o autoconhecimento da sociedade capitalista", ela tem um estatuto histórico específico. É uma brilhante tomada de consciência de um tipo de sistema particular, no qual as relações entre o homem e o homem, assim como aquelas entre o homem e a natureza, são concretizadas enquanto relações econômicas. No final das contas, Lukács acaba dizendo que o materialismo histórico efetivamente torna possível uma antropolo-

10 Como observei, a aplicação formal por Terray (1972) da explicação de Althusser a Balibar do método materialista aos Guro é outro caso em questão. De particular interesse nela são as analogias com a argumentação de Worsley que sugerem uma regularidade do materialismo histórico na declinação tribal que transcende o ponto de partida teórico. Além da desconstituição semelhante das relações de produção em condições técnicas (nesta instância, formas de cooperação definidas abstratamente), existe uma semelhança impressionante com Worsley na noção de Terray de que as relações econômicas são representadas ou "realizadas" como parentesco. Terray é mais consistente que Worsley ao reconhecer que o "elemento" parentesco não é redutível às condições formais da cooperação econômica. Seu conceito de "realização" (o termo aparece quase sempre entre aspas em Terray) supõe que o parentesco seja algo da ordem dos fatos biológico-genealógicos, cuja representação (fictícia) em termos classificatórios, por exemplo, prepara o caminho para uma inflexão do parentesco pelas condições econômicas (compare-se com a "parentela real" de Worsley, acima). Esta semelhança particular é interessante não só em si, como necessidade teórica imposta pela estrutura tribal ao materialismo, mas também por sugerir uma tendência teórica, comum e mais básica: a recusa da constituição simbólica da realidade social, ou ainda da "realidade" daquela constituição. No prosseguimento do presente trabalho, tornar-se-á mais claro o que decorre exatamente desta opção teórica.

gia. Não através de uma transferência mecânica para as sociedades pré-capitalistas, mas exatamente pela possibilidade de evitar uma identificação ingênua do passado com a estrutura do presente. Se, entretanto, o materialismo histórico é transferido sem alteração para a sociedade mais primitiva, ele vai encontrar uma "dificuldade muito grave e essencial ... como não apareceu na crítica do capitalismo". Essa dificuldade, amiúde notada por Marx e Engels, "repousa na diferença *estrutural* entre a era da civilização e as épocas que a precederam" (1971, p.232, grifo de Lukács).

Seguindo Lukács, somos tentados a concluir que o materialismo histórico e o estruturalismo inglês, bons ou maus, são ambos teorias especiais, apropriadas para universos culturais diferentes. A mesma conclusão, como veremos, tira-se do debate entre o marxismo e o estruturalismo francês. Contudo, esse debate vai além das diferenças institucionais e além de todas as contingências "revisionistas" na forma e aplicação do materialismo de Marx. Ele apresenta o problema mais fundamental da relação entre a ordem prática e simbólica. E uma vez levantado o problema, não é mais uma questão saber se a cultura tribal não é também materialisticamente determinada, mas se a sociedade burguesa também não é uma cultura.

O marxismo e o estruturalismo francês

A estrutura institucional das culturas tribais é somente um dos problemas antropológicos que o materialismo histórico deve enfrentar. Outro é a aparente resistência de tais sistemas à experiência no mundo, uma certa imunidade da ordem reinante à contingência histórica. Essa resistência remete a uma propriedade mais fundamental das formações socioeconômicas tribais: uma dominação da ação prática pela concepção cultural, ao invés da concepção pela ação.

Uma vez que estas argumentações são essenciais ao estruturalismo francês, está claro por que esse estruturalismo, apesar de todo o seu interesse para os marxistas, é o que está mais sujeito à crítica revolucionária. De fato, parece que durante os dias inebriantes de maio de 1968 em Paris o obituário para essa febre filosófica corrente do Quartier Latin foi apropriadamente composto pela prática. Como se costumava dizer, "o estruturalismo saiu das universidades para as ruas" (cf. Epistemon, 1968; Turkle, 1975). Essa era a expressão comum nas barricadas intelectuais. E se fosse observado que as próprias barricadas pareciam mais nostálgicas de 1789 do que efetivas para 1968, a resposta era: "Mas, enfim, o inimigo não mudou." O estruturalismo de fato tinha saído para as ruas.

Permitam-me outra historinha que mostra o mesmo paradoxo. Um pouco antes dos eventos de maio de 1968, tive oportunidade de assistir a um debate informal entre um membro americano do Tribunal Russell — que, passando por

Paris de volta de Copenhague, tinha ouvido falar da moda estruturalista dos seus colegas franceses — e um antropólogo parisiense. Depois de longo questionamento e discussão, o americano sintetizou seus pontos de vista desta forma: "Tenho um amigo", disse ele, "que está fazendo um estudo sociológico das estátuas equestres no Central Park. É uma espécie de estruturalismo. Ele encontra uma relação direta entre o status cultural do cavaleiro e o número de pernas que o cavalo tem levantadas. Uma perna suspensa tem uma conotação política e histórica diferente de um cavalo empinando-se nas pernas traseiras ou de outro em galope voador. É claro que o tamanho da estátua também faz diferença. O problema é que", concluiu ele, "as pessoas já não correm mais a cavalo. As coisas que são obsoletas numa sociedade, sem dúvida, essas você pode estruturar. Mas os problemas políticos e econômicos reais não estão decididos e a decisão dependerá de forças e de recursos reais."[11]

O antropólogo parisiense pensou sobre o assunto um momento. "É verdade", disse finalmente, "que as pessoas já não correm mais a cavalo. Mas elas ainda constroem estátuas."

Havia algo mais em jogo do que dizer que o passado não estava morto, pois, como foi dito sobre o sul dos Estados Unidos, ele ainda nem é passado. Estava subentendido também que a economia e a política têm outras modalidades que não a competição "real" pelo poder. Da mesma forma que Durkheim argumentava contra Spencer quanto ao problema oposto, o de que não se poderia dizer que o contrato forma a sociedade, uma vez que a sociedade já está pressuposta nas regras não estipuladas através das quais o pacto procede, também a competição social pode ser baseada em concepções comuns de recursos, finalidades e meios — valores que nunca são os únicos possíveis. A competição se desenvolve absolutamente numa eterna e formal racionalidade de maximização; ela se desenvolve de acordo com um sistema de relações culturais, incluindo noções complexas de autoridade e obediência, hierarquia e legitimação. E é, entre outros meios, através de uma concretização literal desse código em estátuas que a história atua dentro do presente, ao mesmo tempo diretamente e através da sua reapropriação e reavaliação dialética.[12]

---

11 Compare-se com Ricoeur (1967, p.801) sobre as condições para o triunfo do tipo de inteligibilidade chamado estruturalismo, ou seja, "trabalhar sobre um *corpus* já constituído, paralisado, fechado e, nesse sentido, morto". Veja-se Furet (1967) sobre o estruturalismo e o contexto político francês.

12 "As estátuas na praça [a Piazza della Signoria, em Florença] eram lições exprobatórias ou 'exemplos' de civismo, e a durabilidade do material, mármore ou bronze, implicava a convicção ou esperança de que a lição seria permanente. A indestrutibilidade do mármore, da pedra e do bronze associa as artes de escultura com os governos, cujo ideal é sempre estabilidade e permanência. Na religião grega pensava-se que a estátua tinha sido originalmente uma coluna simples, na qual era eventualmente revelado o tronco de um homem ou até de um deus. A escultura florentina, seja secular ou religiosa, conservava essa noção clássica e elementar de um pilar ou suporte do edifício social. Outros italianos

Na verdade, toda a resposta era uma modalidade concreta da argumentação de Lucien Sebag, que escreveu em *Marxisme et structuralisme*:

> É inútil procurar uma realidade que seja da ordem da cultura e que não possa ser traduzida em termos de atividade intelectual, pois os indivíduos ou os grupos sociais, ao lutarem uns contra os outros, ao transformarem a natureza, ao organizarem sua própria vida em comum, põem em jogo um sistema de conceitos que nunca é o único possível e que define a própria forma da sua ação. Nesse nível, a distinção entre infra e superestrutura se elimina, porque as relações econômicas, sociais e políticas, da mesma forma que as teorias que delas dão conta no seio de uma sociedade determinada, são também produtos do espírito. [Sebag, 1964, p.193.] [Em francês no original.]

Eu adio a discussão do aparente "idealismo" de tal posição para me concentrar no aparente "conservadorismo", que tem em todo caso o mesmo princípio — o privilégio concedido à construção simbólica da prática.

A onda de desilusão com o estruturalismo por sua celebração do *status quo* tem sua origem na convicção de que a revolução seria uma coisa boa. Mas fica muita coisa perdida nessa simplificação política. As oposições simplistas de sincronia/diacronia, de estática/mudança, não descrevem adequadamente as diferenças gerais entre o estruturalismo francês e o marxismo corrente. Até as histórias simples que contei sobre sua confrontação sugerem um paradoxo curioso de consciência histórica. Ao privilegiarem as determinações do estágio preexistente, mais que as modificações subsequentes à prática, o estruturalismo invoca a ação do passado onde o marxismo pleiteia somente a presença da ação. Na aparência uma elaborada derivação de *plus ça change, plus c'est la même chose*, o estruturalismo deve então conceder um respeito único pela história. Sincrônico a princípio, ele oferece a análise racional mais elevada para o estudo da diacronia. Mas, na verdade, o estruturalismo não é tanto uma teoria de reprodução simples quanto uma teoria de estruturas que assim se reproduzem.

A questão de *princípio* para o estruturalismo é que a própria circunstância não produz forma, exceto quando o sistema em questão lhe dá significação e efeito. Não é garantido supor que nenhum espaço teórico sobre para a ação humana ou para um acontecimento contingente. Simplesmente tal ação — da

do renascimento, particularmente os lombardos, eram por vezes dotados em escultura, mas os florentinos eram quase sempre chamados pelas outras cidades quando se tratava de uma questão de trabalho público, quer dizer, cívico. A grande estátua equestre do *condottiere* Gattamelata, que fica na praça de Pádua, foi encomendada a Donatello; quando os venezianos quiseram erguer uma estátua, do mesmo porte (o monumento Colleone), mandaram buscar Verrocchio. O escultor da República Veneziana era um florentino, Sansovino" — Mary McCarthy, *The Stones of Florence*. (Note-se que "estátua" e "estatuto" têm a mesma raiz.)

mesma forma que a palavra falada em uma situação nova — adquire seu significado como uma projeção do esquema cultural que forma seu contexto específico e seu efeito através de uma relação de significação entre essa referência contingente e a ordem existente. Um evento torna-se uma relação simbólica. Esse processo é mais bem conhecido e acompanhado na apropriação linguística da experiência. Como Sapir o descreveu:

> As experiências culturais novas frequentemente tornam necessário que se alarguem os recursos de uma linguagem, mas tal alargamento nunca é uma adição arbitrária aos materiais e formas já presentes; é simplesmente uma nova aplicação de princípios já em uso e, em muitos casos, pouco mais que uma extensão metamórfica de significados e termos velhos. É muitíssimo importante saber que, uma vez estabelecida a forma da linguagem, ela pode descobrir significados para seus usuários que não são somente determináveis na qualidade dada da própria experiência, mas podem ser ilustrados numa extensão maior como a projeção de significados potenciais na matéria-prima da experiência. Se um homem que nunca viu mais que um simples elefante durante sua vida e, apesar disso, fala com a maior sem-cerimônia de dezenas, milhares ou de uma manada de elefantes caminhando dois a dois ou três a três, ou de gerações de elefantes, é claro que a linguagem tem o poder de analisar a experiência em elementos teoricamente dissociáveis e de criar o modelo de intermediação potencial com o real que habilita os seres humanos a transcenderem o imediatamente dado nas suas experiências individuais e se juntarem numa compreensão comum mais ampla. Essa compreensão comum constitui a cultura. [Sapir, 1933, p.156-7.][13]

Para o estruturalismo, o significado é a propriedade essencial do objeto cultural, da mesma forma que o simbólico é a faculdade específica do homem. É claro que o significado não cria as forças materiais reais, mas, na medida em que estas são empregadas pelo homem, o significado cinge-as e governa sua influência cultural específica. Não se trata, então, de dizer que as forças não têm efeito real; simplesmente que elas não têm um efeito particular e também nenhuma existência cultural efetiva fora de sua integração em um esquema simbólico e histórico

---

13 Poder-se-ia, portanto, concordar com Ricoeur (1967) em que a palavra falada (*parole*, o ato) retornando do evento ao sistema (*langue*, a estrutura) evidencia com isso "o real" num aspecto novo de polissemia, sem contudo supor que isso represente uma abertura para a história que o estruturalismo é incapaz de conceber. Pois a crítica de Ricoeur falha não somente na elucidação do caráter sistemático, tanto da projeção em direção a quanto do retorno do "real", mas, o que é mais importante, não explica que o "real" em questão nunca é a qualidade dada da palavra, mas aquela qualidade enquanto valor e significado. Donde a *parole* representar integralmente ação *em um sistema* e um *sistema em ação*. Pela melhor percepção de Ricoeur, esse "real" é algo mais que um fato objetivo e instrumental (ver seu notável ensaio "Trabalho e palavra", 1970, e também Silverstein, 1976). Ver ainda, para uma leitura textual oposta sobre o pretenso fechamento do conceito estruturalista de sistema, a ideia de que *tout se tient* [tudo se mantém], em cima da qual Ricoeur sustenta sua crítica, "Structural Anthropology and History", de Gaboriau (1970).

dado. A mudança começa com a cultura, não a cultura com a mudança. Para a teoria da práxis, ao contrário, o momento autossuficiente e decisivo é o ato. Ele próprio coagido pela necessidade instrumental, o ato gera necessariamente forma e significação cultural com base nas qualidades dadas do real, como foi mostrado — o famoso processo da autocriação humana através do trabalho. A "compreensão comum" de que falou Sapir não é aqui o autor da significação, mas sua condição fundamental ou sua representação subsequente. A construção específica da cultura é o produto de uma atividade concreta que transcende o sistema para apropriar a novidade e atualidade do mundo material.[14] Nesse momento criativo do ato, a ordem da cultura existente perde sua função histórica (isto é, constitutiva). Como mão morta do passado, ela agora desempenha o papel teórico de empecilho das estruturas construídas a partir da lógica produtiva; ou então ela é "fácil" e se submete a seu próprio desuso como a boa "variável dependente" de uma antropologia empirista. E eis o paradoxo da consciência histórica: o papel conferido à história pela explicação materialista se esgota, por um lado, em um resíduo e, por outro, em uma origem. A "História" entra na teoria como um sobrevivente, um nome para uma exceção de pouco fôlego em relação à força constituinte da prática. Ou mais, tomando meramente como tal a força constituinte das forças produtivas, o verdadeiro conteúdo histórico é abstraído de forma que a análise possa proceder como uma espécie de situação inicial — como se alguém tivesse a oportunidade, com Malinowski, de estar presente à criação (veja a seguir, p.84-6). O símbolo e o ato, a palavra e o mundo — as duas perspectivas diferem nos seus pontos de partida epistemológicos. E o aparente conservadorismo do estruturalismo é o *conceito* do que todos reconhecerão de fato: que a história começa com uma cultura já presente.[15]

Que fazer então da opinião do marxista francês Charles Parain, que só consegue concluir, depois de prolongada reflexão sobre os trabalhos de Lévi-Strauss, que o que se encontra neles "é o embaraço do estruturalismo perante a história"? Assim sendo, *é um embaraço de riqueza*. O estruturalismo desenvolveu-se em primeiro lugar devido ao seu encontro com um tipo de sociedade, chamada de primitiva, distinta por uma capacidade especial de absorver perturbações intro-

---

14 "O problema não é negar a importância capital do momento da estrutura, do momento do conceito, mas sim não tratá-los de uma maneira abstrata, saber ir a cada momento, como nos ensinou Marx, da estrutura à atividade humana que a engendra, segurar as duas pontas da cadeia, o momento da estrutura e o momento da liberdade, o momento da necessidade e o momento da *atividade criadora* do homem" [Garaudy, 1965, p.119]. [Em francês no original.]

15 "O que colocamos em questão é a possibilidade de se isolarem redes ou acontecimentos plenamente significativos por si próprios no desenrolar da trama histórica; é certo que uma invenção tecnológica agita todo o edifício das relações sociais; mas ela própria está imbuída de 'espiritualidade'; ela é produto de um certo trabalho do intelecto que não é pensável em termos econômicos; portanto, não há 'origem'." (Sebag, 1964, p.141; cf. Lévi-Strauss, 1971.) [Em francês no original.]

duzidas pelo evento com um mínimo de deformação sistemática. A partir da sua compreensão de tal capacidade, o estruturalismo leva a explicação do trabalho da história à sua forma mais profunda, a persistência da estrutura por meios do evento. E além do mais — podemos até imaginar Jean Pouillon dizendo com um gálico dar de ombros — "Não são os estruturalistas que põem as estruturas na história" (1966, p.785).

Que "capacidade especial" é esta da sociedade tribal de se reproduzir mais ou menos estereotipadamente frente às vicissitudes históricas? Que luz especial uma análise estruturalista lança sobre ela? Sem reclamar qualquer competência estruturalista real, arriscarei uma resposta repensando ao longo destas linhas uma experiência etnográfica que já escrevi em outros termos (Sahlins, 1962).[16] O exemplo refere-se ao sistema de metades e à sua resistência à variação demográfica nas ilhas Moala e Lau das Fiji orientais. Desse modo, chamou-se a atenção para um problema também conhecido de Marx: a assim chamada imutabilidade das comunidades arcaicas (cf. B. Turner, 1974). Além do mais, tem valor relevante para o debate entre marxismo e estruturalismo — em função do qual talvez se desculpe a extensão da digressão etnográfica. Deve-se inevitavelmente considerar a organização simbólica da prática econômica e, consequentemente, o famoso "idealismo" do estruturalismo. Apresso-me a acrescentar que a descrição de Moala e Lau será tão simplificada, tão abusiva das complexidades reais, que não mereceria qualquer atenção, não fosse ela uma ilustração tão boa desses aspectos.

"Tudo se dá em dois", disse um amigo nativo de Lau a A.M. Hocart, "ou os tubarões morderão." De forma similar para os moalanos, sua ilha e cada uma das suas aldeias são essencialmente compostas de duas "espécies" de pessoas: as Pessoas da Terra (*kai vanua*) e os Chefes (*turaga*). As Pessoas da Terra também são conhecidas como os "donos" (*taukei*), uma expressão sinônima dos primeiros ocupantes ou colonos originais. Os Chefes chegaram mais tarde, por mar, para assumir o controle de uma multidão enorme que tinha ocupado as regiões interiores — por isso, as Pessoas da Terra são também os "Milhares" (*Odolu*) ou as "Pessoas-Animais" (*Yavusa Manumanu*). Submetidas aos Chefes, as Pessoas da Terra serviam-lhes nos cargos rituais, notadamente como mestres-de-cerimônia, e na distribuição de comida (*matanivanua*). Pode-se já sentir a produtividade simbólica do dualismo. Uma diferença de grupos sociais corresponde à distinção entre terra e mar no plano geográfico, esta própria uma instância de uma diferenciação espacial geral entre interior e periférico, correlacionada com oposições entre indígena e forasteiro, mais cedo e mais tarde, e ainda animal e cultural; os

16 Aproveito a oportunidade para agradecer a percepção de Murray Groves, que em uma resenha (1963), sublinhou a significação do sistema de "duas seções" em Moala, uma análise que eu deixei de fazer.

mesmos grupos, além disso, são politicamente inferiores e superiores, e funcionalmente rituais e seculares. Dessa forma, o mito de origem é uma versão temporal dessas distinções básicas, a adaptação de uma lógica binária ao tempo, para reproduzi-la como narrativa (cf. Thompson, 1940). Mas não seria correto considerar os contrastes simplesmente como uma série de oposições congruentes. As lendas locais da vinda dos Chefes, da mesma forma que muitas das práticas costumeiras, revelam uma estrutura definida de reciprocidades. Nos seus termos mais gerais, a lógica de reciprocidade é que cada "espécie" faz a mediação para a natureza da outra, é necessária para a realização e regulamentação da outra, de tal forma que cada grupo contém necessariamente o outro. A configuração subsequente não é tanto uma simples oposição como um sistema quadrinário operado pela reprodução de uma dicotomia axial, como na representação da "tribo" em Moala e nas ilhas próximas feita por Hocart (figura 2). Este esquema, como veremos, na verdade serve também como descrição da entidade política moalana, tomada tanto como um sistema de grupos de descendência quanto como uma estrutura territorial. Daí que o mesmo código quadriclassista possa ser descoberto nas relações de parentesco e casamento, no ritual e na produção, nos valores das mercadorias e nos conceitos de espaço.[17] Levando até o fim as conexões significativas entre os costumes nesses níveis diferentes, podemos de certo modo reproduzir o processo através do qual uma esfera cultural se projeta sobre outra para criar ao mesmo tempo uma ordem global de forma, conteúdo e ação.

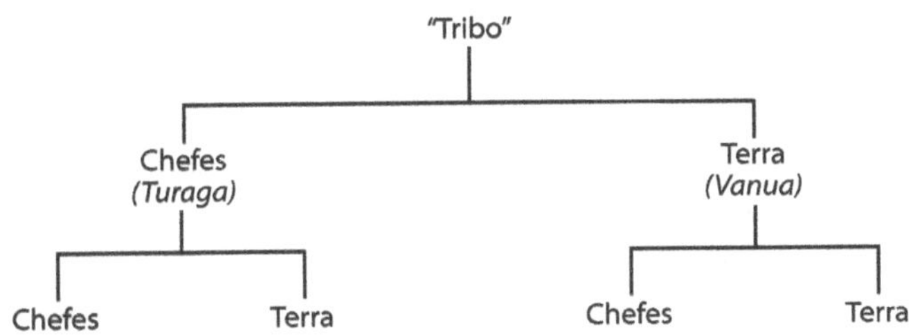

FIGURA 2 • **Modelo geral da "tribo" no grupo moalano (*apud* Hocart, 1929, p.233)**

Por toda Lau, o direito das Pessoas da Terra de serem os verdadeiros "donos" e homens da terra é reconhecido como genuíno, mas suas plantações não prospe-

17 Bourdieu (1971) analisa uma estrutura cabila deste tipo sob a fórmula diagramática geral: $a:b::b_1:b_2$. Ele observa sobre sua capacidade produtiva: "sem dúvida, uma das [estruturas] mais fortes e simples que podem ser empregadas por um sistema mítico-ritual, uma vez que não pode opor sem simultaneamente unir (e inversamente), enquanto é capaz de integrar, o tempo todo, em uma única ordem, um número infinito de dados, pela simples aplicação do mesmo princípio de divisão indefinidamente repetido" (1971, p.749).

rariam sem a ação dos Chefes. O direito do chefe aos produtos da terra, especialmente os primeiros frutos (*sevu*), sempre foi reconhecido pelos "donos" como uma garantia de fertilidade, sem supor um direito de propriedade do chefe no sentido ocidental. Seria mais uma questão de entender a intervenção do chefe como uma modalidade de direito paterno. O caráter específico do poder do chefe dos Fiji (*kaukawa* ou *mana*) é o vigor masculino, uma virilidade que tem mais que uma representação na prática comum. Ele aparece diretamente, por exemplo, no acesso privilegiado do soberano às mulheres em idade de casar, do seu domínio; simbolicamente, na correspondência entre os ritos de investidura da chefia e a iniciação dos jovens na condição sexual e guerreira através da circuncisão. Aliás, ambas as cerimônias são marcadas pelo uso das roupas de casca de árvore (*masi*), a mais valiosa das "mercadorias femininas" (*yaya vakayalewa*). A passagem para um status masculino mais alto é assim mediada por um elemento feminino — na reciprocidade (conversão) lógica da doação do chefe de fertilidade para a terra.[18]

Para mostrar a generalidade desse esquema, é necessário somente fazer a conexão entre as mulheres e o lado "terra" das coisas. As tradições moalanas, mais uma vez, substituem uma relação paradigmática — preparada, além do mais, pela ideia da fecundidade do povo interiorano original, os "Milhares". Ao chegarem às várias colônias locais, os homens da linhagem de chefia tomaram o poder quando os líderes da Terra lhes deram as filhas mais velhas como esposas. O efeito político atribuído a essa oferta só pode ser apreciado à luz das importantes práticas de parentesco, para as quais ela funciona, em troca, como mapa lendário: (1) A superioridade do "lado do homem" ou dos receptores-de-mulheres, o "lado forte", sobre os doadores-de-mulheres, ou "lado fraco"; (2) a superioridade do primogênito e dos seus ou suas descendentes sobre a linhagem do mais novo; (3) os famosos privilégios rituais e econômicos do *vasu* ou sobrinho sobre seu tio materno — de tal forma que nos contos tradicionais a autoridade dos chefes é reiterada como *vasu* para os cidadãos.[19]

Através de uma outra troca de registro cultural, desta vez para as regras que estabelecem a divisão familiar de comida e a propriedade pessoal, podem desen-

18 O mesmo rito de investidura em roupas de pele, aqui administrado pelo chefe mais velho, observa-se na celebração da primeira caçada guerreira. Nessas cerimônias também se dá um novo nome ao guerreiro; a imaginação local vê assim a coisa: "o velho nome é para ser naufragado como um prepúcio" (Tippett, 1968, p.61). O rito todo parece ser completamente semelhante à cerimônia da circuncisão (Williams e Calvert, 1859, p.42-3). Do mesmo modo, as comemorações do sucesso da participação na guerra eram caracterizadas por uma "vulgaridade" que chocou os primeiros missionários. "As canções sugeriam que o herói na guerra devia ser um herói no sexo e os heróis mais bem-sucedidos eram referidos em termos dos seus órgãos sexuais e os órgãos sexuais dos cativos vivos eram insultados pelas mulheres que dançavam" (Tippett, 1968, p.65). Adotando o tipo de taquigrafia simbólica de Hocart: *Chefe = virilidade = aumento da produção = bravura na guerra.*

19 Sobre a significação política do *vasu i taukei*, o *vasu* do chefe para a Terra, ver Hocart, 1929 e também 1915, p.19.

volver-se mais detalhes das relações entre Chefes e Terra, homens e mulheres, parentes paternos e parentes maternos. As leis fixam, primeiro, certas prioridades entre essas categorias. Os homens da família comem antes e separados das mulheres, que servem a comida; ao mesmo tempo, os pais devem preceder os filhos, e os irmãos mais velhos comem antes dos mais novos. Em segundo lugar, existem impressionantes interdições sobre o uso, pelos descendentes de um homem, das sobras da sua comida, ou sobre suas posses, tais como roupas, que estejam intimamente associadas com sua pessoa. O parente mais novo será atingido por um excesso de vigor que causa uma intumescência da parte do corpo em contato com o item proibido. Comer a comida do mais velho, por exemplo, produzirá um aumento anormal da garganta ou estômago. Em Moala esse efeito é conhecido pela palavra tongana *fula*, mas o uso fijiano mais antigo é exatamente *bukete vatu*, ficar "grávido com pedra" (Deane, 1921, p.94).[20]

Nesse sentido, o único membro da família moalana isento do tabu e de seus efeitos é a esposa do patriarca mais velho. Imunidade familiar é desfrutada pelas primas cruzadas, que são as companheiras sexuais e conjugais preferidas — e que se opõem em todas as dimensões de consumo à irmã de um homem. Finalmente, para os dirigentes, o privilégio atinge também o mestre-de-cerimônias (*matanivanua*, "face da terra"), o mesmo que nas tradições representa o Povo da Terra, doadores-de-mulheres para os Chefes. O direito simbolizado aqui é, contudo, algo mais que o acesso destes "chefes dialogadores" aos bens do chefe, é até mais do que os direitos naturais dos doadores-de-mulheres ou parentes maternos contra a linhagem do homem — recíproco do direito *vasu*. Pela sua imunidade aos perigos da virilidade dos chefes, o chefe dialogador (da mesma forma que a esposa) torna-se o intermediário indispensável de todas as relações recíprocas entre os parentes mais velhos e os mais novos da mesma descendência, a fim de que os últimos não sejam afetados pela potência dos primeiros. Sem essa libertação do tabu pelo lado da mulher — que agora já pode ser entendido mais genericamente como uma negação da chefia, corolário do conceito de um verdadeiro povo da terra, "verdadeiros donos" (*taukei dina*) — a hierarquia se dissolveria na descontinuidade. Mas, da maneira como acontece, qualquer regalo dado por um chefe é cerimoniosamente recebido por um chefe dialogador, com a sua mão sobre ele.

20 A ligação não é feita aqui somente com a virilidade do chefe fijiano. Os etnólogos da Polinésia devem estar lembrados do famoso *hau*, a força da oferenda personificada na pedra fértil do texto Maori analisado por Marcel Mauss (cf. Sahlins, 1972). Essa associação lógica só é reforçada por transformações da expressão nas línguas aparentadas, tais como o *hau* tongano, "um conquistador, um príncipe reinante", do qual o título de chefia *sau* dos Fiji é também cognato. (Tregear, 1891, p.52-3). Não parece muito precipitado considerar as imagens de pedra-fálica dos deuses polinésios também como uma representação, isto é, o altar familiar havaiano ou "pedra de Kane" (note-se, *kane* é Haw, "homem", e Kane, o deus principal).

Nas ilhas Tokelau, do mesmo modo, os "descendentes do homem" suprem, mas os "descendentes da mulher" dividem (Huntsman, 1971). O esquema dos fijianos é cognato com estruturas bem conhecidas da Polinésia ocidental, que podem ser descritas genericamente em um nível superficial pelo direito que reserva o principal controle econômico e político à linhagem paterna, enquanto os "descendentes da mulher", embora excluídos da sucessão, mantêm uma autoridade ritual, ao mesmo tempo indispensável e hostil àqueles que governam.[21] O sistema é construído sobre um eixo duplo. Por um lado, a relação de autoridade patrilateral representada claramente como a distinção entre irmão mais velho e mais novo. Esta é a armadura para a formação dos grupos sociais; é representada tipicamente como uma relação recíproca na qual o mais novo serve o mais velho, que, por sua vez, toma conta do mais novo. Por outro lado, existe um eixo de complementaridade, codificado como a união irmão-irmã; esta entra particularmente na aliança entre os grupos, quer dizer, como o elo mediador entre os parentes de nascimento da mulher e os adquiridos pelo casamento. O sistema fijiano dos Lau é uma variante do mesmo dualismo, mas permutada em representações triádicas e de quatro partes mais complexas.[22]

Em Lau, realmente tudo funciona em quatro. Quatro é o conceito numérico de uma totalidade Lau. São necessários quatro grupos para formar uma ilha, quatro dias de troca (de quatro espécies de mercadorias) para realizar um casamento, quatro noites de tratamento para efetuar uma cura. Tradicionalmente, Moala estava organizada exatamente da maneira como Hocart descreveu a "tribo": divida em Grande e Pequena Moala, cada metade dirigida por um grupo de Chefes governando o seu próprio Povo na Terra.[23] A referência a esse sistema de quatro partes traz imediatamente à cabeça do antropólogo um tipo clássico de sistema de casamento — e ele estaria certo em suspeitar de sua existência em Moala.

---

21 De fato, parece que estamos na presença de um padrão polinésio ou malaio-polinésio muito comum e profundo. O chefe dialogador fijiano é a contraparte da mulher-chefe Maori que medeia os períodos do ciclo econômico de tabu e não tabu que tiveram papel decisivo na abolição do tabu através da "comida livre" (*ai noa*) na famosa "revolução cultural" de 1819.

22 A respeito de outras transformações — em Tonga, Samoa, Futuna — ver Panoff (1970); Kaeppler (1971); Gifford (1929); Maad (1930) e Gilson (1963). Sobre os Tokelaus, ver também Huntsman (1971). Para sugestões sobre a generalidade do sistema na Oceania, ver também Mabuchi (1960, 1964).

23 A ilha de Lakeba, em Lau, é composta por duas metades territoriais: "A Cidade" (*Na Koro*) e os "Fundos de Lau" (*Doku ni Lau*). Cada metade é, por sua vez, dividida em dois grupos de aldeias. "A cidade", que é dominante, é liderada pela comunidade dirigente de Tubou, em relação à qual seus povoados satélites são "terra". Reciprocamente, os "Fundos de Lau" têm uma aldeia dirigente, cujo chefe é descendente da linhagem dominante de "A Cidade". A comunidade de Tubou tem o mesmo esquema para seus vários grupos de descendência (cf. Hocart, 1929, p.10-22). Exatamente a mesma organização aparece na descrição de Thompson (1940) da ilha Kabara, em Lau.

Os moalanos prescrevem o casamento entre primos cruzados (isto é, descendentes de irmãos de sexos opostos). A prática vai estabelecer uma dualidade, tal como foi visto em outras relações — uma combinação básica de opostos, valorados diferencialmente — aqui dividindo os parentes em um grupo de ego (parentes paralelos) e em um grupo de casáveis (parentes "cruzados"). Mas existe outra estipulação de casamento, revelando o conjunto completo de quatro categorias: os primos-irmãos cruzados são proibidos de se casarem; o cônjuge potencial mais próximo torna-se o primo cruzado de segundo grau (isto é, MoMoBrDaDa, FaMoBrSoDa* classificados com os primos-irmãos cruzados na terminologia de parentesco). Tecnicamente, o sistema daí decorrente é "Aranda", com os seus quatro segmentos intermatrimoniais, embora lhe falte a elaboração terminológica de um sistema de oito seções. O excelente diagrama de Robin Fox (figura 3) e sua discussão do sistema Aranda (1967, p.195-9) ajudarão, desta maneira, a desenvolver as implicações estruturais. O modelo lógico do casamento com primo cruzado de segundo grau é aquele em que quatro linhagens de descendência — cada uma representada por um ego específico através de um dos seus quatro avós — se

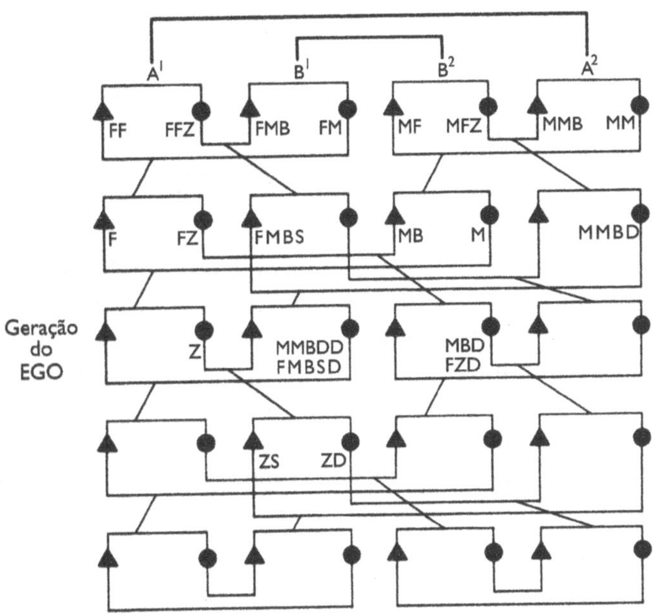

FIGURA 3 • **As relações de parentesco no casamento de primos cruzados de segundo grau (*apud* Fox, 1967, p.196; note-se que os moalanos não praticam a verdadeira troca de irmãs, mas as implicações estruturais são essencialmente como aparecem aqui diagramadas).**

* Mantivemos a notação em língua inglesa que é a seguinte: pai — Fa ou F; mãe — Mo ou M; filho — So ou S; filha — Da ou D; irmão — Br ou B; irmã — Si ou Z. (N.R.)

articula em certas relações de aliança. As linhagens são agrupadas duas a duas em metades exogâmicas, cada linhagem unida em qualquer geração dada com uma das duas na outra metade, e na geração seguinte com a outra das duas linhas opostas. As relações entre parentes são desta maneira análogas na forma à estrutura global da "tribo" (figura 2), pois, reciprocamente, a representação das categorias tribais, tais como Chefes e Terra, em termos de casamento, torna esses níveis diferentes homólogos no conteúdo.

É importante notar, contudo, que a formação social é, ao mesmo tempo, ternária, dual e quaternária. Estes modos da ordem social são simplesmente perspectivas diferentes da mesma estrutura. São uns quantos relevos de uma arquitetura social única — cada um deles constituindo um modelo apropriado para a realização independente no comportamento. Tomado como um todo, o domínio do parentesco é composto por duas "espécies" de pessoas, os parentescos próprios e os afins. Pela lei do casamento, esse universo de parentes dualista é diferenciado internamente em quatro linhagens. As regras de casamento, contudo, evitam a duplicação de alianças entre duas linhagens paternas dentro de gerações sucessivas, de tal forma que em um período curto cada família está engajada em dois conjuntos contrários de leis próprias, colocando-se como doadora-de-mulheres para uns, e receptora-de-mulheres para outros. Esse é o elemento triádico. De um certo ponto de vista dentro do sistema, a estrutura de quatro partes dos pares complementares é mais exatamente um conjunto de três, consistindo na parentela paterna imediata, no grupo dos irmãos da mãe perante os quais a pessoa é *vasu* ou "sangue sagrado" (*dra tabu*), e no grupo dos filhos da irmã, sujeito a um respeito correspondente (figura 4). Esta imagem particular é de certo modo difícil de ser colocada em evidência. Ela varia entre uma ordem triangular centrada na linhagem própria de uma pessoa e as séries ordenadas de filho da irmã ou relações *vasu* que colocam os receptores-de-mulheres na posição suprema. A dificuldade é somente parte de uma instabilidade constitutiva do sistema *à trois*.

Em comparação, a estrutura de quatro partes é durável e dominante. Quanto mais não fosse é a condição necessária da estrutura triádica. Mas, além disso, ao ser continuamente cancelado e também reproduzido pelo código quaternário, o sistema ternário adquire uma existência fugaz no interior de uma contradição endêmica entre a hierarquia e a reciprocidade. Nada na lei bilateral do casamento do primo cruzado (em segundo grau) proibiria a reversão da sequência ordenada entre linhagens, mudando a direção da recepção-de-mulheres na terceira geração — por exemplo, através do casamento de um FFZSD (como de b' para C na figura 4). Entretanto, as relações econômicas entre receptores-de-mulheres e doadores-de-mulheres têm servido, com o passar do tempo, para o mesmo efeito igualitário. Pois, tomados no contexto mais amplo das obrigações de troca entre grupos intermatrimoniais e durante o mais longo período de duas gerações, os direitos do *vasu* ou filho da irmã contribuem para acertar as contas que primeiramente favoreciam o irmão da mãe. No casamento da mulher, irmã do último, o lado do marido teria dado algo mais em presentes e mercadorias do que tinha recebido, e particularmente no nascimento do filho da irmã, suas relações paternas devem assegurar seus direitos *vasu* através de um presente generoso para o parente da mãe (*vakalutulutu*). Depois do exercício dos direitos *vasu*, então, as relações econômicas entre as linhagens intermatrimoniais foram determinadas e, de acordo com isso, os primos cruzados — um homem e os filhos do tio materno — têm obrigações de ajuda material fortes, mas *mútuas* (figura 4). Agora os filhos desses homens são novamente preferidos como companheiros de casamento. Uma vez que a relação entre os primos cruzados se tenha tornado igual e recíproca, não há uma determinação necessária para repetir na terceira geração a direção de doação-de-mulheres estabelecida na primeira. O código triádico é, então, uma imagem produzida constantemente pelo quadriádico, e quase sempre ofuscada. E com essa resolução de hierarquia nos contornos familiares da reciprocidade se dão muitas outras visões de centralização política dos Fiji.[24]

Aceitemos o esboço precedente, mesmo incompleto e fragmentário como está, para rumarmos em direção ao esquema geral da cultura fijiana oriental. O problema consiste em estender ao domínio da ação essa representação da estrutura, especialmente à ação prática e histórica reivindicada por um certo marxismo, como a sua ótica analítica exclusiva. Uma boa maneira de começar é com a construção da casa moalana e a observação de que essa construção é, na forma material e na divisão descrita — completa nos seus níveis binário, trinário e quaternário. A casa do homem é o seu castelo, ou, como dizem os moalanos, "Na sua casa, todo homem é um chefe". Assim sendo, a casa da sociedade é a sua cultura.[25]

Elíptica no contorno, a moradia moalana é dividida, segundo seu eixo maior em um "lado da chefia", tradicionalmente localizado em paralelo ao mar, e um "lado comum" voltado para o interior. Para cada lado existe um segmento final associado: o arco dos fundos da casa (entre os principais pilares dos cantos) é o

---

24 As implicações políticas são discutidas mais adiante, p.51-3. Vê-se nos direitos econômicos mantidos na primeira instância pelos doadores-de-mulheres o corolário para os poderes rituais da esposa e do chefe dialogador sobre o lado paterno ("forte"). Daí a variante moalana do dualismo da Polinésia ocidental — uma vez que aqui a autoridade ritual sobre a linhagem paterna é dividida entre o parente da esposa e os "descendentes da mulher" (filhos da irmã). Mas, então, num nível mais profundo, essas duas não são substancialmente distinguidas pelos Fiji, pois o filho da irmã, apesar da sua patrifiliação, compartilha especificamente do "sangue" e da alma de sua mãe e dos irmãos dela. Sobre as normas de nascimento traçadas para prevenir a perda da alma materna com o corte do cordão umbilical, ver Jarré (1946). Para uma interessante analogia africana ocidental da prestação de contas final da segunda geração, ver Marie (1972).

25 A análise seguinte da "proxêmica doméstica" dos Fiji se limita às suas dimensões mais gerais. Para uma apreciação das totais possibilidades de tais análises estruturais do espaço doméstico, ver, entre outros estudos excelentes, Bourdieu (1971); Cunningham (1973); Tambiah (1969) e Wagner (1972).

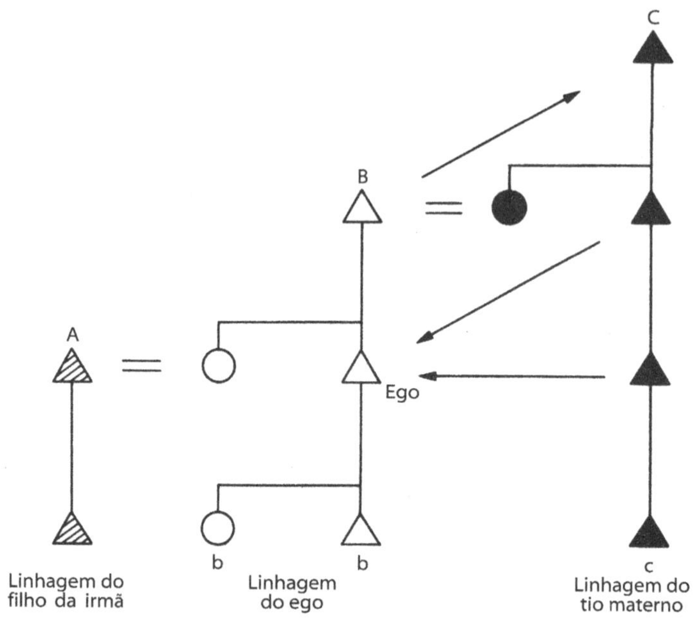

FIGURA 4 • **Relação triádica evidente na ordem de parentesco moalano (→, direção das obrigações econômicas principais; A > B > C, série ritual, baseada no "sangue sagrado").**

final "superior" e "acompanha" o lado da chefia; a entrada da frente oposta é "inferior", tradicionalmente orientada a sotavento, e "acompanha" o lado comum. Estas associações (num sistema de quatro classes lauano padronizado) são práticas e simbólicas, porquanto a superestrutura da comunidade da aldeia é tradicionalmente a infraestrutura da construção doméstica. O plano exterior da casa — armadura simbólica da vida familiar, que é, ao mesmo tempo, uma miniatura da comunidade política — medeia as relações entre o domicílio e a aldeia e constitui as relações da produção da aldeia. A casa é construída coletivamente. Mas a forma de cooperação não decorre simplesmente das dimensões técnicas do serviço. Por tradição, era uma instância sintética e ativa da correspondência significativa entre política e domesticidade, sendo os segmentos da comunidade responsáveis pelos segmentos da casa, de acordo com a correlação de estruturas. E, como está subentendido na descrição seguinte da construção tradicional de casas, esse conjunto de concordâncias estende-se para fora, para as estruturas culturais da natureza:

> Este lado da casa voltado para o mar era chamado de lado nobre (*yasa turaga*) e acompanhava-o o final oriental; ou, se a casa fosse perpendicular ao litoral, o lado oriental era o nobre, e acompanhava-o o final do mar. Se somente a aldeia Tumbou estivesse construindo, os Katumbalevu (o segmento de chefia da metade principal)

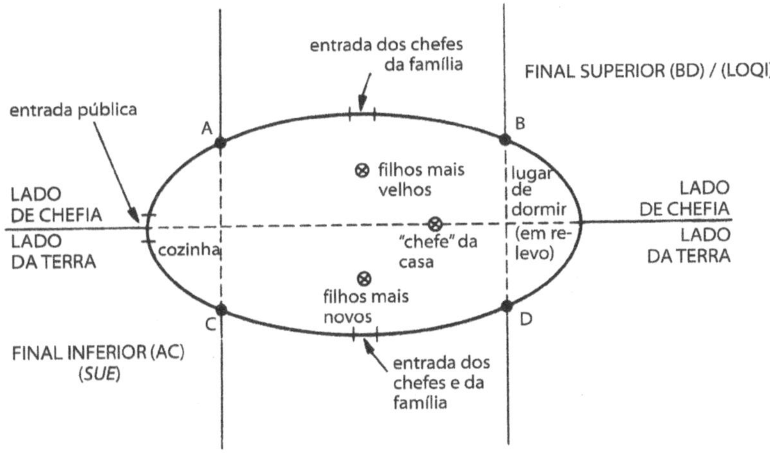

FIGURA 5 • **Representação esquemática dos espaços sociais tradicionais da casa moalana.**

trabalhariam no lado nobre e os Valelailai (segmento da terra da metade principal) no final que o acompanha; na construção da casa, os Valelailai acompanham os Katumbalevu, razão pela qual eles estão juntos enquanto Tai (metade de chefia); a quarta parte Tumbou (a metade da terra da aldeia Tumbou) dividiria o outro lado e o final. Se toda Lakemba estivesse construindo, "A Cidade" (Na Koro, a metade territorial superior) ficaria com o lado nobre; Wathiwathi e Waitambu ficariam com o final oriental por causa de Wathiwathi (aldeia superior da divisão da terra de "A Cidade", com a "terra" Waitambu relativa a ela); Natokolau (ou Daku ni Lau, a segunda metade territorial da ilha) ficaria com outro lado e o final ... [etc.]. [Hocart 1929, p.126. Veja-se, às p.113-4, uma transformação dessa estrutura na pesca coletiva das mulheres].[26]

O exterior da casa é repartido de acordo com o sistema de quatro classes da sociedade ao qual se refere. Uma projeção das mesmas linhas de separação no

26 A orientação da casa com o seu eixo maior paralelo ao mar também é comum nos Fiji, mas não é universal (ver Hocart, 1929, p.11; Sahlins, 1962, p.99; Tippett, 1968, p.163). O espaço envolvente da casa, contudo, é codificado pela interseção de dois sistemas de orientação, e isto é levado em conta na intertroca entre o mar e o leste na discussão de Hocart. Juntamente com o código morfológico — quer dizer, de características geográficas tais como terra/mar — existe um sistema de direções do vento, mais uma vez um conjunto de quatro classes do tipo familiar. O eixo principal é barlavento/sotavento, ou *tokalau/ceva*, o primeiro geralmente oriental e concebido como "acima" do segundo, "abaixo". O barlavento tem um quarto subordinado, *tokalau lutu*, ou "barlavento morto" (geralmente NNE), e o sotavento, por sua vez, tem um "sotavento mais baixo", *ceva i ra* (SSW). Em outra parte, Hocart (1929, p.9) observa a posição comum da porta da frente, a mais baixa da casa, na direção oeste; daí que, na descrição anterior, ou o lado da chefia, ou final da chefia, estarão a leste, quer dizer, "acima".

sentido do interior produziria um espaço tripartido, integrando a vida familiar literalmente dentro das categorias da sociedade mais ampla (figura 5).[27] Os finais "superior" e "inferior" deste espaço trisseccionado, *loquê* e *sue* respectivamente, são opostos nos tipos de sociabilidade, uma vez que eles têm valores diferentes. Separado do resto da casa por uma cortina de casca de árvore, o final superior protege a plataforma onde o mais velho da família dorme e tem seu depósito de objetos de valor, armas e ferramentas agrícolas. Seu uso geralmente é restringido aos membros da família (que também podem guardar os seus pertences lá), mas principalmente ao *turaga* e *marama* da casa (o "chefe" e a "chefe"). O valor relativo do final superior distingue-se não só pela altura, mas também pelas finas esteiras nele colocadas, em comparação com as esteiras da entrada da frente e as esteiras melhores, mas ainda comuns, que cobrem a seção do meio. O final inferior do domicílio é mais público que privado e é habitualmente associado com o fogão da mulher, os utensílios culinários e a comida quente, por oposição ao dormir (sexo) e às coisas masculinas.[28] A série de oposições envolvidas é ainda mais ampla do que esses extremos domésticos e traz à cena as complexidades interessantes da divisão sexual do trabalho. O fogão da mulher dentro de casa se opõe em contraste múltiplo aos fornos subterrâneos nos quais os homens cozinham, e que se situam tradicionalmente nos limites da aldeia. Assim reencontramos a relação diagramática — mulheres: homens: :dentro: fora — que tínhamos visto antes nas oposições míticas entre Terra (= lado da mulher) e Chefes (= lado do homem). Também faz sentido os fornos subterrâneos serem geralmente reservados para ocasiões especiais — por exemplo, para os domingos — e os fogões das mulheres para as refeições do dia a dia. Mas as inversões lógicas também devem ser salientadas: a cozinha do homem é seca, subterrânea e no meio "mais baixo" da terra; a cozinha da mulher se faz fervida em panelas — acima, e no meio de água salgada ou creme de coco (ambos "masculinos"). Voltarei brevemente a essa troca complexa, quando discutir as relações de produção.

Mas primeiro completemos a sociologia tripartida da casa. À exceção dos chefes de linhagem, que, juntamente com os membros da família, têm acesso às

---

27 Existe uma semelhança impressionante entre este diagrama e a estrutura de seis partes desenvolvida por Milner (1952) a partir de material textual, sobretudo sua representação da "unidade social" de acordo com o notável documento do *turaga* da aldeia Cuva sobre a principal ilha dos Fiji. O espaço não permite uma comparação detalhada, mas há inúmeras analogias nas relações entre categorias, que sugerem uma similaridade de estrutura mais profunda — da qual o modelo de seis partes seria mais uma concretização.

28 Os fogões dentro do domicílio foram legalmente proibidos em Moala. Toda cozinha é feita numa casa de cozinhar separada, embora a comida seja ainda servida pelas mulheres do final inferior da casa de comer. Thompson (1940, p.169) diz sobre a Lau do Sul que as lareiras eram tradicionalmente situadas no *sue* à esquerda da entrada, mas não especifica de que ponto de vista (da porta ou de dentro da casa). Não tenho mais informação alguma sobre esse aspecto.

portas laterais, todos os visitantes devem entrar pelo terminal inferior e permanecerem respeitosamente sentados ou agachados, a não ser que sejam convidados para a seção central. Esta última é o lugar-comum dos de fora e de casa, da mesma forma que, analogamente, é o lugar de homens, mulheres e crianças. É ordenado, contudo, pelas coordenadas laterais e longitudinais de linhagem, manifestas pelas oposições de valor de lados e fins do domicílio (figura 5), de tal forma que em qualquer atividade ritualizada, como o *kava*, as pessoas que bebem e comem são distribuídas especialmente de acordo com seu status familiar ou comunitário. O isomorfismo entre as categorias arquitetônicas e as da cultura geral é, então, algo mais que uma analogia pitoresca. Na medida em que a casa é assim dividida simbolicamente, torna-se a construção de uma diferenciação de comportamento equivalente. Um "modelo de" sociedade e um "modelo para" a sociedade — para adotar os termos de Geertz (1973, p.93) — a casa funciona como o meio através do qual um sistema de cultura é concebido como uma ordem de ação. O que na análise é uma série de classificações paralelas, ou uma única estrutura operando em planos diferentes, é na experiência uma totalidade indivisível. O código de quatro classes é, ao mesmo tempo, prática e forma. Revelando-se em uma habitação tão estruturada, as relações entre as pessoas são elas próprias habitadas pela mesma estrutura.

Essas relações estendem-se necessariamente aos objetos da vida familiar. As categorias culturais e os bens econômicos são aqui definidos em relação aos outros: a qualidade da esteira significa o valor do espaço cultural; a coleção de objetos diferentes no espaço único representa, reciprocamente, um conjunto comum de valor cultural. ("Intimamente associado com a cabeça, que é, o centro do *mana*, o travesseiro é propriedade privada tabu. Não pode ser tocado por pessoas de linhagem inferior à do dono. Os travesseiros são guardados na parte mais alta [do fundo] da casa". [Thompson, 1940, p.171].) É um processo de valoração mútua. Isso implica que o valor econômico seja saussuriano, ou seja, a posição diferencial de um objeto dado em um sistema de relações significantes. (Isto seria muito justo, pois Saussure entendeu o valor linguístico a partir do econômico.) O efeito do processo é o de estabelecer estruturas de diferenciação entre bens que são isomórficos com as distinções categoriais entre os homens, ao se substancializarem.

A permutabilidade de certos bens aparece, então, como uma substância social dividida, um atributo simbólico através do qual eles são também incomensuráveis e não trocáveis por bens de outro valor. Todos os principais contrastes da cultura dos Lau são reproduzidos como classes de bens materiais e como possibilidades da sua substituição ou troca. Descrever esse sistema de objetos seria repassar toda a etnografia, pois também os bens são mar ou terra, macho ou fêmea, chefe ou povo, rituais ou livres. Como tudo acontece aos pares, cada grupo sendo uma combinação complementar de superior e inferior, cada refeição deve conter um elemento marcante de carne, peixe ou verduras (*i coi*) e um fundo sólido comum ("comida verdadeira", *kakana dina*). Os dentes de baleia são "a cabeça de todas as coisas". Sua única medida social é um ser humano: eles dão segurança nos serviços, na guerra ou no trabalho, àqueles que os aceitam como oferenda; seguram a esposa para o marido, compensam o guerreiro por seu tributo de uma vítima canibal, o sogro pela morte da esposa, o parente da mãe pelo nascimento do seu filho. Hoje em dia os dentes da baleia estão expostos às vezes nos postos mais altos da casa, mas normalmente são guardados na parte dos fundos, coabitando com outros objetos de autoridade (*mana*) no lugar de dormir do homem mais velho. Valiosos como são, os dentes de baleia não podem ser trocados por qualquer coisa de uso comum ou por comida — da mesma forma que se poderia dizer, por motivos semelhantes, que o filho mais novo não poderia comer a comida do mais velho. Só duas coisas se contrapõem metodicamente aos dentes de baleia — a tartaruga e o porco — a "cabeça" de todos os alimentos do mar e a "cabeça" de todos os alimentos da terra. Mas isso porque um porco pode ser substituído por um homem nos sacrifícios e a tartaruga é o "peixe que vive" (*ika bula*) ou o "homem-peixe" (*ika tamata*) contra o qual o pescador do chefe será obrigado a se substituir no caso de falhar na pesca. Existe uma equivalência transitiva entre os dentes da baleia, o porco e a tartaruga, baseada na sua intermutabilidade com os homens.[29] Agora os antropólogos descobrem frequentemente "esferas de troca" nas economias tribais — a alocação de bens entre classes inconvertíveis, cada uma constituindo um circuito isolado de itens transacionáveis separados dos outros por discrepâncias de valor social (Firth, 1965; Steiner, 1954; Bohannan, 1955; Salisbury, 1962). Mas que são as famosas esferas de troca, a não ser o momento funcional de um sistema de objetos? E o sistema de objetos? A transposição, em um outro plano, do esquema de sociedade.

Uma "base econômica" é um esquema simbólico da atividade prática — e não somente esquema prático na atividade simbólica. É a realização de uma dada ordem de sentido nas relações e finalidades de produção, nas avaliações de bens e determinações de recursos. Considere-se a oposição moalana de "terra/mar". Mais que um discurso sobre a interação entre grupos sociais ou entre homens e mulheres, ela significa a organização cultural de uma distinção natural. As relações de produção vigentes no mar e na terra são constituídas de acordo com as estruturas de reciprocidade entre as categorias assim designadas e, através disso, o mar e a terra enquanto elementos naturais são dotados de uma ordem cultural. Para os Moala, as estruturas de reciprocidade relevantes são de duas espécies. Primeiro, a

29 Note-se também, conforme a relação previamente discutida entre a virilidade e o bem supremo feminino — a roupa de cascas — que esta está especificamente acoplada aos dentes de baleia nas apresentações matrimoniais entre os parentes da noiva e do noivo (cf. Lester, 1939-40, p.281).

troca simples correspondendo ao dualismo essencial de complementaridade da sociedade moalana: os Povos da Terra e do Mar — incluindo na última categoria os Chefes e os grupos de mestres-pescadores (*kai wai dina*) vinculados ao seu serviço — fornecem produtos um ao outro a partir dos elementos com os quais têm uma afinidade natural. O Povo da Terra, como se costuma dizer, "não é muito feliz na água". De fato, as aldeias dominadas pela Terra fazem muito pouca pesca em alto-mar até hoje, apesar da possibilidade de acesso às regiões pesqueiras. Seu papel é cultivar, principalmente taro, e suprir a festa com bolos de taro e de coco, e com porcos. Eles não devem, tampouco, comer o porco na presença do Mar, assim como este não deve comer o peixe na frente da Terra, pois o peixe e a tartaruga são o que o Povo do Mar fornece à Terra.[30] A segunda forma de reciprocidade é um intercâmbio mais complexo, correspondendo mais propriamente ao sistema de quatro classes, e que divide adequadamente a terra e o mar. Aqui, cada parte, por assim dizer, produz a substância ou sustento que constitui a outra, devendo, desta forma, produzir no elemento da outra. É este o modelo essencial da divisão doméstica do trabalho, exercitada por todos os Fiji em um momento apropriado das trocas de casamento, quando o lado do homem, apesar do seu status superior e "do mar", proporciona para a parentela da esposa uma festa com porco em troca de uma festa com peixe.[31] O mesmo acontece no trabalho comum: mesmo se (alguns) homens moalanos pescam de vez em quando em alto-mar, a pesca e a colheita diária das mulheres nos lagos é que produzem o principal suprimento de comida no mar. Além disso, as mulheres trançam esteiras e fazem roupas de cascas na aldeia, enquanto que todo o cultivo de alimentos no "mato" interior é trabalho do homem. Observando essa divisão do trabalho em sua distribuição geográfica, reconhece-se uma configuração familiar: as atividades das

---

30 "Nós somos o Povo do Mar (*kai wai*); nossa obrigação é pescar. Não sabemos plantar. Os nossos mais velhos (ancestrais) não sabiam fazê-lo. Eram esplêndidos marinheiros. Éramos Povo do Mar em Tailevu, em Gau e Moala. Os nossos mais velhos não plantavam. Os chefes nos deram hortas úmidas de taro em Navucinimasi (a velha aldeia de Navucinimasi), um lugar chamado Vunisinitoba. Nós não plantávamos o taro. O povo de lá plantava os nossos alimentos. Nós só pescávamos. Eles traziam a nossa comida todos os dias e todos os dias nós trazíamos a comida deles. Hoje em dia não nos sentimos bem pescando... Nossos ancestrais conheciam o inhame, mas plantar taro era trabalho dos chefes da Terra" (Sirelli, o mais velho da aldeia Nuku, 1955).

Thompson afirma que no Lau do Sul os Chefes são fracos jardineiros comparados com a Terra, mas são pescadores superiores (1940, p.32-3, 119-20). Pelo que diz Sirelli, subentende-se que em Moala só o último fato permanece verdade. Contudo, nas festas entre aldeias e ilhas, da mesma forma que nas festas de tributo ao chefe supremo, espera-se que os grupos da Terra e do Mar proporcionem suas respectivas comidas especiais.

31 Esse simbolismo particular ocorre em momentos diferentes das festas de casamento e nascimento em áreas diferentes dos Fiji (cf. Williams, 1859, p.134; Jarré, 1946; Sahlins, 1962). Nos Nakoroka, Vanua Levu, existem fornos separados para mulheres e homens preparados para certas festas, sendo os primeiros para peixe e inhame e os últimos para porco, inhame e taro (Quain, 1948, p.73);

mulheres são de "dentro", na vila e no mar adjacente, flanqueadas no outro extremo geográfico pelos domínios dos homens sobre o alto-mar e a floresta cerrada. A distinção tripartida então permuta a oposição terra-mar em uma típica estrutura de quatro (figura 6). Pois a terra é socialmente bifurcada em aldeia (*koro*) e mato (*veikau*), enquanto o mar é de igual modo diferenciado em *wai tui* ou "mar dos chefes" dos homens, além dos arrecifes, em contraste com a lagoa ou a parte costeira do mar, lugar das atividades das mulheres, chamado pelo mesmo termo (*dranu*) que as águas doces costeiras.[32] Na expressão de Marx, a natureza conhecida pelo homem é uma "natureza humanizada".

Por outro lado, começa-se a ver a questão nas críticas marxistas correntes ao estruturalismo como uma lógica imóvel de estruturas equivalentes, sem qualquer sentido de dominância ou determinação entre os níveis da ordem cultural — e consequentemente sem qualquer conhecimento da mudança ou do evento (Terray, 1972, p.39-41). É uma espécie de "paradigma vazio" kuhniano, uma vez que, para o estruturalismo, a clássica distinção entre infra e superestrutura não faz mais sentido claro. Também não é fácil entender a "preponderância do fator econômico" no entendimento estruturalista do fator econômico. A chamada infraestrutura aparece como a manifestação de um sistema total de significações em ação no mundo, um processo que qualifica também o sentido da experiência prática como uma relação naquele sistema. A infraestrutura incorpora uma superestrutura: uma lógica conceitual que nem é a do próprio mundo — no sentido de uma eficácia mecânica inerente — nem expressa suas propriedades materiais, a não ser como uma valoração culturalmente específica. Qualquer ordenação cultural produzida pelas forças materiais pressupõe uma ordenação cultural dessas forças.

Permitam-me abrir um pequeno parêntese sobre as condições institucionais das categorias conceituais dos Fiji. À parte a patente e excessiva simplificação, talvez a falta principal desse tipo de explicação do texto cultural seja o fato de que ele prossegue, de certo modo, inventando antropologia sem se beneficiar das explicações etnológicas já conquistadas. Mas a esta altura, com os exemplos do estruturalismo francês e inglês simultaneamente colocados perante nós, parece claro que a força de cada um é o complemento do outro. Eu não pretenderia fazer uma síntese. Somente observar que a transposição de um dado esquema simbóli-

32 De modo correspondente, a água salgada, enquanto oposta à água doce, é particularmente eficaz na purificação. Além disso, a ambiguidade envolvida na exploração pela mulher do elemento geográfico masculino e superior, o mar, encontra-se com as restrições rituais que não seriam muito alheias às teorias semiológicas de Douglas (1966) ou Leach (1964), exatamente porque o simbolismo sexual particular também é congruente com os conceitos fijianos de potência masculina e feminina: as mulheres grávidas, da mesma forma que as mulheres menstruadas, são prejudiciais à pesca; ao passo que a purificação e o final dessas condições, chamados "banho no mar", são normalmente a ocasião para a retomada da pesca.

co em diferentes planos é a contrapartida da compreensão da sociedade tribal enquanto ordem institucional generalizada. Sob esta condição, isto é, um conjunto consistente de relações (primeiramente o parentesco) desdobrado em várias funções, a generalização das relações simbólicas torna-se igualmente autêntica. Consequentemente, também o isomorfismo entre os diversos códigos — social, geográfico, mítico e econômico — não é nem fantástico nem o produto de um puro interesse especulativo; é uma condição real da vida social. Se as distinções no meio (ambiente) estão conectadas metaforicamente com diferenças no status político, é porque as mesmas relações que regem a produção regem também a política. Na medida em que as relações institucionais permanecem consistentes, as concordâncias simbólicas nunca são arbitrárias. Mediadas pela ordem social, elas são sempre motivadas pela experiência cultural do sujeito pensante. E sua determinação pelos etnólogos não é nem mais nem menos idealismo que a sua prática pelos povos. Se, no sentido estrito de atividade prática, a "práxis" é um esquema conceitual, ainda no sentido mais amplo o esquema conceitual é uma práxis cultural.

Haveria muito mais a dizer sobre tudo isso. Por ora fecho os parênteses em favor das implicações do nosso exemplo etnográfico quanto à estrutura e ao evento, à cultura e à história.

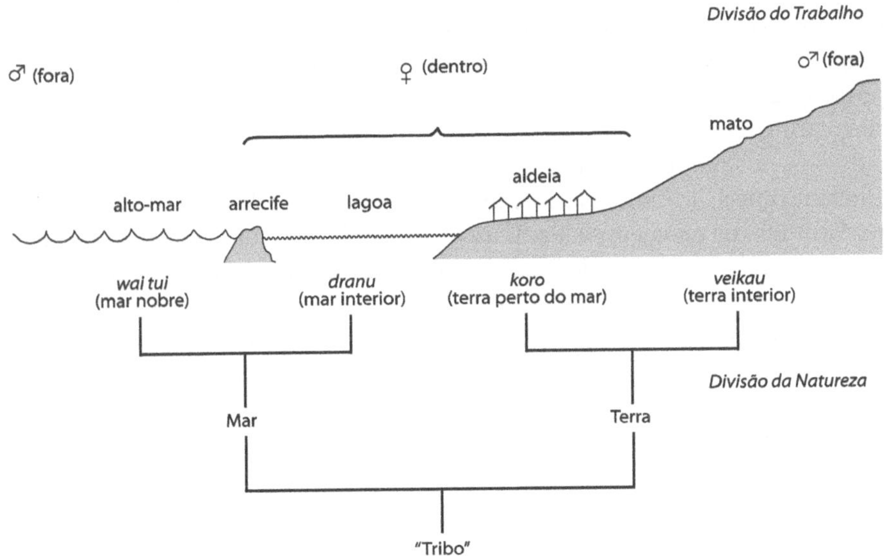

FIGURA 6 • **Divisão do trabalho e divisão da natureza.**

O texto-chave para Moala foi produzido por um poeta mexicano comentando os trabalhos do mestre francês. Num longo ensaio sobre Lévi-Strauss, Octavio

Paz delineia atiladamente a conclusão de que "nos sistemas de classificação, nos mitos e rituais, a história entra no ciclo dos fenômenos recorrentes, perdendo assim sua virulência" (1970, p.88). Exatamente por isso, porque as coordenadas simbólicas da cultura moalana são traduzidas de maneiras diversas, o sistema parece desenvolver uma imunidade a condições de mudança. A aldeia de Nuku, por exemplo, tem a organização dual comum de seções de terra e mar, apesar de, estritamente falando, jamais ter existido um grupo da Terra na comunidade. Nuku foi fundada no final do século XIX exclusivamente por mestres-pescadores ligados aos chefes, Povo do Mar por excelência, que migraram da aldeia principal de Navucinimasi, e posteriormente das ilhas de Gau e Bau. Mas pela concepção local, determinados grupos Nuku eram Povos da Terra. Se se insinuar aos habitantes de Nuku — como fiz muitas vezes — que todos os grupos locais são Povos do Mar, isso é prontamente admitido. Mas também será explicado que uma parte do povo foi a primeira a vir da aldeia dos chefes para Nuku, que eles *recebem* o peixe do mar, que são guerreiros (*bati*) para os últimos grupos; quer dizer, eles são "Terra" em relação ao verdadeiro Povo do Mar que chegou depois. Este é um exemplo adequado de "reprodução estereotípica", na colocação de Godelier (1972 [1966]).

O exemplo é particularmente importante por sua revelação do mecanismo de reprodução cultural perante uma desconformidade histórica. Mutilado pela história, o sistema de metades é recriado pela transposição de correspondências simbólicas a partir de domínios afins à população restante. Uma divisão dual de grupos em "Terra" e "Mar" é restaurada através de um contraste congruente entre povos originais e imigrantes. Ao nível conceitual, esse procedimento particular é singularmente fácil, na medida em que a distinção temporal permanece não afetada — se precisar ser, o mito original (matriz) pode ser revisto para se adaptar —, enquanto que a distinção social sempre pode ser pensada desta ou daquela maneira. Contudo, tal é somente a mecânica do processo. Mais fundamental é o fato de que a oposição entre metades está sempre presente na vida da aldeia, mesmo na ausência da sua existência histórica, pois a distinção entre Povo da Terra e Povo do Mar é continuamente *praticada* em mil detalhes do ritual e do mito, da vida pública e doméstica. A aldeia tem esses componentes, e isso é declarado em todas as cerimônias de casamento, em todas as trocas de comidas complementares, na maneira como os homens e as mulheres pescam e os lugares onde o fazem, na construção da moradia e na vida familiar cotidiana que nela se desenvolve. A dualidade social não é somente concebida; ela é vivida.

Além disso, a reconstrução da estrutura à custa do evento não se realiza sem resíduos (cf. Lévi-Strauss, 1966; Sagab, 1964, p.184). Se o esquema simbólico parece manipulável sem erro ou falha, a história se mantém numa certa opacidade do real: não há como fugir à contradição de uma aldeia composta ao mesmo tempo de Povo da Terra e Povo do Mar, e ao mesmo tempo apenas de Povo do Mar. Esse ponto é de significação potencial para uma teoria dinâmica da estrutura.

Hocart observou que o dualismo tornou-se de pouco valor entre os Fiji, e que seu uso excessivo vai levá-lo, no final, ao enfraquecimento e obscurecimento (1952, p.57-8). Assim, no caso Nuku, a oposição entre estrutura e evento fica superada, mas à custa de uma complicação social que nega a estrutura ao mesmo tempo em que a confirma. Um dualismo nega o outro, se cruza com o outro, e parece razoável supor que todo sistema acabará descobrindo limites para a sua capacidade de acumular contradições históricas desta maneira, ou pelo menos se tornará vulnerável a alguma transformação. Em uma perspectiva naturalista, estes seriam os momentos "de adaptação". Mas, de fato, a estrutura permanece o começo da sabedoria histórica. A história não é somente um desdobramento em algo novo — e muito menos algo de mais prático. Como sugere Greimas, a mudança pode também ser um fechamento: uma seleção definida de somente uma das permutações latentes em qualquer estrutura dada (1966, p.823).

Nesse sentido, a sociedade Fiji não é estática; ela contém o embrião de outra ordem cultural. O fato de o dualismo estabelecido sobreviver a uma variedade de ataques históricos significa simplesmente que ele ainda não se deparou com o decisivo — aquele que sobredeterminará suas próprias contradições para libertar o futuro já prefigurado. "Pois mesmo em um tipo de estrutura social aparentemente simétrica, como a organização dualista, a relação entre as metades jamais é estática, ou completamente recíproca, como se poderia supor" (Lévi-Strauss, 1963b, p.135). Complementar, mas desigual, simétrico, mas assimétrico, o dualismo fijiano contém uma contradição endêmica: um conflito, como se viu, entre reciprocidade e hierarquia. É essa a tríade centralizada nos sistemas equilibrados de duas ou quatro classes. Na sua forma mais aguda, é a incompatibilidade entre o casamento de primos cruzados bilaterais e a superioridade dos recebedores-de-mulheres em relação aos doadores-de-mulheres; pois se o segundo significa uma diferença no status através da transferência da mulher, o primeiro implica que toda essa vantagem é perfeitamente reversível. A reciprocidade domina, mas no fundo das suas formas estruturais se move outra ordem assimétrica: um sistema clássico de "troca generalizada" ou casamento da filha do irmão da mãe, que representa a visão de uma sociedade que soube como abandonar o pretexto de igualdade pelo desenvolvimento claro da autoridade (dignidade) dos chefes e da hierarquia (cf. Lévi-Strauss, 1969; Leach, 1951).

Pelo princípio da "troca generalizada", determinado grupo recebe consequentemente mulheres de uma linhagem e dá suas filhas para uma outra; donde ser necessário um mínimo de três para fazer o sistema. E pode ser mantida uma hierarquia consequente entre elas, contanto que as mulheres das mais altas não sejam passadas diretamente para as mais baixas. Para os Fiji, talvez este futuro tenha sido desenhado, pois ele existe entre as linhagens do vizinho arquipélago de Tonga, considerado por muitos historiadores da pré-história como tendo sido colonizado pelos Fiji talvez há dois mil anos. Além do mais, os nativos de Tonga resolveram o problema das filhas dos chefes supremos mantendo as linhagens de imigrantes como "estrangeiras" — inclusive uma "Casa de Fiji" (*Fale Fisi*) — para as quais são destinadas as mulheres da mais alta hierarquia, apesar de as mulheres das linhas nativas mais novas se dirigirem para cima, em direção ao chefe principal. Se o segundo mecanismo permite ao chefe supremo multiplicar sua supremacia enquanto superior genealógico através do seu status como filho da irmã (*fahu*), da linhagem dos mais moços, o primeiro também retira da disputa política aqueles que recebem a filha do chefe, uma vez que, como estrangeiros, eles estão fora do sistema. Esses forasteiros servem tradicionalmente aos chefes como auxiliares rituais (*mata pule*) — uma permutação das correlações doadores-de-mulheres/recebedores-de-mulheres, nativos/estrangeiros, arauto/chefe, que vimos agindo em Lau. Essa transformação é acompanhada por uma série de outras, cuja necessidade pode ser julgada em comparação com a lógica das categorias cognatas dos Fiji.

Em Tonga, o eixo geográfico da distinção chefe/plebe é passado da horizontal para a vertical. Em vez de vir por mar — aqui, a origem dos estrangeiros dos chefes — o fundador da linhagem governante de Tonga, filho do deus Tangaloa, desce do céu para casar com uma mulher da população indígena mais primitiva (ela própria, por uma versão, descendente da minhoca). Donde, já que o céu abarca o mar e a terra, uma representação cosmográfica paralela da tríade política. Mas também se desenvolve aí uma imagem de dualismo, ainda que em um estado secundário e subordinado ao esquema tripartido, que inverte sua relação em Fiji oriental. O dualismo de Tonga, além disso, está deslocado da oposição entre "o lado do homem" e "o lado da mulher" para a distinção entre linhagens dos mais velhos e dos mais novos, uma transferência realizada fundamentalmente pela absorção dos dois contrastes dentro de um sistema de troca generalizada. Visto de outra forma, a codificação da relação entre mais velho e mais novo como recebedor-de-mulheres para doador-de-mulheres subordina a ligação irmão-irmã à hierarquia de irmão mais velho-irmão mais novo. Uma consequência disso é acentuar a superioridade ritual das mulheres sobre os homens, uma vez que politicamente isso também corresponde à superioridade da linhagem do irmão mais velho (receptora de mulheres). Em um outro nível, descobrimos o desenvolvimento do sacrossanto chefe supremo, o Tui Tonga, o chefe que permanece imóvel e dentro, em direção ao qual todas as mulheres afluem, que combina o poder materno dominante como o *mana* paterno supremo. O dualismo de Tonga é representado, então, por uma chefia clássica dual, sagrada e secular, estando a secularidade formalmente localizada no ramo mais moço da linhagem governante que desempenha uma função executiva. Na verdade, esta segmentação é o arcabouço da divisão em metades que se estende em princípio a toda Tonga, sendo as duas partes encabeçadas respectivamente pelos chefes mais velhos-sagrados e os mais moços-seculares. Ora, uma vez que o primeiro está para o último como o "lado da mulher" para o "lado do homem", e como a mulher está "dentro" em relação ao homem "fora", existe na divisão em metades uma inversão final dos conceitos espaciais fijianos, com o superior sendo agora o interior: "Os nomes das duas divisões referem-se à sua disposição geográfica. A Kauhala'uta (metade do Tui Tonga) morava no lado de dentro (*'uta*) da rua, enquanto que a Kauhalalalo (metade do chefe secular) morava na parte mais baixa da rua, ou seja, do lado do oceano, para proteger o Tui Tonga e seu povo" (Kaepler, 1971, p.192; ver também Gifford, 1924, 1929; Bott, 1972; Leach, 1972; Biersack, 1974).

Todos os elementos desse sistema existem também entre os Fiji orientais, mas sem síntese ou dominância. Isso inclui os grupos "estrangeiros" anômalos ligados às linhagens dos chefes, cuja origem externa continua sendo uma qualidade fundamental de sua identidade local, apesar de toda a aculturação. Em Moala, são eles os carpinteiros do chefe — chamados de "samoanos" — e os grupos pescadores de Bau e Gau. Um é, então, Terra e o outro Mar, mas ambos são "povos diferentes" ou forasteiros em comparação com o Povo da Terra indígena e peritos mais em funções técnicas que cerimoniais (ambos os tipos de atividade, contudo, englobados sob a noção de "trabalho" [*cakacaka*]). Uma vez que o Povo da Terra era por tradição doador-de-mulheres para os Chefes, esses peritos estrangeiros legitimam sua ligação com a linhagem do chefe através do casamento de seus ancestrais imigrantes com as filhas dos chefes supremos moalanos. O sistema oculto no dualismo moalano é a troca generalizada.

De igual modo, as aldeias abrigam um dualismo concêntrico dentro do simétrico, uma composição triádica da díade. Tradicionalmente dividida por um rio ou caminho em metades complementares, sendo uma o lugar da metade do chefe, a comunidade está ao mesmo tempo centrada em uma praça pública onde fica a casa do chefe governante e o templo da aldeia. Mas essa distinção entre centro e periferia, sagrado e secular, implica também um *tertium quid*, um grau mais além constituído pela residência externa dos chefes estrangeiros. Na história, como se viu, a locação na periferia pode ser traduzida num movimento centrífugo — por exemplo, a migração dos mestres-pescadores de Nuku dos seus espaços periféricos à aldeia ao chefe de Navucinimasi, até sua localização atual em Moala ocidental. E a consequência pode ser, como no caso moalano, a recriação da ambiguidade entre os modos dual e triádico dentro do sistema territorial da ilha como um todo. Em Moala ocidental, os grupos pescadores de Nuku juntaram-se à aldeia vizinha de carpinteiros "samoanos" para formar uma divisão geográfico-política chamada o "lado de Baixo" (*Yasana i ra*), numa descontinuidade lógica com as divisões principais da "Grande Moala" (*Moala Levu*) e "Pequena Moala" (*Moala Lailai*), transformando as antigas metades territoriais numa dissonante estrutura *à trois*.[33]

33 Para detalhes etnográficos, ver Sahlins (1962). Sobre a forma da aldeia, ver Hocart (1970) e Tippett

A ideia geral é de que, quando existe uma contradição estrutural dessa natureza, existe também uma direção histórica. O dualismo fijiano pode ser resistente a muitas espécies de circunstâncias contingentes. Mas, por um lado, o sucesso pode enfraquecer esse dualismo através da acumulação de inconsistências históricas. Por outro lado, há a contradição interna: se os eventos são continuamente reinterpretados por uma estrutura privilegiada, a estrutura mantém, pelo mesmo processo, uma eventualidade privilegiada — que só aparentemente é descontínua com ela própria. O sistema fijiano tende, ou pelo menos é vulnerável, a uma certa diferenciação e centralização do poder. De certo modo, ele já tem um código para representar certas diferenças no poder como relações de hierarquia como regras de casamento. Toda a Polinésia, que se desenvolveu a partir do núcleo fijiano e conserva seus traços por toda parte, é testemunha desse potencial. Os observadores mais perspicazes têm conseguido perceber a estrutura alternada do futuro no presente fijiano:

> Não existe uma única fórmula que dê conta de uma sociedade, pois, antes mesmo de uma nova fórmula ter acabado de desalojar as velhas, já está surgindo outra nova para suplantá-la ... Podemos observar algo do gênero acontecendo em Fiji. Não podemos dizer qual a razão fundamental que absorvia a atenção dos fijianos antes de ela ser envolvida pela paixão dos conjuntos opostos, pois ela foi tão efetivamente envolvida que fica difícil discernir as estruturas mais velhas sob a dicotomia. Em 1912, ela ainda estava tão longe de se esgotar que ainda podia fornecer a matriz para novas situações. A Escola de Lau dividiu-se inevitavelmente em duas casas, a do Norte e a do Sul. Uma vez mandei-os mergulhar em busca de coral, de modo desorganizado. Um mestre veio me dizer que eles estavam simplesmente brincando. "Divida-os em grupos", aconselhou. Foram divididos em Norte e Sul. Imediatamente começou uma intensa competição ... até que os grupos exaustos solicitaram ordem para parar.
>
> Tal incidente profetiza também a deterioração, pois a dicotomia se estava tornando tão comum que se desvalorizava. Estava se estendendo a todas as ocasiões ...
>
> Não só esse uso demasiado desgastava, como a multiplicação de subdivisões estava chegando ao ponto, como mostrei, de obscurecer todo o dualismo.
>
> Contudo, uma razão nova e mais solene parece ter invadido o velho dualismo enfraquecido pelo excesso. E esse novo entusiasmo era pelo serviço do chefe. Ele e a sua família estavam tão acima dos demais que perturbavam o velho equilíbrio dos grupos duplos, um processo que pode ser traçado em grande medida nas tradições narrativas de Lakemba.

(1968). No plano geral de Tippett sobre as aldeias fijianas (p.163), pode-se ler facilmente uma estrutura de quatro partes com a oposição da igreja à casa do chefe ao longo do outro eixo (cf. Quain, 1948, p.83). Sobre as relações sociais e espaciais entre a aldeia do chefe e os recintos dos auxiliares estrangeiros, ver as anotações de Hocart sobre a povoação de Levuka e sobre Tubou em Lakeba, Lau (1929, *passim*).

> Os dois lados que costumavam enfrentar-se um ao outro, iguais exceto na precedência, começaram a quebrar-se em unidades, todas voltadas para o chefe, da mesma forma que os planetas à volta do Sol. [Hocart, 1952, p.57-8][34]

Tentei sugerir certas maneiras como o estruturalismo pode ser trazido à luz, por assim dizer, em aproximação com a história e com as outras antropologias. É inegável que fiz uma "leitura" particular do discurso estruturalista. Tampouco há a menor intenção de supor que o estruturalismo seja uma espécie de teoria científica geral, a partir da qual a história possa ser deduzida ou prognosticada. Pode-se falar de contradições e potencialidades, resistências e suscetibilidades e até da gênese experimental da variação. Mas os princípios de classificação através dos quais a sociedade trata os eventos são por si mesmos específicos e históricos; eles não podem ser apreendidos diretamente a partir das qualidades dadas no mundo, mas devem ser empiricamente *descobertos* (Lévi-Strauss, 1972). E desde que os meios simbólicos através dos quais um determinado grupo organiza a sua experiência sejam legítimos e lógicos, a história torna-se também arbitrária, pois o mundo dificilmente poderia ser obrigado a conformar-se aos princípios pelos quais uma parte da humanidade o concebe. Parece impossível uma teoria geral dos sistemas culturais da qual a história seja uma dedução.[35]

Claro que, mesmo que esta conclusão fosse aceitável em princípio, continuaria a haver desacordos básicos entre o estruturalismo e o marxismo contemporâneo sobre a "pré-história da sociedade". Mais exatamente, continuam como problemas as relações entre estrutura e ação material e os pesos de suas respectivas lógicas sobre a forma cultural. Entretanto, poder-se-ia perguntar se o próprio Marx não percebia algumas distinções fundamentais entre as formações pré-capitalistas e as burguesas no modo de organização e funcionamento histórico. Para o marxismo moderno, rejeitar o estruturalismo com bases no seu "embaraço perante a história" pode ser, em alguns sentidos, um embaraço semelhante para ele próprio. Não seria a primeira vez que o marxismo estaria ignorando Marx. Se, como diz Pouillon, "não foram os estruturalistas que puseram as estruturas na história", também não foram os estruturalistas que primeiro as descobriram: "Os homens fazem sua própria história, mas não a fazem a seu bel-prazer; eles não a

---

34 Minhas sugestões sobre a relação entre as estruturas de hierarquia e reciprocidade nas Fiji foram inspiradas, evidentemente, pelo artigo de Lévi-Strauss, "Do dual organizations exist?" (1963b). Elas apoiaram-se também na análise paralela dos Fiji feita por Hocart, principalmente nesta observação: "Existe uma semelhança impressionante entre a organização Winnebago e Fiji" (1970 [1936], p.103, ver também p.285ss.). A análise de Fiji também se beneficiou muito com o curso de leituras de estruturalismo de T. Turner, no inverno de 1975, na Universidade de Chicago, e com seu estudo sobre parentesco e organização social Kayapó (T. Turner, manuscrito).

35 Nem sequer o evolucionismo biológico tem tais pretensões. Sobre esse assunto, ver Monod (1972), para uma discussão paralela nesse campo sobre o "acaso" e a "necessidade".

fazem em circunstâncias escolhidas por eles... A tradição dos mortos permanece como um pesadelo na cabeça dos vivos" (Marx, s.d. [1869], p.15).

Marx estava plenamente ciente da capacidade das sociedades arcaicas em estruturar as circunstâncias da história. A passagem de *O capital* sobre a estabilidade das comunidades-aldeias da Índia é uma demonstração clássica da "reprodução estereotípica":

> Essas comunidades da Índia, pequenas e extremamente antigas, algumas das quais sobreviveram até hoje, baseiam-se na posse comum da terra, na combinação da agricultura com o artesanato e em uma inalterável divisão do trabalho, que serve, todas as vezes que está surgindo uma nova comunidade, como um plano e esquema prontamente utilizável. Ocupando áreas entre 100 e vários milhares de acres, cada comunidade forma um todo compacto, produzindo tudo de que precisa... Se a população cresce, funda-se uma nova comunidade, conforme os padrões da antiga, na terra desocupada. O mecanismo todo revela uma divisão do trabalho sistemática, o que é impossível na manufatura, uma vez que o ferreiro e o carpinteiro etc. encontram um mercado imutável ... A lei que regula a divisão do trabalho na comunidade atua com a autoridade irresistível de uma lei da Natureza, ao mesmo tempo em que cada artífice individual, o ferreiro, o carpinteiro e assim por diante, conduz em sua oficina todas as operações de seu artesanato nos moldes tradicionais, mas de maneira independente e sem reconhecer qualquer autoridade. A simplicidade da organização da produção nessas comunidades autossuficientes que se reproduzem constantemente da mesma forma e, quando acidentalmente destruídas, surgem outra vez no mesmo lugar e com o mesmo nome — essa simplicidade é a chave do segredo da imutabilidade e das sociedades asiáticas, uma imutabilidade em profundo contraste com a dissolução e refundição constantes dos estados asiáticos e com as mudanças ininterruptas de dinastia. [1967 (1867) 1:357-8.]

Marx reconhecia a reprodução estereotípica das comunidades asiáticas, embora sua teoria sobre elas não pareça muito convincente se comparada com a moderna antropologia.[36] A partir das considerações mais gerais expostas em *Pre-Capitalist Economic Formations*, a relativa estabilidade da sociedade primitiva era a contrapartida da produção de valores de uso — de uma economia na qual "o homem é o objetivo da produção, e não a produção o objetivo do homem". Controlada pelos produtores na sua qualidade de membros da comunidade proprietária, a produção era organizada como reprodução dos indivíduos nessas

36 Nem totalmente consistente com a noção de uma reformulação contínua do presente pela atividade material no mundo: "A História não é mais que uma sucessão de gerações separadas, cada uma das quais explora os materiais, o capital, as forças produtivas que lhe foram transmitidas pelas gerações precedentes e, por um lado, continua assim a atividade tradicional em circunstâncias completamente mudadas e, por outro, modifica as velhas circunstâncias com uma atividade completamente mudada" (Marx e Engels, 1965, p.57).

relações de parentesco definidas (Marx, 1964, p.64ss.; 1973. p.471ss.). A finalidade não era uma acumulação ilimitada de uma "riqueza" abstrata, paralela à recriação de produtores meramente como "trabalhadores". Para o indivíduo, era a realização concreta, a auto-objetificação de uma existência social. Tais fins são finitos. Marx podia ter pelo mundo que os reconhecia o mesmo respeito que o antropólogo estrutural tem pela procura de "modelos fechados, formas e limites dados" e "satisfação de um ponto de vista limitado" (Marx, 1973, p.488). Mas Marx divergiria de todas as antropologias posteriores na ideia de que a comunidade antiga, que mediava as relações dos produtores com a natureza e com eles próprios, não era propriamente um *produto social*. Ela pertencia mais propriamente à ordem da natureza: o desenvolvimento de laços "naturais" de parentesco ou sangue, produzindo, além disso, com instrumentos que estavam mais ou menos naturalmente ao alcance.

Por um lado, então, a causalidade estrutural clássica do materialismo histórico é assim suspensa, sendo seu campo de aplicação relativizado como apropriado estritamente às formações capitalistas. Contudo, a ordem social das culturas primitivas não pode ser considerada uma superestrutura erguida sobre um alicerce real de relações econômicas. Pois, como Marx repetidamente insiste, em formas tais como a comunidade clânica orgânica, a ordem social é o *pressuposto* da produção, da mesma forma que é também sua intenção final. A esta altura, as condições irredutíveis que os homens encontram na produção, condições prévias e independentes de sua vontade, às quais, por conseguinte, ele têm de submeter sua atividade material, são seus "laços naturais" de sangue, linguagem e tradições. Para a sociedade primitiva, os "alicerces reais" e as "superestruturas" trocam os seus lugares em aspectos decisivos. Além do que, por outro lado, a suspensão da causalidade clássica deixa a impressão de que a sociedade pré-capitalista é uma espécie de ausência, de cultura e de história, ao mesmo tempo. A "simplicidade da organização para produção", que Marx via como a chave para a imutabilidade da comunidade arcaica, não era somente uma condição inalienada em comparação com a sociedade burguesa. Ela carece especificamente das diferenciações que dão à sociedade burguesa seu movimento dialético: separação entre os produtores e os meios de produção, entre os produtores e os produtos, entre a produção e as "necessidades" dos produtores, e entre os indivíduos e a coletividade. Sem essas descontinuidades, o que sobra para Marx é uma espécie de continuidade que a antropologia das comunidades tribais não aceitará facilmente: uma continuidade da cultura e da natureza. Marx permanece fiel à sua própria apreciação de seu método como um "naturalismo"; a respeito da formação da cultura, ele é gradualista — consistentemente com sua posição sobre a linguagem, que não envolveria qualquer ruptura decisiva em relação à experiência prática (ver adiante, p.141-8). Para Marx, a sociedade primitiva era o natural dentro do próprio social. E é isso que lhe permite relegar as condições sociais de produção ao papel de precondições

— quer dizer, pressões fundamentais e externas. Embora em tal estado a sociedade seja capaz de responder às forças naturais e até de negar-se explodindo essas forças, ela não tem qualquer movimento histórico verdadeiro no sentido de um movimento próprio gerado socialmente. É que ela não conhece *forças sociais.* Como explica Alfred Schmidt:

> O desenvolvimento pré-burguês tinha um caráter peculiarmente não histórico, porque nele os pré-requisitos materiais do trabalho — os instrumentos e as matérias — não eram eles próprios o *produto* do trabalho, mas estavam já à mão na terra, na natureza, pelo que o Sujeito ativo e a comunidade à qual pertencia não se diferenciavam essencialmente. No capitalismo, contudo, essas condições objetivas e subjetivas de produção tornaram-se algo criado pelos participantes da história. As relações não são mais determinadas pela natureza, mas *construídas* pela sociedade ...
>
> Se os primitivos modos de intervenção humana na natureza eram fundamentalmente modos de "automediação" da natureza, uma vez que o sujeito mediador (indivíduo ou comunidade) era parte da existência imediatamente natural, no capitalismo a mediação da natureza tornou-se algo estritamente histórico, porque social. [Schmidt, 1971, p.178-9]

Donde, até para Marx, a história pode embaraçar-se perante a estrutura. Nas culturas arcaicas, perante relações sociais que são essencialmente relações de parentesco, a práxis bate em retirada. Poderemos concluir daí que o debate com o estruturalismo francês implica a mesma descontinuidade cultural que o debate com o estruturalismo inglês? Teremos de ocupar-nos de duas espécies diferentes de sociedade, uma que se estrutura pelos eventos e outra que estrutura os eventos por si própria? E assim sendo, não estão o marxismo e a antropologia condenados a continuar separados, cada um sendo a verdade de uma ordem social diferente?

Dois tipos de sociedade: dois tipos de teoria?

Lévi-Strauss parece satisfeito em permanecer em sua posição. Tira suas premissas de Marx: que as diferenciações de classe das sociedades modernas ("quentes") propulsionam um movimento desconhecido dos sistemas igualitários ("frios") do mundo tribal. (A metáfora termodinâmica é uma analogia com a máquina a vapor [Lévi-Strauss *in* Charbonnier, 1969, p.33].) Em *La Pensée sauvage*, Lévi-Strauss ilustra o contraste correspondente entre os seus desempenhos históricos através de um exemplo aparentemente trivial, o dos jogos de competição.

A singularidade dos jogos tribais é que eles são jogados como rituais, sendo, portanto, o resultado previamente determinado. Quando o futebol foi adotado pelos Gahuku-Gama da Nova Guiné, dois clãs opostos podiam competir durante dias a fio — o tempo que fosse necessário para se alcançar um empate. É esse o paradigma geral do ritual, terminado "como uma instância favorecida do jogo, guardada dentre as possíveis, porque é a única que resulta em um tipo particular de equilíbrio entre os dois lados" (1966, p.30). Com a mesma finalidade, durante os ritos fúnebres dos índios Fox, os vivos oferecem à metade do falecido um último jogo, que esta sempre ganha. "Ganhar" no simbolismo índio é "matar"; então, é dada aos mortos a satisfação de estarem ainda vivos, ao mesmo tempo em que são os vivos que morrem (ibid., p.32). Os jogos competitivos, tal como os conhecemos, começam, ao contrário, com uma simetria predeterminada, sendo as regras e o número de jogadores os mesmos para ambos os lados, mas orientam-se, por meio de eventos contingentes, para uma disjunção social. O vencedor e o perdedor são produtos de diferenças no talento, habilidades e oportunidade. Os jogos rituais são exatamente o inverso: ao ordenar eventos de acordo com um plano preexistente, eles associam grupos que inicialmente eram assimétricos e dissociados. No ritual, escreve Lévi-Strauss:

> Existe uma assimetria, que é postulada antes, entre sagrado e profano, fiel e oficiante, morte e vida, iniciado e não iniciado etc., e o "jogo" consiste em fazer todos os participantes passarem para o lado vencedor através dos eventos, cuja natureza e ordenação são genuinamente estruturais. Da mesma forma que a ciência ... o jogo (competitivo) produz eventos através da estrutura. Podemos entender, por conseguinte, por que os jogos competitivos prosperam nas nossas sociedades industriais. Os ritos e os mitos, por outro lado, como a *bricolage* (que estas mesmas sociedades só toleram como um *hobby* ou passatempo), tomam as peças e reconstroem conjuntos de eventos ... e usam-nos como peças indestrutíveis para os padrões estruturais, nos quais eles servem alternadamente como fins e meios. [Ibid., p.32-3.]

Claro que o professor de "uma grande universidade ocidental", que assista a jogos de futebol regularmente, será suficientemente livre de preconceitos e bem-treinado — mais facilmente o da Universidade de Michigan que o da Universidade do Estado de Ohio — para ver que a analogia é exagerada, algumas semelhanças um pouco forçadas. Qualquer um que observe desapaixonadamente um jogo desses sabe que ele é também um ritual, estruturado não apenas no começo como também no final. Mesmo que as regras sejam as mesmas para qualquer um, o resultado é estipulado. Não que ele seja necessariamente "fixo". Mas, com a mesma seriedade com que os Gahuku-Gama jogam por um empate, o futebol americano tem como única instância privilegiada o tornar-se vencedor. Um empate traz em si toda a desaprovação do tabu do incesto, como foi colocado pelo conhecido sociólogo Duffy Daugherty: "um empate é como beijar a sua irmã". Além disso, os vencedores ficam habilitados para certos privilégios cerimoniais, que vão desde a inversão dos quepes pelas bandas até a derrubada das barras do gol. E, ao final de uma temporada esportiva, fica definida uma hierarquia dos times, que oferece aos "campeões do Oeste" uma viagem ao Rose Bowl no Ano-Novo, com um exagero de fausto californiano. Não é como se não tivéssemos uma cultura.

Apesar disso, persiste a diferença no ritual (ou jogos) e parece razoável sustentar que existe uma diferença nas ordens culturais. Para os Gahuku-Gama ou os Fox, onde o resultado social é um equilíbrio axiomaticamente produzido, não estando qualquer disparidade nas habilidades subordinada àquele fim, temos uma espécie de sociedade empírica que conforma a organização a partir do jogo das forças reais. A nossa pode ser também uma cultura, mas a sua forma é construída a partir dos eventos, pois o sistema dá às pessoas liberdade de ação para aplicar seus meios à procura da melhor vantagem e garante o resultado como uma sociedade genuína. Por isso, a natureza do homem parece um "desejo eterno e irrefreável de poder e mais poder, interrompido somente pela morte" e a sociedade não é senão um efeito coletivo, milagrosamente ordenado a partir da afirmação individual, "como que através de uma Mão Invisível". A organização é a realização socializada do desejo.

E isso não é somente como aparece para nós, mas frequentemente para nossas várias ciências sociais. Minha descrição foi feita como um disfarce grosseiro da economia acadêmica, mas a problemática é comum à ciência política, à sociologia e a uma determinada antropologia (cf. Macpherson, 1962; 1973). A história é também escrita muitas vezes num estilo utilitário, como se ela fosse decidida pela distribuição de recursos e a prática que as pessoas desenvolvem ao manipulá-los. Embora varie o conteúdo desse economicismo, todas as nossas ciências sociais participam da concepção corrente de que a sociedade é produzida pela ação empresarial. A sociedade é o conjunto das relações empiricamente construídas pela persecução dos interesses individuais a partir dos meios que estão à mão.

Talvez isso ajude a explicar a relação peculiar com a natureza característica da cultura ocidental. A alusão anterior a Hobbes também tinha seu sentido. Pelo que sei, somos os únicos povos que nos pensamos oriundos de selvagens; todos os outros acreditam que descendem de deuses. Bem que isso poderia ser uma justa afirmação da diferença. Em todo caso, fazemos dessa ideia tanto um folclore como uma ciência, às vezes com muito pouca distinção entre ambos. O desenvolvimento do estado da natureza hobbesiano é o mito de origem do capitalismo ocidental.[37] Mas, exatamente como Hobbes não imaginava que a comunidade anulasse a natureza do homem como lobo para os outros homens, mas simplesmente afir-

---

37 Compare-se com o historiador nativo David Malo (1951) sobre a origem da diferença entre os chefes e os cidadãos comuns havaianos. Os cidadãos comuns são os descendentes daqueles que se afastavam na busca dos seus interesses particulares; daí que fossem esquecidos pelos outros (perdiam suas genealogias).

mava que ela permitia sua expressão com relativa segurança, continuamos a acreditar no selvagem dentro de nós — do qual sentimos uma leve vergonha. Em um primeiro período era o *Homo economicus*, com uma propensão natural para negociar e comerciar; ideia em torno da qual a sociedade burguesa se racionalizou para si própria. Levou nada mais nada menos que dois séculos para evoluir até uma outra espécie, o *Homo bellicosus*, como se poderia chamar esse litigioso macaco humano popularizado por alguns escritores modernos para responder por quase tudo de errado no momento. Não que a redução à biologia seja não científica; isso caracteriza o melhor da antropologia evolucionista. Contudo, nesse sentido, nossa ciência pode ser a forma mais elevada de totemismo. Se o totemismo for, como diz Lévi-Strauss, a explicação da sociedade humana pelas distinções entre as espécies, então fizemos dele uma ciência empírica.

Na realidade, o paralelo com os processos do pensamento totêmico deve ser detalhado. Pois, em primeiro lugar, como Marx observou, a explicação biológica das distinções entre espécies foi moldada na sociedade burguesa; em consequência do que, uma vez elaborada, a teoria voltou a explicar o mundo humano. Uma carta de Marx a Engels descreve a projeção inicial da cultura para a natureza:

> É impressionante como Darwin reconhece entre os animais e as plantas a sua sociedade inglesa, com sua divisão do trabalho, competição, abertura de novos mercados, "invenções" e a "luta pela existência" malthusiana. É o "*bellum omnium contra omnes*" de Hobbes, e não deixa de lembrar a Fenomenologia de Hegel, onde a sociedade civil é descrita como um "reino animal espiritual", enquanto que em Darwin o reino animal figura como sociedade civil. [Citado in Schmidt, 1971, p.46.]

A segunda fase, a re-presentação da cultura para si própria sob a forma de natureza, é descrita em uma carta de Engels para P.L. Lavrov:

> Todo o ensinamento de Darwin da luta pela existência é simplesmente uma transferência da sociedade para a natureza viva da doutrina de "*bellum omnium contra omnes*" de Hobbes e da doutrina econômica burguesa da competição, juntamente com a teoria da população de Malthus. Realizada essa mágica ... as mesmas teorias são transferidas de novo da natureza orgânica para a história, sustentando-se agora que a sua validade como leis eternas da sociedade humana foi provada. [In Schmidt 1971, p.47]

Mas, à parte as correspondências dos (assim chamados) totemismos, o que parece emergir do encontro do materialismo histórico com os dois estruturalismos antropológicos é uma distinção entre o Ocidente e o resto das sociedades. Tal é a conjuntura presente: um século de ciências humanas converge para essa distinção. O resultado, porém, podia ter sido antecipado, uma vez que, desde o começo, a antropologia aceitou a especificidade do "primitivo" como sua tarefa acadêmica, embora isso pudesse significar uma amputação da sua pertinência pelo menos tão drástica quanto a relativização do materialismo histórico. Tentei discutir aqui a plausibilidade do ponto de vista "duas sociedade — duas ciências". *Mas somente para negá-lo em um capítulo posterior* como uma espécie de falsa consciência: uma tradução de integrações diferentes de código e práxis em uma distinção radical na natureza das sociedades, como se uma não conhecesse nenhum axioma conceptual, da mesma forma que a outra não conhece nenhuma consequência prática. Acho que isso é "falsa consciência", porque a distinção de saída legitima o modo de aparência da sociedade ocidental como sua verdadeira explicação. A derivação da organização a partir da atividade prática e da consciência a partir das relações entre pessoas ignora a qualidade simbólica ordenada das nossas próprias instituições. Mas se por um lado se conclui que a determinação da consciência pelo ser social, como é geralmente entendida, precisa de alguma reavaliação, por outro lado se conclui também que ela continua, exatamente como é, a melhor explicação da ciência social ocidental. Pois muito dessa ciência é a autoconcepção do capitalismo.

O verdadeiro problema para o marxismo e para a antropologia se localiza na relação entre a práxis e a ordem simbólica. E esse é um problema mais bem explicado a partir da história da própria antropologia — exatamente porque a história da antropologia é um corolário permanente da contradição da sua existência como uma ciência ocidental das outras culturas. A contradição é uma condição original: uma ciência do homem patrocinada por uma sociedade que, tal como as outras, se definiu exclusivamente a si própria como humanidade e a sua própria ordem como cultura. Apesar de tudo, acredito que no caso antropológico essa sociedade realmente aprendeu alguma coisa das outras — sobre si mesma.

2 CULTURA E RAZÃO PRÁTICA
dois paradigmas da teoria antropológica

A oposição levantada recentemente por Lévi-Strauss entre ecologia e estruturalismo — dentro de uma unidade de naturalismo mais elevada, ou talvez se trate de um materialismo transcendental — não é nova. Em seus contornos principais, é endêmica à antropologia anglo-saxônica. Esse conflito entre a atividade prática e os limites da mente se insere em uma contradição original e básica, entre cujos polos a teoria antropológica tem oscilado desde o século XIX como um prisioneiro que caminha compassadamente entre as mais distantes paredes da sua cela. Muitas das mesmas premissas que separam o estruturalismo de uma explicação por adaptação também diferenciam Boas de Morgan, Radcliffe Brown de Malinowski — ou mesmo aspectos diferentes de um único projeto teórico, como a ênfase colocada ao mesmo tempo na definição simbólica da cultura e no seu determinismo tecnológico na obra de Leslie White. As alternativas nesse venerável conflito entre utilitarismo e um enfoque cultural podem ser colocadas da seguinte forma: se a ordem cultural tem de ser concebida como a codificação da ação intencional e pragmática real do homem, ou se, ao contrário, a ação humana no mundo deve ser compreendida como mediada pelo projeto cultural, que ordena imediatamente a experiência prática, a prática ordinária, e o relacionamento entre as duas. A diferença não é simples, nem será resolvida pela feliz conclusão acadêmica de que a resposta se encontra em algum lugar no meio das duas ou mesmo em ambas as partes (isto é, dialeticamente). Afinal, nunca há um verdadeiro diálogo entre o silêncio e o discurso: de um lado, as leis e forças naturais "independentes da vontade humana", e do outro o sentido que os grupos de homens conferem variavelmente a si mesmos e ao mundo. Portanto, a oposição não pode estar comprometida; nas palavras de Louis Dumont, a relação não pode ser senão uma superposição. No final, a cultura estará relacionada, na sua especificidade, a uma ou outra lógica dominante — a lógica "objetiva" da superioridade prática ou a lógica significativa no "esquema conceitual". No primeiro caso, a cultura é um sistema instrumental; no segundo, o instrumental se encontra sujeito a sistemas de uma outra espécie.

A relevância dessa controvérsia provinciana para a invocação da práxis de Marx é patente, muito embora, como veremos, a posição de Marx não possa ser simplesmente assimilada ao materialismo empirista reconhecido na antropologia. É através de uma versão moderada do marxismo, "senão do próprio Marx", que Lévi-Strauss apresenta muito resumidamente sua própria perspectiva:

> Se afirmamos que o esquema conceitual comanda e define as práticas, é porque estas, objeto de estudo do etnólogo, sob a forma de realidades discretas, localizadas no tempo e no espaço e distintivas de gêneros de vida e de formas de civilização, não se confundem com a práxis que — neste ponto, ao menos, estamos de acordo com Sartre — constitui para as ciências do homem a totalidade fundamental. O marxismo, senão o próprio Marx, raciocinou muitas vezes como se as práticas decorressem imediatamente da práxis. Sem pôr em dúvida o incontestável primado das infraestruturas, cremos que entre práxis e práticas se intercala sempre um mediador, que é o esquema conceitual, por obra do qual uma matéria e uma forma, desprovidas ambas de existência independente, realizam-se como estruturas, isto é, como seres, ao mesmo tempo empíricos e inteligíveis. [1966, p.130-1.]

Lévi-Strauss continua, explicando o contraste como se fosse uma questão de atividades complementares:

> É para esta teoria das superestruturas, mal e mal esboçada por Marx, que desejamos contribuir, reservando à história — assistida pela demografia, pela tecnologia, pela geografia histórica e pela etnografia — o cuidado de desenvolver o estudo das infraestruturas propriamente ditas; que não pode ser principalmente de nossa responsabilidade, porque a etnologia é, antes de mais nada, uma psicologia. [Ibid.]

A seriedade da crítica de Lévi-Strauss se apresenta assim dissimulada por esta modesta renúncia. Talvez ele esteja cedendo uma parte muito grande da sua ciência. Se o esquema conceitual abrange a matéria nos termos de uma existência humana, ele não vem ao cenário da ação prática apenas para acrescentar a interpretação apropriada de fatos materiais ou das relações instrumentais. Nem a decodificação do esquema seria confinada à "superestrutura". Esse esquema é a própria *organização* da produção material; ao analisá-lo, encontramo-nos na própria base econômica. Sua presença aí dissolve as antinomias clássicas de infraestrutura e superestrutura, uma "material" a outra "conceitual". É claro que ela não dissolve o "material" enquanto tal. Mas as chamadas causas materiais devem ser, enquanto tais, o produto de um sistema simbólico cujo caráter cabe a nós investigar, pois sem a mediação desse esquema cultural nenhuma relação adequada entre uma dada condição material e uma determinada forma cultural pode ser especificada. As determinações gerais da práxis estão sujeitas às formulações específicas da cultura, isto é, de uma ordem que goza, por suas propriedades de sistema simbólico, de uma autonomia fundamental.

Morgan

As questões envolvidas na opção entre a lógica prática e a significativa travaram, como já disse, em dezenas de campos de batalha, cem anos de guerra antropológica. Uma reflexão sobre essa história nos ajudará a clarificar essas questões. Devo advertir, porém, que a excursão será uma história "para nós" — uma forma de tomarmos consciência de nós mesmos na história — sem qualquer pretensão ao status de uma "verdadeira" abordagem diacrônica. Nesse sentido, estabeleço os contrastes entre Lewis Henry Morgan e Franz Boas como uma oposição paradigmática, sem referência às outras figuras do contexto intelectual da época, cujas influências foram seguramente críticas para a controvérsia personificada nos dois. Mais uma vez, deixo de lado ou teço considerações sumárias sobre um grande número de pensadores sérios dos últimos tempos, tanto em antropologia quanto em disciplinas correlatas, que outros poderiam julgar mais importantes e exemplificadores. Talvez esse tratamento cavalheiresco possa ser desculpado por atribuí-lo a uma história com a qual os antropólogos já se familiarizaram: uma versão do passado como ele é realmente vivido por um segmento da sociedade, como o mapa da sua condição presente (ver Pouillon, 1975).

Começo por Morgan, mas já me antecipo em dizer que a escolha pode ter sido, de certa forma, equívoca. Como todo fundador, o pensamento de Morgan tende a ser mais generalizado do que os pontos de vista que divergiram dele, contendo dentro de si os "germes" de quase toda posição posterior. Isso significa que o homem pode ser submetido a muitas leituras teóricas, sendo que qualquer uma delas, precisamente por se tornar um mapa para a presente discussão, pode ser culpada de desrespeitar a generalidade original. Assim, Morgan foi categorizado pelos meios acadêmicos mais recentes como "idealista", devido à sua ênfase no desdobramento dos "germes [originais] do pensamento"; como materialista, por firmar a evolução social sobre o desenvolvimento das artes de subsistência; e ainda como "dualista filosófico", por sua dependência simultânea de ambos. Por ter feito uma alusão à "lógica natural da mente", alguns o consideravam um "mentalista", enquanto outros o acusavam de "racismo" por ter referenciado a cultura ao organismo (incluindo a famosa transmissão de hábitos "através do sangue"). Sem pretender resolver todas essas questões, acho que é importante não confundir uma certa semelhança da terminologia de Morgan com o discurso do moderno estruturalismo, isto é, a invocação dos germes originais do pensamento, desdobrando-se em resposta aos desejos e necessidades humanos, mas de acordo com a "lógica natural da mente". A mente aparece na teoria de Morgan mais como o instrumento do desenvolvimento cultural do que como seu autor (cf. Terray, 1972). Mais passiva que ativa, simplesmente racional em vez de simbólica, a inteligência responde reflexivamente a situações que não produz nem organiza, de modo que, no final, o que é realizado em formas culturais é uma *lógica prática* — biológica nos primeiros estágios, tecnológica nos últimos. O esquema conceitual não é a construção da experiência humana, mas sua verbalização, como nas classificações de parentesco que são simplesmente os termos de uma ordenação de relações de fato, efetuados pela vantagem econômica ou biológica. Para Morgan, pensamento é reconhecimento; concepção é percepção; e linguagem é o reflexo de distinções que já têm sua própria razão. A qualidade simbólica da cultura não aparece no esquema de Morgan; nele, as palavras são simplesmente os nomes de coisas.

Consideremos a discussão em *Ancient Society* a respeito do desenvolvimento do casamento punaluano, da gens (clã) e, nessas bases, da terminologia do parentesco turaniano. O casamento punaluano foi para Morgan o triunfo da biologia na sociedade, uma grande reforma nas uniões consanguíneas de irmãos e irmãs em um grupo que ele caracterizou como possuidor da mais rudimentar humanidade. A evidência crítica desse avanço veio do contraste com os padrões de casamento e as classificações de parentesco dos havaianos contemporâneos. A terminologia do parentesco dos havaianos comprovava o estado consanguíneo original, uma vez que todos os homens de uma mesma geração eram "irmãos", todas as mulheres "irmãs" e os filhos de todos, indiscriminadamente, "filhos" e "filhas". Mas a prática do casamento, *a punalua*, exigia a exclusão das irmãs do grupo de mulheres compartilhado pelos irmãos, e dos irmãos do grupo de homens compartilhado pelas irmãs. Morgan concluiu que a contradição entre casamento e parentesco no Havaí contemporâneo remontava aos primeiros estágios de emancipação do estado consanguíneo. Ele não estava seguro de como se produziu exatamente a proibição de casamentos entre irmão e irmã; refere-se aos primeiros passos como "casos isolados", algo no modelo das variações ocasionais, cujas vantagens foram pouco a pouco sendo reconhecidas:

> Dada a família consanguínea, que englobava tanto os irmãos e irmãs consanguíneos quanto os irmãos e irmãs colaterais na relação matrimonial, na família punaluana bastava excluir os primeiros do grupo, nele conservando apenas os segundos. Mas era difícil excluir os primeiros e manter os segundos, pois tal medida implicava uma mudança radical na composição da família, para não dizer na antiga estrutura da vida doméstica. Ela implicava igualmente o abandono de um privilégio do qual os selvagens não podiam desistir facilmente. *Pode-se supor que essa medida foi tomada, inicialmente, em casos isolados, que suas vantagens foram lentamente reconhecidas*, e que foi adotada a título experimental durante períodos muito longos. A princípio, ela foi

aplicada por algumas tribos, depois pela maioria, até ser finalmente universalmente adotada pelas tribos mais evoluídas que se encontravam ainda no estado selvagem e entre as quais se originara o movimento. Sua adoção oferece uma boa ilustração do processo segundo o qual se realiza o princípio da seleção natural. [Morgan, 1963 (1877), p.433-4; grifo meu.]

É importante perceber a natureza da intelecção humana que Morgan propõe aqui. O exemplo da punalua é particularmente adequado, uma vez que é comumente utilizado no primeiro ano de antropologia para ilustrar a arbitrariedade do símbolo pela observação de que nenhum símio poderia atingir a distinção entre "esposa" e "irmã", da mesma forma que não poderia estabelecer a diferença entre água benta e água destilada.[1] No entanto, o que Morgan está dizendo é exatamente o oposto, que a diferença entre "marido" e "irmão" não é uma construção simbólica colocada no mundo, mas a decorrência racional de uma diferença objetiva *no* mundo, isto é entre homens biologicamente superiores e inferiores. Trata-se de uma percepção das vantagens biológicas como resultantes da diferença, sendo portanto uma representação em termos sociais de uma lógica externa a esses termos. A reforma caracterizada pela punalua foi a primeira de uma longa série que culminou na monogamia, uma série na qual a espécie humana livrou-se progressivamente de uma promiscuidade original e dos males decorrentes da procriação consanguínea. E esse primeiro passo resume a noção que Morgan tem do todo: ele foi efetuado pela observação e pela experiência; atenção às consequências deletérias do casamento dentro do grupo — "os males dos quais a observação humana não podia indefinidamente escapar" (Morgan, 1963, p.433) — e a experiência das vantagens mentais, portanto institucionais, do casamento fora do grupo. "É uma inferência correta dizer que o costume punaluano chegou à adoção geral através da descoberta da sua influência benéfica" (p.509). Portanto, pensamento é reconhecimento e a mente é um veículo pelo qual a natureza é compreendida como cultura.

A explicação posterior de Morgan da gens como uma derivação da sociedade punaluana e uma codificação das suas vantagens leva ao mais alto nível a mesma concepção. Enquanto matrilinear, a gens original representa o acabamento natural da família punaluana no tempo, dada a impossibilidade de se verificar a paternidade sob as condições maritais existentes. O conceito social de descendência é, mais uma vez, uma consciência de relações já prevalecentes (p.442). (Em um

1 O uso de "símbolo" e "signo" na antropologia americana, ou pelo menos em grande parte dela, tende a se dar no sentido inverso das famosas definições de Saussure, em seu *Curso de linguística geral*; na tradição anterior "símbolo" é o verdadeiramente arbitrário ou o não motivado, e "signo" é o motivado (comparar Langer, 1957, ou White, 1960 com Saussure, 1966 [1915]). Como regra geral seguirei o uso americano, exceto onde o contexto é claramente saussuriano.

momento posterior no esquema de Morgan, a descendência se tornará patrilinear sob a influência do crescimento da "propriedade" — termo geral empregado por Morgan para designar a posse da "riqueza" estratégica — que é a junção na qual o interesse econômico, ou o desdobramento efetivo dos meios crescentes de subsistência, prevalece sobre a vantagem biológica como a determinante prática da forma social.) Exatamente como a família punaluana, cuja função nesse aspecto ela duplica e generaliza, a gens se tornou aceita graças às "vantagens a ela conferidas", ou seja, a melhoria genética que deve resultar da regra da exogamia:

> Um objeto primário da organização era, evidentemente, isolar uma metade dos descendentes de um suposto fundador, evitar o casamento entre eles por motivos de parentesco ... A gens, que se origina provavelmente da ingenuidade de um pequeno bando de selvagens, deve ter logo provado sua utilidade na produção de homens superiores. Sua prevalência quase universal no mundo antigo é a maior evidência das vantagens que ela apresentou. [Ibid., p.73-4; cf. também p.68, 389, 442.]

Por sua vez, o sistema de parentesco turaniano reflete a organização sobre a base da punalua e da gens. Na sua distinção entre o parentesco paralelo e cruzado, ela apenas expressa as diferenças já estabelecidas na prática. O parentesco turaniano não é mais que a articulação criteriosa das distinções sociais desenvolvidas pela seleção natural.

A teoria pode ser resumida da seguinte forma: os homens cedo desenvolveram certas práticas, formas de comportamento, como a exclusão de irmãos e irmãs de uniões sexuais de grupo, que provaram naturalmente ser úteis e vantajosas. As vantagens foram apreciadas e os comportamentos formulados como modos de organização — por exemplo, a família punaluana, a gens — que, por sua vez, estavam sujeitos à reflexão secundária ou à codificação na terminologia do parentesco. A linha geral de força da demonstração, *a orientação do efeito lógico*, vai dos limites naturais à prática comportamental, e da prática comportamental à instituição cultural:

(1) circunstância → prática → organização e codificação (instituição).

Para se compreender qualquer segmento dado na cadeia de efeito, deve-se ter por base o segmento precedente; assim como a codificação expressa organização, também a estrutura institucional como um todo está referida à prática e a prática à experiência no mundo, de tal modo que a sequência total representa a sedimentação, dentro da cultura, da lógica da natureza (a vantagem adaptativa).[2]

---

2 Em termos mais gerais, uma vez que nos últimos estágios do esquema de Morgan o interesse econômico se apossa da vantagem biológica, a lógica básica poderia ser caracterizada simplesmente como "vantagem prática". De uma perspectiva ecológica, contudo, a diferença se dá apenas entre modalidades de vantagem adaptativa. (Na realidade, o aumento do estoque é uma metáfora que vem desde o homem primitivo, passando pelos pastores patriarcais, até o capitalismo.)

Mas então a teoria de Morgan é apropriada a uma cultura não humana — ou melhor, a uma humanidade não cultural. Tal como o pensamento é o reconhecimento de uma significação exterior, as palavras dos homens não são o conceito das realidades externas, mas sim o seu signo. Consistindo simplesmente na capacidade de agir racionalmente sobre a experiência, a inteligência que Morgan entende como humana não difere da de outras espécies mamíferas, especialmente do castor. Na sua famosa monografia *The American Beaver and his Works* (1968), Morgan defendeu vigorosamente a ideia de que "o princípio do pensamento" era comum aos homens e aos animais. As qualidades mentais do castor, escreveu ele, são "essencialmente as mesmas que aquelas manifestas pela mente humana" (p.252). A diferença entre essas qualidades e o pensamento humano, "e, por inferência, entre os princípios que eles representam respectivamente, é de grau e não de gênero" (ibidem). A semelhança específica consiste na capacidade de se fazer "um uso racional" das percepções transmitidas pelos sentidos para agir pragmaticamente sobre a experiência. Daí, para Morgan, a fonte de significação que é materializada nas produções das espécies, tanto na casa do africano quanto do castor, residir na própria natureza. Morgan retornou repetidas vezes à psicologia animal, sempre preocupado em mostrar "que todas as espécies, incluindo a humana, *recebem orientação imediata da natureza*" (Resek, 1960, p.51; grifo meu).[3] Sua teoria do conhecimento foi, portanto, caracterizada pela suposição — para ficarmos de acordo com a descrição geral de Cassirer — de que o "real" é dado "*tout fait*, tanto na sua existência como na sua estrutura, e que para a mente (*esprit*) humana é apenas uma questão de tomar posse dessa realidade. Aquilo que existe e subsiste 'fora' de nós deve ser, por assim dizer, 'transportado' para a consciência, alterado em alguma coisa interna sem, contudo, acrescentar nada de novo ao processo" (Cassirer, 1933, p.18). Morgan reduziu a linguagem ao ato de nomear as diferenças manifestas na experiência. Preferiu respeitar a continuidade da inteligência, às expensas da criatividade da linguagem, sustentando que o castor era apenas "silencioso", mas não "mudo", chegando mesmo a afirmar que a faculdade linguística do homem era apenas rudimentar na Selvageria, desenvol-

---

3 Resek, o mais perspicaz biógrafo de Morgan, estabelece uma conexão precisa entre a racionalidade atribuída aos animais e a própria epistemologia antropológica de Morgan. Desconfiando tanto do instinto quanto da imaginação, a longa obra de Morgan sobre a evolução social deixou intacta a história das ideias, mesmo que ele — racionalista supremo — pudesse considerar essa própria obra intocada pela ideologia. Morgan "nunca duvidou de que seus pensamentos fossem verdadeiros reflexos da realidade; o que ele via na base das Montanhas Rochosas ou em um povoado asteca pouco ou nada tinha a ver com o fato de ser rico ou às vezes um *Whig* dissidente. Ele teria rejeitado a noção de que fatores subjetivos, irracionais ou subconscientes fazem de cada homem seu próprio historiador. As leis da natureza e da sociedade foram descobertas em plena luz do dia, não nos subterrâneos da alma ou nas meditações dos filósofos. Ele tentou provar isso aos outros — como se fosse preciso prova — em seus ensaios sobre psicologia animal" (Resek, 1960, p.151-2).

vendo-se gradualmente através daquele longo período. Morgan foi um antropólogo pré-simbólico.[4]

Entretanto, o próprio conceito do conceito continua em muitas antropologias da práxis recentes. Esta é uma premissa implícita, mas decisiva, da filosofia. A análise deve negligenciar a arbitrariedade fundamental da palavra —reconhecendo talvez que não haja qualquer relação inerente entre o som-imagem e o conceito (ideia), supondo, porém, que exista tal relação entre o conceito e a realidade objetiva à qual ela se refere.[5] Assim, a linguagem só é simbólica no sentido de que representa o mundo de uma outra forma, mas que não tem sentido algum se retirada do mundo; por conseguinte, é o comportamento do signo em uso, se não em invenção.

Mas a arbitrariedade do símbolo é a condição indicativa da cultura humana.[6] Isso não se dá simplesmente porque a combinação de sons *sheep* [carneiro] não tem qualquer conexão necessária com o animal designado desse modo, da mesma forma que a palavra *mouton*, mas porque o conceito de carneiro também varia em diferentes sociedades. O exemplo acima é claramente motivado por um famoso exemplo de Saussure, no qual ele usa a diferença de significado entre *sheep* e *mouton* para ilustrar a diferença entre valor e significação linguísticos. As palavras francesa e inglesa referem-se à mesma espécie, mas o fazem "em termos diferentes"; cada uma, em virtude das diferenciações semânticas das respectivas línguas, exprime uma concepção distinta das (e em relação às) espécies. A palavra inglesa não se aplica ao animal quando pronto para ser comido, no seu estado culinário, para o qual há um segundo termo, *mutton*; mas o francês ainda não foi capaz de participar da distinção mais elevada entre o cru e o cozido:

> O francês moderno *mouton* pode ter a mesma significação do inglês *sheep*, mas não o mesmo valor, e isso por várias razões, em particular porque, ao falar de uma peça de carne pronta para ser levada à mesa, o inglês usa *mutton* e não *sheep*. A diferença de valor entre *sheep* e *mutton* deve-se ao fato de o primeiro ter, ao seu lado, um segundo termo, o que não é o caso da palavra francesa.
>
> Dentro de uma mesma língua, todas as palavras que expressam ideias vizinhas se limitam reciprocamente... Assim, o valor de qualquer termo é determinado pelo que

4 Para uma posição semelhante sobre a linguagem na obra do antropólogo evolucionista inglês E.B. Tylor, ver Henson (1974, p.16-7).

5 Uma vez que nem o som-imagem nem a ideia podem ocorrer um sem o outro, como argumentou Benveniste em seu conhecido comentário sobre o texto saussuriano, sua relação é consubstancial e absoluta, e nesse sentido não arbitrária. A verdadeira contingência está entre o conceito e a palavra, uma relação que Benveniste recusa tratar, por considerá-la fora do objetivo de linguística (1971, p.43-8).

6 "Enquanto encararmos as sensações como signos das coisas que supostamente lhes dão origem, qualificando talvez esses signos com referência a sensações passadas que foram semelhantes, nem teremos arranhado a superfície dessa mente humana ocupada de símbolos" (Langer, 1957, p.43).

o cerca; é impossível fixar até mesmo o valor da palavra que significa "sol" sem antes considerar o que há ao seu redor; há línguas onde não é possível dizer "sentar-se no sol". [Saussure, 1966 (1916), p.115-6.]

No que diz respeito ao conceito ou significado, uma palavra é referível não simplesmente ao mundo externo, mas antes de tudo ao seu lugar na língua, ou seja, a outras palavras relacionadas. Por sua diferença em relação a essas palavras, constrói-se sua própria avaliação do objeto, e no sistema dessas diferenças há uma construção cultural da realidade. Nenhuma língua é uma simples nomenclatura. Nenhuma se baseia em uma simples correspondência um-a-um dos seus próprios termos com "as" distinções objetivas. Cada uma confere certo valor às distinções determinadas e constitui, por conseguinte, a realidade objetiva em outra qualidade, específica àquela sociedade.[7] Na realidade, enquanto projeto social total, a atividade simbólica é ao mesmo tempo sintética e analítica, trazendo para o conceito toda a lógica cultural. Se, por um lado, as diferenças no valor linguístico efetuam uma *découpage* particular do mundo externo, dividindo-o de acordo com certos princípios, por outro lado os elementos assim segregados são reagrupados por correspondências significativas entre eles. Refiro-me aqui não apenas a distinções semânticas, mas também a proposições culturais. E a arbitrariedade simbólica das segundas é mesmo maior do que a das primeiras. Ao menos na teoria há limites naturais no campo semântico de um único lexema: nenhuma única palavra, por exemplo, é capaz de significar, simultânea e *exclusivamente*, as duas espécies, boi e lagosta. Mas o mesmo exemplo sugerirá aos americanos, entre os quais a peculiar combinação "bife e lagosta" é uma categoria definida de jantar, que a cultura não se submete a tal tipo de limitação. Parece não haver qualquer limite teórico determinável *a priori* em relação ao quê será classificado com quê no esquema cultural: "Um parente por casamento é uma anca de elefante." A lógica proposicional é maravilhosamente variada e assim são as culturas, dentro deste mesmo e único mundo.[8]

---

7 "A representação 'objetiva' — é isso o que eu quero tentar explicar — não é o ponto de partida do processo de formação da linguagem, mas sim o fim ao qual esse processo conduz; ela não é seu *terminus a quo*, mas sim seu *terminus ad quem*. A linguagem não entra em um mundo de percepções objetivas acabadas, somente para acrescentar, a objetos individuais dados e claramente delimitados uns em relação aos outros, "nomes" que seriam signos puramente exteriores e arbitrários; ela mesma é um mediador na formação dos objetos; em um sentido, é o mediador por excelência, o instrumento mais importante e mais precioso para a conquista e para a construção de um verdadeiro mundo de objetos" (Cassirer, 1933, p.23).

Para uma boa discussão antropológica sobre a relatividade cultural da distinção entre crença e experiência, uma distinção peculiar dessas sociedades ocidentais que se propõem fazer a antropologia das outras, ver Needham, 1972 (sobretudo p.173).

8 No mesmo sentido de uma construção cultural, pode-se observar no par carneiro/carne de carneiro (*sheep/mutton*) que esse animal, no mundo anglo-saxão, ocupa no açougue um lugar ao lado de

Em suma, através da avaliação simbólica e da síntese da realidade objetiva, criamos um novo tipo de objeto, com propriedades distintas: a cultura. A linguagem é um meio privilegiado desse projeto. Mas, para Morgan, a linguagem não é mais que a percepção articulada. Daí, a passagem da natureza para a cultura, na visão de Morgan, não ser mais importante do que, digamos, a redução da *Odisseia* da forma falada à escrita. Como escreveu recentemente um destacado marxista em relação a Kautsky, o mesmo pode ser dito de Morgan. Para ele, "a história humana ... é um apêndice da história natural, sendo a sua lei de movimento simplesmente formas de manifestação das leis biológicas" (Schmidt, 1971, p.47).[9]

Boas

Em contraposição ao que foi dito, a odisseia de Boas "da física à etnologia" torna-se significativa, representando uma oposição dentro da qual a antropologia passou por vários ciclos durante todos esses anos. Como George Stocking (1968) descreve muito bem, foi uma viagem de muitos anos na qual Boas passou de um materialismo monista à descoberta de que "o olho que vê é o órgão da tradição"; uma jornada de muitos estágios nos quais ele descobriu que, para o homem, o orgânico não procede do inorgânico, o subjetivo do objetivo, a mente do mundo — e, finalmente, a cultura da natureza. Os primeiros passos foram dados dentro da própria física. Na sua dissertação sobre a cor da água do mar, Boas observou a dificuldade de determinar as intensidades relativas de luzes que diferiam levemente em cor. A variação quantitativa no objeto não evocava uma variação correspondente no sujeito.[10] Boas repetiu, mais tarde, a experiência ao nível linguístico,

porcos e bois, que compartilham uma declinação paralela de termos para o estágio de consumo (*pig/pork, cattle/beef*), embora todos eles difiram nesse sentido dos cavalos e cachorros. A história sem estrutura dá a impressão de não explicar a classificação, uma vez que não possuímos nenhuma palavra de inspiração normanda para *cheval* por analogia às palavras para carnes de carneiro, de boi e de porco. No capítulo 4, discuto a lógica da comestibilidade/não comestibilidade no esquema americano (p.166-79).

9 Estou em débito com o professor Paul Kay pelo muito que ele contribuiu para a nossa discussão do problema da "arbitrariedade do signo". Meu débito vai mais além, chegando mesmo ao uso de certas frases que são suas — tanto quanto quaisquer erros são de minha inteira responsabilidade. Entre os erros que devo evitar encontra-se a reivindicação de um extremo relativismo linguístico. Não quero dizer que o pensamento deva coincidir com as distinções gramaticais de determinada língua. A ideia como um todo parece implicar uma paralisação dos poderes simbólicos necessários à sua postulação. Há também alguma evidência de que o falar interior, que se encontra em "um plano distinto do pensamento verbal", tenha uma estrutura diferente e mais simplificada que a estrutura da língua falada. Nem chegamos ainda ao nível mais profundo dessa relação complexa e amplamente desconhecida entre pensamento e palavra (Vygotsky, 1962).

10 "Ao preparar minha tese de doutorado, tive de usar métodos fotométricos para comparar intensidades de luz. Isso levou-me a considerar os valores quantitativos das sensações. No decorrer de minha

quando, através de informantes da Costa Noroeste dos Estados Unidos, descobriu que os sons considerados iguais por um orador de uma língua podiam ser ouvidos como algo completamente diferente por pessoas que falavam outra língua, e vice-versa, na medida em que cada um percebia no discurso do outro as distinções apropriadas ao seu próprio.[11]

Nesse meio-tempo, ele passou naturalmente por uma fase de psicofísica fechneriana que teve a mesma importância: experimentos sensoriais em fenômenos liminares que não apenas reiteraram a conclusão de que as diferenças objetivas a estímulos não engendravam nenhuma diferenciação paralela de resposta — que a reação humana à quantidade era em si mesma qualitativa — mas também que a resposta dependia de fatores situacionais e do conjunto mental da pessoa. No sujeito humano, a percepção (*perception*) é reconhecimento (*apperception*), que depende, pode-se dizer, da tradição mental. A qual, por sua vez, não é em si mesma decisiva nem única para o homem. Para qualquer grupo humano, a tradição em questão é um conjunto de significados acumulados, teoria coletiva e histórica que faz da sua percepção uma concepção.[12]

Permitam-me aqui fazer uma breve digressão e uma comparação aparentemente curiosa. É fascinante que tanto Boas quanto Marx tenham passado, no início das suas vidas intelectuais, pelo mesmo ponto. Em um determinado momento, ambos foram compelidos a recusar um materialismo mecanicista que lhes vinha do iluminismo. No entanto, escolheram respostas concebíveis alternadas, que não eram em si mesmas muito diferentes, mas o suficiente para conduzi-los a caminhos fatalmente diferentes. Marx teve de reagir ao materialismo contemplativo e sensorial de Feuerbach, um materialismo do sujeito hipotético individual que responde passivamente à realidade concreta; mas a reação de Marx também foi refreada pelo idealismo de Hegel, que se apropriou do sujeito ativo histórico. A solução, como Marx colocou na primeira tese sobre Feuerbach, era aproveitar o ativismo do idealismo para remediar o defeito de um materialismo que concebia "a coisa, a realidade, a sensibilidade ... apenas na forma do *objeto ou da contemplação,* mas não como *atividade humana sensível, prática,* não subjetivamente"

investigação, aprendi a reconhecer que existem domínios da nossa experiência nos quais os conceitos de quantidade, de medidas que podem ser acrescentadas ou subtraídas como aquelas com que eu estava acostumada a operar, não são aplicáveis" (Boas [1938] *in* Stocking, 1974, p. 42).

11 "A alternância dos sons é claramente um efeito da percepção obtida através de um sistema de fonética estranho" (Boas, 1966a [1911], p.14; cf. Stocking, 1974, p.72ss.).

12 "A primeira impressão obtida de um estudo das crenças do homem primitivo é que, embora as percepções de seus sentidos sejam suficientes, seu poder de interpretação lógica parece deficiente. Acho que a razão para esse fato pode ser encontrada não em qualquer peculiaridade fundamental da mente do homem primitivo, mas sobretudo no caráter das ideias tradicionais pelo qual cada nova percepção é interpretada; em outras palavras, no caráter das ideias tradicionais com as quais cada nova percepção se associa, determinando a conclusão alcançada" (Boas, 1965 [1938], p.198-9).

(Marx, 1965, p.661; escrito em 1845). "Feuerbach, não satisfeito com o pensamento abstrato", escreveu Marx em sua quinta tese, "deseja a contemplação; mas ele não concebe a sensualidade como atividade prática, humano-sensorial." Marx salientou que essa práxis deve ser entendida como social e na sua especificidade histórica, não como a ação de um indivíduo abstrato e isolado. Entretanto, o reconhecimento do social, comum a Marx e a Boas, foi inscrito com uma diferença de ênfases. Marx chegou até a prática e as estruturas da realidade, construídas com base na ação concreta e presente, em modos historicamente especificados, de seres humanos sensíveis. Boas transferiu o mesmo problema do materialismo mecânico para os esquimós, e mais tarde para a Costa Noroeste, para descobrir a especificação histórica do sujeito que age. A escolha de Marx levou-o ao materialismo histórico; a de Boas, à cultura.[13]

O fato de a viagem de Boas ter acabado no poder estruturante da tradição parece agora, em retrospecto, inerente às condições do seu início. Boas começou questionando a essência da tese de Morgan, a expressão da natureza na cultura pela mediação de uma mentalidade reflexiva. Em uma série de cartas ao seu tio na América, em 1882-3, Boas descreve o arcabouço de seu projeto esquimó:

> Embora, no início, minha intenção fosse estudar matemática e física como meta final, fui levado, através do estudo das ciências naturais, a outras questões que logo me conduziram à geografia, e esse assunto de tal forma atraiu meu interesse que finalmente o escolhi como meu estudo principal. No entanto, a direção de meu trabalho e estudo foi fortemente influenciada por meu treinamento em ciências naturais, especialmente a física. Com o passar do tempo, fiquei convencido de que meu *Weltanschauung* materialista anterior — para um físico, algo muito compreensível — era insustentável, e assim cheguei a um novo ponto de vista, que me revelou a importância do estudo da interação entre o orgânico e o inorgânico, sobretudo entre a vida de um povo e seu meio ambiente físico. Assim nasceu meu plano de considerar a [seguinte] investigação como minha tarefa de vida: até que ponto podemos considerar os fenômenos da vida orgânica, especialmente da vida física, de um ponto de vista mecanicista, e que conclusões podem ser retiradas de uma consideração desse gênero? [Citado in Stocking, 1968, p.138.]

13 Daí a rejeição paralela de Boas do determinismo "geográfico" e "econômico", baseado em uma noção de cultura não tanto como uma condição da relação do homem com a natureza, mas sobretudo como a *concepção* dela (por exemplo, 1965 [1938], p.175-7). Todas as questões fundamentais do último debate — bem como as discutidas no capítulo 1 — estão aqui prefiguradas: "não há razão para denominar as outras fases da cultura de uma superestrutura sobre uma base econômica, pois as condições econômicas sempre agem sobre uma cultura preexistente e elas mesmas dependem de outros aspectos da cultura" (ibid., p.175). O tempo aguçaria a oposição entre a realidade material da simbolização e a simbolização da realidade material — que para Boas não era nem racionalidade nem disfarce.

De certa forma, a carreira antropológica de Boas pode ser caracterizada como um processo no qual o axioma original, a construção humana da experiência, foi transposto do nível psicológico para o cultural. Stocking destaca o velho artigo (1888) "Sobre os sons alternantes" como contendo os germes desse desenvolvimento e, por conseguinte, do moderno conceito de cultura. Mais que um exercício crítico ou metodológico, escreve Stocking, esse artigo:

> prenuncia muito do pensamento antropológico moderno, em direção à "cultura". Ao menos por implicação, ele vê os fenômenos culturais em termos da *imposição de significado convencional ao fluxo da experiência*. Ele os vê como historicamente condicionados e transmitidos pelo processo de aprendizado. Ele os vê como *determinantes de nossas próprias percepções do mundo externo*. Ele os vê em termos mais relativos que absolutos. Grande parte do final da obra de Boas, e da dos seus seguidores, pode ser vista simplesmente como o acabamento das implicações presentes nesse artigo. [Ibid., p.159; grifo meu.]

De fato, os caminhos pelos quais Boas chegou ao conceito cultural foram diversificados e algumas vezes cheios de meandros (cf. Stocking, 1968, p.195-223; 1974, p.1-20). Um desses caminhos tem aqui especial importância, já que foi desenvolvido no confronto direto com Morgan sobre a questão de leis gerais de evolução social. A antropologia moderna tende a considerar essa controvérsia em particular como infeliz, pois a fragmentação nominalista, operada por Boas no conteúdo das culturas para provar a diversidade dos processos de desenvolvimento, entronizou aquela concepção de "farrapos e remendos" do objeto que a etnologia americana levaria décadas para expiar. Na realidade, Radin criticou, cedo e de forma vigorosa, a noção "quantitativa" do traço cultural separado que Boas desenvolveu a partir da sua obsessão com a contestação do evolucionismo (Radin, 1966 [1933]). No entanto, o desmembramento negativo da cultura gerou, forçosamente, um resultado contraditório e sintético. Para Boas, o que racionalizou a disparidade de traços aparentemente semelhantes, que realmente existiam em várias sociedades, foram as diferenças em significados e usos determinados localmente. Se esses significados implicavam processos dissimilares de desenvolvimento, provando que Morgan estava errado, era também por suas implicações de um contexto total e orientado: uma cultura que padronizava os traços de acordo com seu próprio espírito singular. Dado que Boas argumentava que as máscaras da sociedade A, usadas para enganar os espíritos, não eram comparáveis às máscaras da sociedade B, que comemoravam os ancestrais — e correspondentemente que os clãs, os totens ou os sistemas de metade variavam em todo o mundo — ele teve de concluir pela existência de culturas, de totalidades cujas "ideias dominantes" ou padrões criam essa diferenciação (Boas, 1966b [1940], p.270-89, e passim). Em um artigo muito conhecido, "História e antropologia", Lévi-Strauss observa a eventualidade conceitual do método:

> Procurar-se-á então levar ao extremo o nominalismo boasiano, estudando cada um dos casos observados como se fossem outras tantas entidades individuais? Dever-se-á constatar, de um lado, que as funções atribuídas à organização dualista não coincidem; e, por outro lado, que a história de cada grupo social mostra que a divisão em metades procede das origens mais diversas. Assim, a organização dualista pode resultar, segundo o caso, da invasão de uma população por um grupo de imigrantes; da fusão, por razões em si mesmas variáveis (econômicas, demográficas, cerimoniais), de dois grupos territorialmente vizinhos; da cristalização, sob forma de instituição, de regras empíricas destinadas a assegurar as trocas matrimoniais no seio de determinado grupo; da distribuição no interior do grupo, nas duas partes do ano, de dois tipos de atividade ou duas frações da população, de comportamentos antiéticos, mas julgados igualmente indispensáveis para a manutenção do equilíbrio social etc. Assim, seremos conduzidos a despedaçar a noção de organização dualista como constituindo uma falsa, categoria e, estendendo este raciocínio a todos os outros aspectos da vida social, a negar as instituições em benefício exclusivo das sociedades. [Lévi-Strauss, 1963b, p.10-1.]

A problemática geral de Boas difere, portanto, radicalmente da de Morgan. Onde Morgan entendia a prática e suas formulações costumeiras pela lógica das circunstâncias objetivas, Boas intercalava um subjetivo independente entre as condições objetivas e o comportamento organizado, de modo que o segundo não derivasse mecanicamente do primeiro. Ao nível psicológico, onde foi primeiramente anunciado, o termo interventor pode ser caracterizado *grosso modo* como uma operação mental, gerado pelo contexto e pela experiência anterior, que, ao governar a percepção, especifica a relação entre estímulo e resposta (figura 7). Ao nível cultural, em direção ao qual o pensamento de Boas estava em contínuo desenvolvimento, o termo mediador é a tradição, o *Völkergedanken* ou o padrão dominante, que ordena ao mesmo tempo a relação com a natureza, as instituições existentes e a sua interação (figura 8).

A semelhança das duas fórmulas com a de Lévi-Strauss é indiscutível (p.61-2). Na verdade, os termos da afirmação de Lévi-Strauss da sua posição — em oposição a um certo marxismo — descrevem Boas com exatidão, especificando até mesmo o *tertium quid* entre a práxis e as práticas como um "esquema conceitual" (ou código). Adotando esses termos, o contraste teórico entre Boas e Morgan pode ser estabelecido, de forma geral, como mostra a figura 9.

É claro que o "esquema conceitual" tem uma qualidade diferente nessas duas perspectivas. Para Boas, é a encodificação (*encoding*), enquanto para Morgan é a codificação (*codification*) de distinções externas. Para Boas, a significação do objeto é a propriedade do pensamento, ao passo que para Morgan o pensamento é a representação da significação objetiva. Se na concepção de Morgan pensamento e linguagem funcionam como signo, na de Boas trata-se, essencialmente, de uma problemática do símbolo. Na realidade, a estrutura do simbólico desenvolvida por

Boas corresponderia às posições empírico-racionalistas do tipo que Morgan manteve, isto é, uma forma característica de autorreflexão cultural, um apelo *post-factum* à racionalidade de práticas cuja verdadeira lógica é não explícita e cujas verdadeiras fontes são desconhecidas.

Boas afirmou que a formação de uma cultura, como um processo de tornar a experiência significativa, se exerce necessariamente em uma teoria — da natureza, do homem, do ser humano na natureza. Essa teoria, contudo, continua não sendo formulada pelo grupo humano que vive nela. A linguagem é um exemplo privilegiado desse processo inconsciente, mas outros costumes, práticas, crenças e proibições são também baseados em pensamentos e ideias não refletidos e imemoriáveis. Todos eles são baseados na categorização da experiência, na apropriação do percebido pelo conceito, exatamente como nas raízes da palavra ou na sintaxe de uma determinada língua, a experiência não é simplesmente representada — é classificada. E como toda classificação deve ter seus princípios, cada língua é, ao mesmo tempo, "arbitrária" em relação a qualquer outra língua e em relação ao real, agrupando, sob uma significação única, uma variedade de coisas ou eventos que nas outras línguas poderiam ser concebidos e denotados separadamente. Boas explica:

FIGURA 7

(2) Nível psicológico

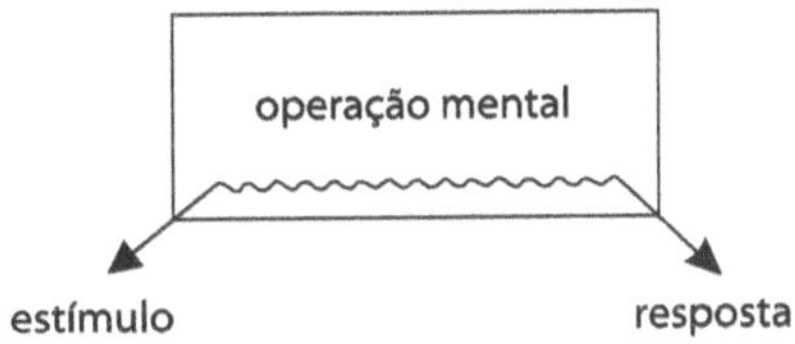

FIGURA 8

(3) Nível cultural

FIGURA 9

(4) Boas:

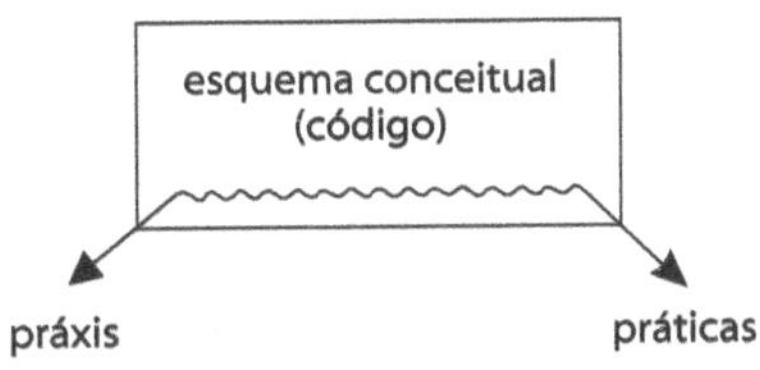

(5) Morgan: práxis → práticas → esquema conceitual (código)

> As línguas diferem não apenas quanto ao caráter dos seus elementos fonéticos e grupos de sons constitutivos mas também quanto aos grupos de ideias que encontram expressão em grupos fonéticos fixos ... Uma vez que o âmbito total de experiências pessoais às quais a língua serve é infinitamente variado e seu objetivo, como um todo, deve ser expresso através de um número limitado de palavras-troncos, de uma extensa classificação de experiências que devem necessariamente embasar todo o discurso articulado.
>
> Isso coincide com um traço fundamental do pensamento humano. Em nossa experiência real, nem dois estados de sentido-impressões ou emocionais são idênticos. Nós os classificamos, de acordo com suas semelhanças, em grupos mais ou menos amplos, cujos limites podem ser determinados por uma grande variedade de pontos de vista ...
>
> Em várias culturas, essas classificações podem ser baseadas em princípios fundamentalmente distintos ... Por exemplo: observou-se que as cores são classificadas em grupos bem distintos, de acordo com suas semelhanças, sem qualquer diferença associada à capacidade de distinguir formas de cor ... A importância do fato de que a palavra faz surgir um quadro diferente na fala e no pensamento, de acordo com a classificação do verde [com] o amarelo ou do verde [com] o azul como um grupo, dificilmente pode ser exagerada. [Boas, 1965 (1938), p.189-90; ver também Boas, 1966a (1911).][14]

Boas argumentou mais tarde — em uma observação hoje clássica — que, embora a linguagem e outros costumes sejam organizados por uma lógica não refletida, há uma diferença entre eles no fato de que as classificações da primeira normalmente não atingem a consciência, ao passo que as categorias da cultura a atingem, estando tipicamente sujeitas a uma reinterpretação secundária (1966a, p.63). A diferença desponta essencialmente no modo de reprodução. Encaixadas em regras inconscientes, as categorias de linguagem são automaticamente reproduzidas na fala. Mas a continuidade do costume é sempre vulnerável à ruptura, quer somente pela comparação com outras formas, quer na socialização do jovem. O costume, consequentemente, torna-se um objeto de contemplação, bem como uma fonte dela, e emprestamos uma expressão convencional que mal parece razoável a uma razão convencional que permanece não expressa. A lógica cultural reaparece então sob uma forma mistificada — como ideologia. Não mais como um princípio de classificação, mas como satisfação de uma demanda por justifica-

---

14 As explicações de Boas dos graus de generalização e diferenciação, especialmente no vocabulário, eram vagamente funcionalistas, apelando para os "interesses" ou para as "necessidades" do povo. Ele enfatizou, porém, que as categorias de uma população (daí os interesses e as necessidades) não podem ser compreendidas pela invocação de processos racionais, isto é, baseados no raciocínio consciente, ou na utilidade prática (1965[1938], p.204-25). Nessa mesma época, Boas recusou-se a reconhecer a prática como sendo, de fato, a única base das categorias terminológicas, pois poderia facilmente acontecer o contrário, isto é, o comportamento refletir a classificação. Foi a partir dessa posição que ele encarou as teorias de Morgan de terminologia de parentesco (por exemplo, 1966a [1911], p.68-9).

tiva. Por conseguinte, não aparece mais como algo arbitrário em relação a uma realidade objetiva, mas como algo motivado pela realidade cultural.

As implicações dessa compreensão para o projeto antropológico ainda não estão resolvidas. E em alguns aspectos, não foram ainda percebidas. Por um lado, quanto do que consideramos como instituições e crenças essenciais deve ser analisado como uma etimologia do povo? Por outro lado, não parece ser mais possível compartilhar do otimismo de Boas quanto às categorias antropológicas que, por alguma operação positivista continuada, oposta à formação das ideias e costumes às quais elas se referem, poderiam ser realmente "derivadas de, consistentes com e, num certo sentido, internas aos próprios fenômenos" (Stocking, 1974, p.4). Em todo caso, o comentário sobre a análise racionalista de Morgan implicado pela noção de consciência secundária não seria difícil de ser desenvolvido. Se por um lado "a origem dos costumes do homem primitivo não deve ser procurada em processos racionais", como escreveu Boas (1965 [1938], p.215), por outro a origem de certos processos racionais podia ser procurada no costume. A razoabilidade das instituições, e acima de tudo sua utilidade, é a forma pela qual nos explicamos a nós mesmos. A racionalidade é nossa racionalização. Boas fornece o exemplo do tabu do incesto, que há algum tempo nos contentávamos em atribuir a razões religiosas, mas que hoje é "um conceito utilitário, sendo o medo de filhos não saudáveis — devido ao casamento dentro do grupo de parentes próximos — apresentado como a razão para nossos sentimentos" (1965 [1938], p.208).[15]

A questão é que, quando interpretamos o convencional como o útil, ele também se transforma, para nós, no "natural", no duplo sentido de inerente à natureza e de normal à cultura. Por isso é que Morgan fez dessa contradição uma teoria etnológica, o status do que poderia ser então descrito como a apropriação das realidades significativas das vidas de outros povos pelas racionalizações secundárias das nossas próprias.

Variedades antropológicas da razão prática

Anunciado primeiramente na obra de Morgan e Boas, o desacordo básico sobre a natureza do objeto antropológico continua a se fazer presente, mesmo hoje, e de

15 O exemplo mais conhecido é a origem do comportamento que se tem à mesa: "O caso do comportamento que se tem à mesa oferece também um bom exemplo de explicação secundária. Como não é usual se levar a faca à boca, surge daí a intuição de que a faca não é usada dessa maneira porque, empregando-a, correr-se-ia o risco de cortar os lábios. A tardia invenção do garfo e o fato de facas sem corte serem usadas em muitos países, e de que existe um perigo semelhante de se furar a língua ou os lábios com os garfos de aço pontiagudos comumente usados na Europa, deixam claro que essa explicação é apenas uma tentativa racionalista secundária para explicar um costume que, de outro modo, permaneceria inexplicável" (Boas, 1965 [1938], p.65).

todos os modos — através de outras controvérsias teóricas. Isto não significa subestimar o alcance de antinomias famosas tais como "história/ciência", "cultura/sociedade", "diacronia/sincronia". Mas se essas oposições foram bem-sucedidas ao gerarem o desdobramento de um momento teórico para o seguinte, isso se deveu apenas à reprodução, em cada estágio, das contradições não solucionadas na base. No final, as perspectivas posteriores que aparecem demarcando rupturas teóricas encontram-se, internamente, em pendência ao longo das mesmas linhas que separam a visão de Morgan da de Boas. Desta forma é que se distingue um funcionalismo do outro, como também um historicismo do outro, assim como a metade de funcionalistas ou evolucionistas encontra um improvável aliado na tribo do outro. Parece muito paradoxal agrupar certas ênfases teóricas de Lévi-Strauss e Leslie White? (ver mais adiante, p.106-7). O acordo em termos de princípios entre o arquievolucionista Morgan e o arquifuncionalista Malinowski é muito mais completo.

Malinowski e o "neofuncionalismo"

De uma forma ainda mais explícita que Morgan, Malinowski considerou a cultura como a realização instrumental de necessidades biológicas, construída a partir da ação prática e do interesse, como se orientada por uma espécie de super-racionalidade — à qual a linguagem fornece apenas a vantagem de um suporte teórico (cf. Leach, 1957). Devemos ter como base, escreveu Malinowski, dois axiomas: "Em primeiro lugar, e principalmente, toda cultura deve satisfazer ao sistema biológico de necessidades, como as ditadas pelo metabolismo, reprodução, as condições fisiológicas da temperatura." E em segundo lugar, "toda realização cultural que implica o uso de artefatos e do simbolismo é um realce instrumental da anatomia humana, e refere-se, direta ou indiretamente, à satisfação de uma necessidade física" (Malinowski, 1960 [1944], p.171). Utilizando uma frase do sociólogo francês Baudrillard, é como se a cultura fosse uma metáfora sustentada sobre as funções biológicas da digestão. Em última análise, a cultura é referenciável à utilidade prático-orgânica. Simples ou complexa, é "um vasto aparato, parcialmente material, parcialmente humano, e parcialmente espiritual, através do qual o homem é capaz de competir com o concreto em problemas específicos com os quais se defronta" (Malinowski, 1960 [1944], p.36).

Apresentar a concordância, ponto por ponto, do texto de Morgan com o de Malinowski seria cair no lugar-comum. Por ser mais explícito, Malinowski torna-se mais interessante para certas implicações teóricas do argumento das práxis que são apenas sugeridas em Morgan, embora elas estejam, na realidade, contidas ali e em muitas versões posteriores, até na mais recente ecologia "neofuncionalista". Abordarei diversas dessas implicações, que podem ser resumidamente intituladas de "o *hubris* etnográfico", "rendimentos decrescentes na explicação funcionalista", "terror", "fetichismo da ecologia", "dualismo utilitário" e "desaparecimento da cultura". A primeira tem a ver com a relação particular sujeito/objeto envolvida na ênfase pragmática, que contrasta radicalmente com o relativismo boasiano.

O sentido dominante do projeto de Malinowski era reduzir, de todas as maneiras, costumes aparentemente bizarros, do Intichiuma australiano ao totemismo de Trobriand, a valores práticos (leia-se biológicos). É evidente que Malinowski foi orientado por uma simpatia peculiar para com os aborígines (cf. Jarvie, 1969, p.2-3). Ele gostaria de mostrar que a razão subjacente "às máscaras" aparentemente sem sentido do que então chamávamos de "selvagens" (Richards, 1957, p.18) era algo que qualquer europeu poderia entender: a vantagem material. Isso significava, de fato, uma inversão do relativismo boasiano, se informada pela mesma indulgência. Sob certo aspecto, o Intichiuma é lucrativo; logo, o aborígine australiano é nosso irmão:

> Desde o começo ... um interesse na utilidade das máscaras aparentemente sem sentido do que então chamávamos "selvagens" foi o ponto principal na sua obra [de Malinowski]. Seu primeiro artigo foi publicado com a intenção de demonstrar que as cerimônias Intichiuma dos aborígines australianos, com suas danças selvagens, seus corpos pintados e seus escudos simbolicamente esculpidos, desempenham efetivamente uma função na sua vida econômica... Após a sua viagem de estudo às ilhas Trobriand, publicou seu primeiro artigo importante sobre a vida econômica dos habitantes das ilhas, no qual manifestava a mesma determinação de provar que aquilo que aos europeus pareciam trocas de bens cerimoniais sem utilidade desempenhava, na realidade, um importante papel na sua organização econômica [Richards, 1967, p.18][16]

Há nisso uma dimensão mais ampla do que a implicação óbvia de que, se a interpretação for aceitável ao europeu, ela diz mais sobre ele do que sobre os "selvagens" — mais geralmente de que a "ética" do antropólogo é a "êmica" da sua própria sociedade. Algo deve ser dito sobre a relação sujeito/objeto, subentendida pela compulsão em atribuir um "sentido" prático a um costume exótico que é tão intricado quanto não é de cara uma questão de necessidade prática. Ela eleva o antropólogo à divindade de um sujeito constituinte, de quem emana o projeto da

---

16 Como o projeto de Malinowski é popularmente descrito: do bizarro ao bazar. O artigo de Leach (1957) sobre Malinowski faz uma excelente análise desse processo de "fazer sentido". Malinowski escreveu: "Na realidade, seremos capazes de provar que algumas realidades que nos parecem muito estranhas à primeira vista (canibalismo, *couvade*, mumificação etc.) estão essencialmente ligadas a elementos culturais muito universais e fundamentalmente humanos, e esse reconhecimento acabará admitindo a explicação, ou seja, a descrição, em termos familiares, de costumes exóticos" (1960 [1933], p.4).

cultura. Em vez de submeter-se à compreensão de uma estrutura com uma existência independente e autêntica, ele compreende a estrutura pela sua compreensão do objetivo dela, fazendo assim com que sua existência [da estrutura] dependa dele.

Para Malinowski era um ponto importante do método etnográfico "perceber o ponto de vista do nativo, sua relação com a vida, para compreender a sua visão do seu mundo" (1950 [1922] p.25). Este era um princípio fundamental do seu "empirismo radical", como chama Leach. Há, porém, uma contradição clara entre esse empirismo e a compulsão para dissolver costumes estranhos em noções utilitárias. O "empirismo" então deve consistir na aplicação radical de uma teoria — a dos interesses práticos e do cálculo pessoal — que sustenta que as maneiras aparentemente peculiares pelas quais as pessoas estão agindo não merecem em nada, nos seus próprios termos, a nossa atenção. Certa vez, Kroeber lançou a seguinte pergunta, pensando obviamente em Malinowski: "Por que um Yurok não come em sua canoa enquanto navega no oceano?" A questões como esta "não há nenhuma resposta óbvia como a que se dá a perguntas do tipo: por que uma flecha é emplumada ou qual é o uso dado a uma rede de pescar" (Kroeber, 1948, p. 307). Malinowski — feita esta crítica — se recusa a reconhecer qualquer capacidade no sistema cultural, quanto menos tentar compreender sua lógica inerente. Áreas inteiras da cultura escapam, portanto, a uma explicação funcionalista, uma vez que não formam nenhum sentido prático aparente. Leach coloca a feitiçaria como um exemplo do que acaba de ser dito: "De acordo com o dogma de Malinowski, pelo qual essa racionalidade é natural à espécie humana, as crenças em feitiçaria — não sendo nem sensíveis nem racionais — nunca foram efetivamente incorporadas ao esquema funcionalista" (Leach,1957, p.128-9; cf. Nadel, 1957).

Havia muitos outros domínios da vida das ilhas Trobriand — parentesco, magia, política — dos quais Malinowski deixou-nos uma avaliação incompleta e não sistematizada, devido a alguns desses mesmos escrúpulos teóricos. Ele considerava os textos e declarações de pessoas como simples formulações do ideal, em comparação com os motivos reais pragmáticos que governavam as relações dos homens com tais regras e entre si (cf. Malinowski, 1966 [1926]). Em tudo isso, Malinowski inverteu não apenas as premissas de uma antropologia boasiana, como também o relacionamento original do antropólogo com a população. É bem verdade que Boas terminaria tendo uma compreensão do parentesco Kwakiutl igual à que Malinowski teve do sistema Trobriand. De fato, Boas foi muito mais incoerente, a partir de um respeito decente pela ininteligibilidade do índio. Boas achava que os fatos "falariam por eles mesmos". Hoje em dia, esta afirmação é considerada como o signo de um empirismo ingênuo. Mas, em primeiro lugar, o que se procurava era uma submissão à cultura em si mesma, um compromisso em encontrar ordem nos fatos, e não em colocar os fatos em ordem (cf. Smith, 1959). A ingenuidade empirista de Boas consistia na ilusão de que a própria ordem se revelaria exatamente tal como apresentada, através dos textos de mil receitas de salmão, sem se beneficiar de nenhum entendimento da sua parte.[17] Tratava-se aqui de uma relação totalmente diferente com o objeto. O antropólogo foi reduzido ao status de um aparelho de gravação; nem mesmo sua própria inteligência podia entrar em cena. Para Malinowski, porém, o "selvagem" era negatividade pura. Ele não existia; Malinowski o criaria: "Ouço a palavra 'Kiriwina' ... estou pronto; pequenas cabanas cinzas, róseas: sou eu quem as descreverá ou criará" (Malinowski, 1967, p.140).

O funcionalismo utilitário é uma cegueira funcional para o conteúdo e para as relações internas do objeto cultural. O conteúdo é apreciado apenas por seu efeito instrumental, sendo sua consistência interna, por conseguinte, mistificada como sua utilidade externa. A explicação funcionalista é uma espécie de barganha feita com a realidade etnográfica, na qual o conteúdo é trocado por uma "compreensão" dele. Uma teoria, porém, deve ser julgada tanto pela ignorância que exige, quanto pelo "conhecimento" que oferece. Há uma enorme disparidade entre a riqueza e a complexidade de fenômenos culturais como o Intichiuma e as noções simples do antropólogo quanto às suas virtudes econômicas. Somente a fração mais infinitesimal dessa rica realidade, e nada do seu conteúdo específico, é avaliada por sua função.[18] Quando Malinowski demonstrou que "as cerimônias Intichiuma dos aborígines australianos, com suas danças selvagens, seus corpos pintados e seus escudos simbolicamente esculpidos, desempenhavam uma função na sua vida econômica" — ou seja, que estimulavam a produção através da antecipação representada pelos ritos (Malinowski, 1912) — o que de fato aprendemos sobre essas danças selvagens, esses corpos pintados e as mil outras propriedades do Intichiuma?

Esse empobrecimento conceitual é o modo funcionalista da produção teórica. Ele se apresenta exacerbado quando a função é buscada ao nível biológico, o que é quase sempre verdadeiro, não só em Malinowski, como também em versões mais recentes da antropologia (cf, Vayda, 1965, p.196; Vayda e Rappaport, 1967). Quanto mais o fato cultural se afasta da esfera da utilidade à qual está referenciado — a orgânica, a econômica, a social —, menos intensas e mais mediatizadas devem ser as relações entre esse fato e os fenômenos dessa esfera; consequente-

17 Radin apresenta resumidamente o princípio de Boas de que "ninguém tem o direito de alterar a forma exata na qual suas informações foram recebidas", embora, na mesma obra, critique em profundidade a tentação do mestre de retalhar a cultura em pedaços, adotando um tratamento difusionista, entre outras imperfeições do método historicista (1966 [1933]). Para uma excelente discussão da atitude de circunspecção de Boas para com o fenômeno em si mesmo, ver seu artigo "O estudo da geografia" (in Boas, 1966b [1940]).

18 Neste ponto, devo muito a Firthjof Bergmann e Raymond C. Kelly, quanto a uma primeira formulação da "lei dos rendimentos decrescentes para a explicação funcionalista" que deriva dela.

mente, menos intensas e menos específicas serão as coerções sobre a natureza do costume em consideração; menos determinada será a explicação através de virtudes funcionais, ou, inversamente, maior será a variação de práticas culturais alternativas que poderiam servir igualmente (até melhor) ao mesmo propósito. Deve haver muitas maneiras de estimular a produção além de encenar uma cerimônia Intichiuma. Na realidade, a explicação sai frustrada no seu objetivo de tornar o costume inteligível; esta é uma forma bizarra de se ocupar dos seus próprios assuntos. Para nos provar a indeterminação de qualquer dessas explicações, basta inverter a questão: é vantajoso aumentar a produção — e, consequentemente, é vantajoso o Intichiuma? O entendimento funcionalista de Malinowski teria sido mais convincente se, *à la* Radcliffe Brown, ele examinasse a cerimônia ao nível do fato social. As relações dominantes entre os clãs totêmicos, homens e mulheres, iniciados ou não iniciados, teriam de percorrer um longo caminho até tornar inteligíveis as danças selvagens e os escudos esculpidos. Quanto mais se recorre às vantagens econômicas, menos é dito. E menos ainda teria sido obtido se Malinowski tivesse levado adiante seu projeto, até o nível biológico. Aí então, o conteúdo cultural, cuja especificidade consiste no seu significado, ficaria completamente perdido em um discurso de "necessidades" vazio de significação.

Tentou-se formular uma regra geral dos rendimentos decrescentes para a explicação funcionalista: quanto mais distante e distinta a prática cultural do observador da sua pretensa função, menos essa função especificará o fenômeno. A regra deve ser concebida como uma expressão instrumental da "autonomia relativa" de diferentes domínios culturais (cerimônia/economia), e particularmente da irredutibilidade do cultural aos níveis constitutivos da integração fenomenal (superorgânico/orgânico). Nesse último aspecto, a fonte geral de inadequação nas explicações pela função natural está relacionada, precisamente, à atividade valorativa da simbolização: mais uma vez, a natureza arbitrária do signo, que envolve o objetivo apenas seletivamente, submete o natural a uma lógica específica da cultura. Lucien Sebag demonstra-o bem:

> por definição, toda refração de uma realidade através de uma linguagem implica uma perda de informação, podendo o que é abandonado, por sua vez, tornar-se o objeto de um tratamento da mesma ordem. A atividade linguística aparece portanto como um esforço permanente para submeter a um conjunto de formas um dado que sempre ultrapassa os seus limites. Mas não é esta uma característica apenas da linguagem; é a cultura como um todo que se deixa definir da mesma maneira. A relação do dado natural coloca isso em plena luz: quer se trate da sexualidade, dos ritmos do desenvolvimento do corpo, da gama das sensações ou dos afetos, cada sociedade aparece como submetendo a um princípio de organização que nunca é o único concebível uma realidade que se presta a uma multiplicidade de transformações. A partir desse fato, compreende-se por que a explicação naturalista é sempre insuficiente, pois a essência da necessidade, descoberta aquém das diversas modulações culturais, não nos pode

dar senão o esboço da própria forma da cultura, nunca do seu conteúdo; ora, é este último que deve ser compreendido. [Sebag, 1964, p.166-7.] [Em francês no original.]

É o conteúdo que deve ser compreendido. Esse é o nosso objetivo. No entanto, a prática funcionalista, como já vimos, consiste em considerar as propriedades culturais simplesmente como a aparência. O concreto-real cultural torna-se um abstrato-aparente, apenas uma forma de comportamento assumida pelas forças mais fundamentais da economia ou da biologia. Sartre fala, num contexto análogo, de um "banho de ácido sulfúrico". Além disso, como as forças supostamente essenciais são na verdade abstratas — sobrevivência *humana*, necessidades *humanas*, etc. —, a abstração do simbólico atinente ao objeto foi complementada pela simbolização de uma abstração pertencente ao antropólogo. O ataque de Sartre tinha como alvo um certo marxismo, que se contenta em negligenciar a lógica autêntica de um "fato superestrutural", tal como uma obra de arte ou um ato político, e as determinações específicas do seu autor, em favor das determinações gerais de classe e produção. A partir dessa visão, a poesia de um Valéry é repudiada como um exemplo de "idealismo burguês". A crítica de Sartre parece apropriada, ponto por ponto, à prática funcionalista clássica:

> O formalismo marxista é um projeto de eliminação. O método é idêntico ao terror na sua recusa inflexível do *diferente*; sua meta é a assimilação total com um mínimo possível de esforço. O objetivo não é integrar aquilo que é diferente enquanto tal, preservando para ele uma relativa autonomia, mas sim suprimi-lo ... Determinações específicas despertam na teoria as mesmas suspeitas que as pessoas despertam na realidade. Para a maioria dos marxistas, pensar é exigir totalidade e, com esse pretexto, substituir a particularidade pelo universal. É necessário levar-nos de volta ao concreto [o material] e consequentemente apresentar-nos com determinações fundamentais mas abstratas ... O marxista pensaria estar perdendo o seu tempo se, por exemplo, tentasse compreender a originalidade de um pensamento burguês. Aos seus olhos, a única coisa que importa é mostrar que o pensamento é um modo de idealismo ... O marxista, por conseguinte, é levado a tomar por aparência o conteúdo real de um comportamento ou de um pensamento e, quando dissolve o particular no Universal, tem a satisfação de acreditar que está reduzindo a aparência à verdade. (Sartre, 1963, p.48-9.] .

Da mesma forma, Malinowski dissolveu repetidas vezes a ordem simbólica na verdade ácida da razão instrumental. Qualquer que fosse o domínio cultural em questão, seu exame só podia começar livrando-se da consistência simbólica. Parentesco ou totemismo, mito ou magia, crença nos espíritos ou disposição do morto, e até mesmo a análise da própria linguagem — em relação a tudo o primeiro passo de Malinowski era negar qualquer lógica interna, qualquer estrutura significativa, ao fenômeno como tal (ver, por exemplo, a análise que permeia todo o seu *Magic Science and Religion* (1954]). Daí decorria que a intelecção humana, a "especulação", como Malinowski a considerava, não poderia ter qualquer papel constitutivo. O costume se origina na prática, na vida — não no jogo do pensamento, mas no da emoção e do desejo, no do instinto e da necessidade. Nessa perspectiva, dificilmente um "selvagem" teria um interesse na natureza que não fosse ditado pela fome, nem articularia qualquer concepção além da racionalização desse desejo. Daí a famosa afirmação de Malinowski sobre a mentalidade manifesta nas classificações totêmicas: "O caminho que vai da selva para o estômago do selvagem, e consequentemente para a sua cabeça, é muito curto, e para ele o mundo é um indiscriminado pano de fundo contra o qual se destacam as espécies úteis de plantas e animais e dentre elas sobretudo as comestíveis" (1954, p.44). Do mesmo modo, "há pouco espaço para o simbolismo nas suas ideias e contos" (ibid., p.97). Quanto ao mito, não é "uma rapsódia inútil ... mas uma força cultural ativa, extremamente importante" (ibid., p.97):

> O mito estudado vivo ... não é simbólico, mas uma expressão direta do objeto em questão; não é uma explicação para a satisfação de um interesse científico, mas uma ressurreição narrativa de uma realidade primeva, narrada para a satisfação de profundos desejos religiosos, anseios morais, submissões sociais, e até mesmo necessidades práticas [ibid., p.10] ... Podemos, certamente, descartar-nos de todas as interpretações explicativas e simbólicas desses mitos de origem. Os personagens e seres são o que parecem ser na superfície, e não símbolos de realidades ocultas. No que toca à função explicativa desses mitos, não há qualquer problema de que eles deem conta, qualquer curiosidade que eles satisfaçam, qualquer teoria que eles encerrem." [ibid., p.126]

Esta também foi a famosa abordagem de Malinowski à linguagem. *Pace*, Boas, a linguagem não contém teoria alguma: ela nada contém, nada além de um gesto verbal, de "'apreensão' das coisas", cujo significado consiste nos efeitos induzidos sobre os ouvintes. "As palavras são parte da ação e são equivalentes às ações" (Malinowski, 1965 [1935] 2:9). E como as palavras são ação, o significado é a reação evocada; as primeiras são o estímulo, o segundo é a resposta; umas são o instrumento, o outro é o seu próprio produto:

> O significado de uma única expressão vocal, que nesses casos é reduzida quase sempre a uma palavra, pode ser definido como a mudança produzida pelo som no comportamento das pessoas. É a maneira pela qual um som, proferido apropriadamente, é correlacionado com elementos espaciais e temporais e com movimentos do corpo humano que constitui o seu significado; e isso se deve a respostas culturais produzidas por treinamento, "condicionamento" ou educação. Uma palavra é um estímulo condicionante da ação humana e torna-se, por assim dizer, uma "apreensão" das coisas externas ao alcance de quem fala, mas dentro de quem ouve [ibid., p.59.][19]

19 Malinowski desenvolveu essa visão instrumental-pragmática da linguagem em uma série de escri-

Fica evidente também que o significado é limitado à experiência pela associação, isto é, a uma referência original e indicadora que continua sendo o conceito básico da expressão vocal através das suas reproduções subsequentes. Para Malinowski, a linguagem, em vez de classificar a experiência, é ela própria dividida pela experiência. Uma palavra se diferencia de outra da mesma forma que o contexto do mundo real na qual a primeira ocorre é perceptivelmente distinguível do contexto do segundo. "A linguagem espelha, na sua estrutura, as categorias reais derivadas de atitudes práticas da criança e do homem natural ou primitivo para com o mundo circundante" (Malinowski, 1949 [1923], p.327-8). Esse tipo de recusa fundamental do simbólico, da palavra como categoria, levou Malinowski a algumas escolhas *bévues*. Uma delas foi "a doutrina dos homônimos": uma vez que cada referência empiricamente distinta de determinada palavra constitui um significado distinto, Malinowski viu-se obrigado a concluir que a "palavra" em questão é, na realidade, muitas outras diferentes, um conjunto acidental de homônimos.[20] Se fosse esse o caso, é claro, nem as palavras nem a comunicação poderiam existir como nós as entendemos, na medida em que os contextos de dois usos diferentes da mesma palavra nunca são os mesmos; portanto, cada um desses sons é uma "unidade" diferente de todos os outros, o que significa dizer que não existem palavras, mas apenas uma infinidade de sinais contextuais fugidios. Dificuldades semelhantes se apresentam pelo fato de que duas pessoas não podem nunca experimentar a mesma realidade exatamente da mesma maneira, já que elas próprias, de um modo ou de outro, são diferentes. Mais uma vez, já que "no final das contas todo o significado das palavras é derivado da experiência física", Malinowski insistiria em que mesmo os conceitos mais abstratos, como os de ciência, derivam-se realmente do lugar-comum ou da práxis infantil. "Mesmo o matemático puro, lidando com o mais inútil e arrogante ramo da sua ciência, a teoria dos números, provavelmente já possuía alguma experiência de contar seus

---

tos. Por exemplo, no artigo sobre "Cultura", na *Enciclopédia das ciências sociais*: "O significado de uma palavra não está misteriosamente contido nela; é antes um efeito ativo do som proferido dentro do contexto de uma situação. A emissão do som é um ato significante indispensável a todas as formas de ação humana combinada. É um tipo de comportamento intimamente comparável à manipulação de uma ferramenta, ao manejo de uma arma, à execução de um ritual ou à conclusão de um contrato. O uso das palavras em todas essas formas de atividade humana tem uma relação mútua e indispensável com o comportamento manual e físico" (Malinowski, 1931, p.622; cf. Malinowski, 1949 [1923]; 1964 [1963]). Para uma avaliação crítica das teorias da linguagem de Malinowski, ver Henson (1974).

20 "Para definir um som, devemos descobrir, através do exame cuidadoso de contextos verbais, em quantos significados distinguíveis ele é usado. O significado não é algo que resida dentro de um som [isto é, não é os dois lados do papel de Saussure]; ele existe na relação do som com o contexto. Daí, se a palavra é usada em um contexto diferente não pode ter o mesmo significado, deixa de ser a mesma palavra e torna-se duas ou mais unidades semanticamente distinguíveis" (Malinowski, 1965 [1935] 2:72; cf. Leach, 1957, p.130-2).

trocados" (1965 [1935] 2:58). Malinowski ignora aqui o fato de que o sistema de números deve ter antecedido a contagem, mas é esse tipo de erro que ele sempre comete nos seus argumentos ontogenéticos (como o da prática classificatória do parentesco), confundindo a maneira pela qual o indivíduo é socializado no sistema com a explicação — na realidade a "origem" — do sistema (cf. Malinowski, 1930).[21] Finalmente, o conceito de significado de Malinowski é incapaz de explicar seu próprio projeto etnográfico de dar sentido funcional ao costume exótico. Na medida em que a forma ostensiva desses costumes é estranha ou mesmo não funcional, Malinowski não pode ser orientado pela experiência na sua interpretação, ou pelo menos deve categorizar e valorizar seletivamente as atitudes racionais das pessoas sobre seu comportamento não racional através de um princípio não dado pelo encontro etnográfico. Malinowski sustentava que o mundo não corporifica ideia alguma, que o seu significado é externo aos seus "efeitos" empíricos... Uma etnografia correta, gerada por uma prolongada socialização na vida de Trobriand, seria exatamente o que um nativo de Trobriand teria escrito. Mas se Malinowski tem de criá-los, deve organizar sua experiência etnográfica através de seus conceitos. E é o que faz ao admitir isso, embora em contradição com sua noção de que a palavra não contém ideia alguma:

> Não existe descrição destituída de teoria. Quer se reconstruam cenas históricas, se leve a cabo uma pesquisa de campo em uma tribo selvagem ou em uma comunidade civilizada ... toda declaração e toda argumentação têm de ser feitas em palavras, isto é, em conceitos. Cada conceito, por sua vez, é o resultado de uma teoria que declara que alguns fatos são relevantes e outros acidentais, que alguns fatores determinam o curso dos acontecimentos e outros são simplesmente entreatos acidentais; que certas coisas acontecem como acontecem por causa de personalidades e mediações materiais do meio ambiente que as produziram. [Malinowski, 1960 (1944), p.7.]

21 Ricoeur (1970, p.197-219) formula uma brilhante crítica geral da noção da palavra práxis pura (incluindo a palavra imperativa), que se aplica totalmente a Malinowski. Enfocando particularmente a matemática, Ricoeur escreve: "É porque o homem expressou o espaço em geometria, em vez de vivê-lo e experimentá-lo em suas medidas reais, que a matemática foi possível e, através dela, a física e as técnicas matemáticas resultantes das sucessivas revoluções industriais. É surpreendente que Platão tenha contribuído para a construção da geometria euclidiana através de sua obra de denominação de conceitos tais como linha, superfície, igualdade, similaridade das figuras etc..., que impossibilitavam qualquer recurso e qualquer alusão a manipulações, a transformações físicas de figuras. Esse ascetismo da linguagem matemática, a que devemos, em última análise, todas as nossas máquinas desde a aurora da era mecânica, teria sido impossível sem o heroísmo lógico de um Parmênides negando todo o mundo do devir e da práxis em nome da autoidentidade das significações. É a essa negação do movimento e da atividade que devemos as realizações de Euclides, de Galileu, a maquinaria moderna e todos os nossos dispositivos e instrumentos. Pois todo o nosso conhecimento, todas as palavras que a princípio não procuraram transformar o mundo estão contidos dentro deles" (ibid., p.201-21).

Ricoeur observa que no exemplo mais forte do mundo como práxis, a "palavra imperativa", o "efeito" requer a presença de seres simbolizantes em um contexto simbolizado, já que a "compreensão" inclui ao mesmo tempo um projeto e um sistema de valorações que diferenciam o mundo e as ações dos homens nele.[22] Pode-se fazer a mesma afirmação de outra maneira. Pode-se ver na compreensão que Malinowski tem da linguagem como *trabalho* e do significado como resposta *produzida* ao ouvinte a mesma redução do sujeito humano ao objeto manipulado que informa sua técnica etnográfica. Nessa concepção, o Alter é simplesmente um meio para um fim. Uma matéria-prima a ser trabalhada como qualquer outra. Mais uma vez, porém, como insiste Ricoeur, o resultado de uma observação sobre o comportamento de outra pessoa não é o mesmo tipo de relação como a do efeito de uma ferramenta sobre a forma de um objeto; ele não é "produzido" como um bem material é produzido (1970, p.203). Não apenas porque o outro é um ser intencional como eu, e sim, mais decisivamente, porque a comunicação implica uma comunidade, e, consequentemente, isso influencia o "efeito" de todas essas concepções comuns de homens e coisas que, ordenando essas inter-relações, determina a "influência" específica da palavra.

A eliminação por Malinowski do símbolo e do sistema das práticas culturais, o canibalismo da forma pela função, constitui uma epistemologia para a eliminação da própria cultura como objeto antropológico próprio. Sem propriedades distintivas por direito nato, a cultura não tem qualquer condição de ser analisada como uma coisa-em-si-mesma. Seu estudo degenera em um ou outro dos dois naturalismos vulgares; o economicismo do indivíduo racionalizante (natureza humana); ou o ecologismo da vantagem seletiva (natureza externa). Malinowski, é claro, não pode ser tido como responsável pela invenção de qualquer das duas problemáticas, nem pelo desenvolvimento completo de ambas, mas a primeira é definitivamente integrada em sua obra, enquanto a segunda já aí se prefigura. O economicismo ou o utilitarismo se desenvolve a partir de sua distinção entre norma cultural e atitude subjetiva, e da submissão, na sua opinião, do "ideal" a um interesse próprio pragmático — que investe o segundo como o verdadeiro operador da vida social.

---

22 "A palavra, tal como afirmamos, não 'faz' nada, no máximo incita à ação... mas se incita à ação é porque *significa* o que há para ser feito e porque a exigência significada para outrem é 'entendida' por ele e 'seguida' por ele ... A palavra se articula em frases, verbos e substantivos, objetos, complementos, plurais etc. ... e, por causa disso, somos capazes de controlar nossa ação por uma espécie de 'fraseamento' de nossos gestos ... O significado desse fraseamento não é uma transformação das coisas ou de nós mesmos, não é uma produção no sentido literal, mas uma significação, e toda significação designa vaziamente que trabalho realizará, no sentido em que se realiza um plano, um desejo, um objetivo ... é através desse vazio de significações, que designam sem nada fazer, que a palavra conecta e as estruturas agem" (ibid., p.204).

Malinowski podia "ver as coisas como os nativos as viam", contanto que eles concordassem em ver as coisas da sua maneira. Eles teriam que desenvolver uma análise que valorizasse a ação prática sobre a norma cultural — e de novo com referência à ação — o afeto subjetivo sobre a forma ostensiva. Pelas noções de Malinowski, as regras eram uma coisa, e as ações uma outra coisa e mais verdadeira, sendo as primeiras uma simples conversa com a "realidade" das últimas, merecendo as normas menos existência e análise do que o comportamento motivado por um autointeresse iluminado. Todavia, o ato — as "danças selvagens", as trocas de ornamentos *kula* que não podiam ser possuídos — continua sendo peculiar nas suas propriedades observáveis. Privilegiá-lo sobre a regra em nome do interesse racional requereria uma segunda distinção: entre essa aparência externa, forma incongruente, e as atitudes práticas que as pessoas conferem a ela. Os dados mais verdadeiros da etnografia não consistem em fatos de ordem cultural, mas na maneira pela qual essa ordem é subjetivamente vivida, a famosa "imponderabilidade da vida quotidiana". Muito frequentemente, insiste Malinowski, os antropólogos são envolvidos pela narrativa das "ficções legais" dos nativos, tais como a solidariedade do clã, as regras de exogamia clânica, e o que o valha, que representam somente o "aspecto intelectual, manifesto, totalmente convencionalizado da atitude nativa". Mas "o código da conduta natural, impulsiva, as evasões, os compromissos e os costumes não legais só são revelados a quem faz o trabalho de campo, a quem observa a vida diretamente, registra os fatos, vive nesses abrigos junto ao seu 'material' como para compreender não somente a sua linguagem e as suas afirmações, mas também os motivos ocultos do comportamento, a quase nunca formulada linha da conduta espontânea" (Malinowski, 1966 [1926], p.120-1). A importância desse "código natural, impulsivo", é que, no final, ele prevalece sobre o convencional, e a forma cultural se submete à práxis "espontânea". "O verdadeiro problema não é estudar como a vida humana se submete às regras — isso simplesmente não existe; o problema real é saber como as regras se tornaram adaptadas à vida" (ibid., p.127).[23]

---

23 Fortes descreve com agudeza a oposição entre norma "ideal" e prática "real" na obra de Malinowski, e documenta a sua transposição para um contraste entre forma e sentimento que não deixou qualquer possibilidade de entendimento do parentesco em si mesmo: "O que é digno de nota é a ênfase na *prática* (a atividade; o comportamento; os mútuos serviços concretos; o interesse próprio, a ambição e a vaidade demonstradas; o amor materno e a afeição paterna; em suma, as ações, sentimentos e pensamentos de indivíduos em situações sociais, tal como diretamente observadas pelo etnógrafo e admitidas pelos atores) vista como a *realidade* da vida social, em contraposição ao 'ideal' ou à 'teoria', às formulações simplesmente verbais (Fortes, 1957, p.160) ... os fatos das relações e dos agrupamentos sociais são, em seu esquema, fatos meramente de costume e motivo, amplamente equiparados, por exemplo, com as crenças mágicas, e que emergem em última instância de instintos humanos universais como o parentesco ou de sentimentos humanos comuns como a vaidade e a ambição. Assim, não temos em parte alguma uma análise articulada da organização local, do parentesco e da estrutura política trobriandesa" (p.164).

Mas ao separar dessa forma a ordem cultural do sujeito humano, assim como a ficção é separada da vida real, Malinowski introduz um tipo de esquizofrenia ontológica na etnologia — que é o pensamento normal da ciência social da nossa época. A vida social humana é tomada como dividida contra si mesma, composta de dois tipos diferentes de objeto que se mantêm em relações de contraposição e competição. Por um lado, há as regras e formas convencionais que equivalem à "cultura" da situação. Só elas têm direito a esse status, da mesma forma que só elas são descritas por propriedades especificamente culturais: descendência matrilinear, exogamia clânica, rituais mortuários, pagamentos de valores aos afins, produção de inhame, parentesco classificatório. Em princípio, elas também poderiam ser compreendidas nesse sentido, ou seja, por uma lógica, ao mesmo tempo, de significação e ação, desdobrada a partir dos atributos simbólicos, da mesma forma que a valorização de bens e a divisão do trabalho, por exemplo, poderiam ser relacionadas às classificações de parentesco ou às práticas matrimoniais. Mas a identificação dos atributos culturais como a "norma" ou o "ideal" *vis-à-vis* a vida real deve condenar esse esforço como metafísico. A cultura, ao contrário, se subordina a uma outra lógica — que, como não preserva as propriedades simbólicas, não pode fazer uma avaliação delas.[24] Por outro lado, em oposição à norma da cultura está o "comportamento real" da pessoa. E isso, enquanto especificamente humano, deve ser descrito e compreendido em termos retirados de outro universo de discurso: necessidades, impulsos, motivos, desejos, sentimentos e emoções das pessoas. Neste ponto, uma espécie de inversão básica dos princípios durkheimianos, muito embora de acordo com a premissa de que "o homem é duplo", Malinowski desloca a dinâmica social para o nível natural, procurando representá-la por forças que emanam do próprio organismo. Temos de lidar com a luta do sujeito individual para alcançar seus próprios fins, em face de convenções culturais coercitivas. Uma análise significativa cede portanto lugar a uma racionalidade manipulativa, à análise formal de relações meios-fins baseadas em uma teleologia das satisfações humanas. Deste outro ponto de vista, a cultura aparece simplesmente como um instrumento ou um *ambiente* da dinâmica constitutiva do propósito humano. É um instrumento no sentido de um conjunto de meios à disposição do sujeito, através do qual ele alcança seus fins autofixados. E é um ambiente, não somente como um conjunto de coerções externas ao indivíduo, mas como algo sobre o qual ele opera suas razões e, ao agir assim, ordena as propriedades

24 Sorokin caracteriza corretamente esse procedimento como "a falácia da inadequação lógica" — o que é citado com aprovação por Parsons e assim descrito: "Consiste em explicar um conjunto de fatos com propriedades que o diferenciam claramente de outros, em termos de um esquema aplicável da mesma forma aos outros" (Parsons, 1968 [1937]1:354). A mesma falácia se aplica tanto ao ecologismo quanto ao economicismo (utilitarismo), como veremos adiante.

desse meio.[25] Concebida dessa forma, a interação entre "vida" e "cultura" é necessariamente desigual: uma relação de sujeito com objeto, ativo com passivo, constituinte com constituído. Comportando-se com uma mente singular em direção aos seus melhores interesses próprios, as pessoas formulam e reformulam adequadamente sua ordem cultural (cf. Firth, 1963). Mas a eficácia da cultura como uma ordem significativa é ao mesmo tempo suspensa. A cultura é reduzida a um epifenômeno de "processos de tomada de decisão" intencionais (como dizem).

Essa expressão familiar, é claro, não é de Malinowski, mas apresenta uma conexão apropriada com o saber atual da ciência social. Esse utilitarismo — a adoção axiomática da problemática do sujeito que calcula, ordenando o mundo social racionalmente de acordo com desejos igualmente axiomáticos — é uma consciência instintiva que nós temos dos outros e de nós mesmos. Muitos daqueles que podiam criticar o funcionalismo de Malinowski estão, não obstante, satisfeitos com sua contraposição essencial entre interesses pessoais e ordem social (p. ex., Jarvie, 1967, p.77; Kuper, 1973, p.49; ou mesmo Wolf, 1964). É verdade que Malinowski foi o primeiro antropólogo a negar a generalidade de um homem econômico (1921; 1950 [1922]). Mas isso não se deu exatamente para conferir ao mesmo conceito um alcance maior? "Nas páginas dos Argonautas e em seus sucessores", escreveu Leach, "o 'selvagem' deixa de ser uma marionete... Ele é um ser humano vivo que opera um sistema bizarro da organização social através do exercício de escolhas naturais entre meios alternativos para fins alternativos" (1957, p.127). Do mesmo modo, Bateson considerou que o método funcionalista de Malinowski "é provavelmente acertado e, pela sua investigação cuidadosa, pode oferecer um sistema coerente de antropologia aliado a sistemas de economia baseados no 'homem que calcula'" (1958, p.27). Pois, como o próprio Malinowski relatou, "sempre que o nativo pode fugir à sua obrigação sem perda de prestígio, ou sem provável perda de lucro, ele o faz, exatamente como faria um homem de negócios civilizado" (1966 [1926], p.30). A perspectiva em questão continua sendo o economicismo nativo do mercado transposto aqui da análise da sociedade burguesa para a explicação da sociedade humana. O lugar analítico assim concedido à sociedade foi brilhantemente descrito por Dumont:

---

25 "Os problemas colocados pelas necessidades nutritivas, reprodutivas e higiênicas do homem têm de ser resolvidos. E são resolvidos pela construção de um novo *meio ambiente*, secundário ou artificial. Esse meio ambiente, que é nada mais nada menos que a própria cultura, tem de ser permanentemente reproduzido, mantido e controlado" (Malinowski, 1960 [1944], p.37; grifo meu). Indicamos também que a cultura, como trabalho manual do homem e como *meio* através do qual ele atinge os seus fins, um meio que lhe permite viver, estabelecer um padrão de segurança, conforto e prosperidade; um meio que lhe dá poder e lhe permite criar bens e valores que vão além dos seus dotes animais, orgânicos — essa cultura, em tudo isso e por tudo isso, deve ser entendida como *um meio para um fim*, ou seja, instrumental ou funcionalmente" (ibid., p.67-8; grifo meu).

> Na sociedade moderna ... o Ser Humano é o homem "elementar", indivisível, sob a forma de ser biológico, ao mesmo tempo em que sujeito pensante. Cada homem particular encarna, em um certo sentido, toda a Humanidade. É a medida de todas as coisas, em um sentido pleno e totalmente novo. O reino dos fins coincide com os fins legítimos de cada homem, e assim os valores se invertem. O que ainda se denomina "sociedade" é o meio, a vida de cada um é o fim. Ontologicamente, a sociedade não existe, não é mais que um dado irredutível ao qual se pede somente que não contrarie as exigências de liberdade e de igualdade. Naturalmente, o que foi dito acima é uma descrição de valores, uma visão da mente ... Uma sociedade tal como o individualismo a concebe nunca existiu em parte alguma pela razão já apresentada, ou seja, a de que o indivíduo vive de ideias sociais. [Dumont, 1970, p.9-10; para outras importantes discussões do utilitarismo (economicismo, individualismo), ver Dumont, 1965; Macpherson, 1962; Parsons, 1968 [1937]; Polanyi, 1944.]

A separação economicista da estrutura normativa da ação pragmática, se não bane completamente a cultura do alcance antropológico, a reduz ao status de uma preocupação secundária. Apenas pressagiados por Malinowski, esses efeitos aparecem muito mais claramente em uma "antropologia ecológica" que homenageia suas fontes intelectuais intitulando-se "funcionalista" ou "neofuncionalista" (cf. Collins e Vayda, 1969). Entretanto, como afirmou Marx com razão, a anatomia do homem é a chave para a anatomia do macaco. O sistema econômico mais desenvolvido faz uma diferenciação explícita de categorias que permanecem combinadas, ambíguas ou somente virtuais no sistema econômico menos desenvolvido. Do mesmo modo, as implicações prefiguradas em uma determinada perspectiva intelectual tornam-se explícitas apenas em versões mais evoluídas dela. O novo funcionalismo ecológico demonstra que o efeito da dissolução de Malinowski do conteúdo cultural na função biológica, particularmente do simbólico no instrumental, é uma solução final para o problema cultural. Ele deixa explícito que a cultura não permite qualquer compreensão especial, isto é, distinta de uma explicação biológica. Nesse caso, a cultura desaparece.

Como no funcionalismo de Malinowski, esse processo depende da apropriação teórica das qualidades culturais como efeitos orgânicos, interpretação que não somente dissolve as especificações culturais como também lhes permite reaparecer de forma mais científica (isto é, quantificável). Explica Rappaport:

> *Embora as questões sejam colocadas em termos de fenômenos culturais, elas são respondidas em termos dos efeitos de um comportamento informado culturalmente sobre sistemas biológicos: organismos, populações e ecossistemas.* A característica distintiva da antropologia ecológica não é simplesmente a de levar em consideração os fatores ambientais nas suas tentativas de elucidar os fenômenos culturais, mas a de atribuir significado biológico aos termos-chaves — adaptação, homeostase, funcionamento adequado, sobrevivência — das suas formulações. [1971, p.243.]

A prática teórica poderia ser chamada de "fetichismo ecológico". Nada do que é cultural é o que parece; tudo é mistificado como um fato natural que possui a virtude ostensiva de ser básico e exato, embora essencialmente abstrato. O casamento torna-se "um intercâmbio de materiais genéticos", assim como a caça é "um intercâmbio de energia com o meio ambiente", milho, feijão e abóbora são uma "dieta não equilibrada", a sociedade uma "população de organismos humanos", e o canibalismo uma "atividade de subsistência". ("Ao examinar o canibalismo, operamos a partir da premissa de que todas as atividades que proporcionam alimentos para os membros do grupo, alimentos que eles realmente consomem, são 'atividades de subsistência' que podem, pois, ser comparadas individualmente e/ou tomadas em conjunto como atividades constitutivas de um repertório comportamental global, chamado de 'padrão de obtenção de alimentos'" — Dornstreich e Morren, 1974, p.3). Douglas (1966) chamou ao mesmo tipo de pensamento, aplicado à descoberta de valores sanitários em tabus de dieta, de "materialismo médico". Trata-se somente de uma versão antropológica ou ecológica particular da troca do conteúdo significativo pela verdade funcional que Sartre descreveu como marxismo vulgar.[26] Esse mesquinho comércio metafísico de pormenores etnográficos não apresentaria interesse algum, não fosse por sua intenção confessa de apoderar-se do conceito de cultura.

Malinowski opunha "cultura" a comportamento; para a ecologia ela é "comportamento". Pode tratar-se de comportamento aprendido, mas nem por isso digno de tratamento diferente do "comportamento específico de espécie" de qualquer outro grupo de organismos. Pensemos nele simplesmente como um "repertório cultural" (Collins e Vayda, 1969, p.155). Compreendido isso, o fenômeno

---

26 Quanto ao próprio Marx, longe de estar envolvido, foi ele quem formulou as críticas e explicações mais gerais desse fetichismo: "A aparente estupidez de fundir todas as múltiplas relações das pessoas em uma *única* relação de utilidade, essa abstração aparentemente metafísica resulta do fato de que, na moderna sociedade burguesa, todas as relações são subordinadas na prática a uma relação monetário-comercial abstrata. Essa teoria veio à tona com Hobbes e Locke ... Em Holbach, toda a atividade de indivíduos em inter-relação mútua, isto é, o ato de falar, o amor etc., é descrita como uma relação de utilidade e utilização. Daí, as relações reais que são aqui pressupostas — o ato de falar, o amor — serem as manifestações definidas de qualidades definidas dos indivíduos. Assim, essas relações perdem o significado que lhes é *peculiar* para se tornarem a expressão e a manifestação de uma terceira relação introduzida em seu lugar, a *relação de utilidade ou utilização* ... Tudo isso realmente se aplica ao burguês. Para ele, apenas *uma* relação é válida por si mesma — a relação de exploração; todas as demais relações só têm validade para ele na medida em que podem ser incluídas sob aquela única relação, e mesmo onde ele encontra relações que não podem ser diretamente subordinadas à relação de exploração, ao menos as subordina a ela na imaginação. A expressão material desse uso é o dinheiro, a representação do valor de todas as coisas, pessoas e relações sociais. Consequentemente, vê-se, em um relance, que a categoria de 'utilização' é subtraída das relações reais que eu tenho com outras pessoas (mas de forma alguma como reflexo ou simples vontade) e então essas relações passam a ser a realidade da categoria que delas foi abstraída; um método completamente metafísico de procedimento" (Marx e Engels, 1965, p.460-1).

como tal não deve distinguir o homem de quaisquer outras espécies, nem a antropologia da biologia. Como "comportamento" — ou mesmo mais abstratamente, "movimentos do corpo" — a cultura pode ser estudada, do mesmo modo, como as ações de qualquer animal, isto é, como boas para a espécie ou más para ela, sob as condições seletivas naturalmente constituídas:

> A atenção a ideias, valores ou conceitos culturais não pode, contudo, ser considerada uma *sine qua non* da análise de ecossistemas que incluam o homem. Ao contrário, pode-se preferir dar ênfase ao *comportamento físico real ou aos movimentos do corpo através dos quais o homem efetua diretamente alterações no seu meio ambiente* ... Na realidade, uma abordagem possível sugerida por Simpson ... entre outros, *é olhar a cultura humana simplesmente como o comportamento ou parte do comportamento de uma espécie particular de primatas.* Encarando-a desse modo, estamos capacitados para estudá-la e interpretá-la da mesma forma que estudamos e interpretamos o comportamento de qualquer outra espécie, como, por exemplo, com respeito não somente à sua interação com variáveis ambientais, mas também com o efeito dessa interação sobre a seleção natural. O fato de o comportamento humano ser complexo, variado, variável e, em uma medida considerável, específico de uma população, pode fazer da observação e da descrição tarefas formidáveis, mas isso não significa que princípios basicamente diferentes devam ser usados no estudo do comportamento humano e no estudo do comportamento de outras espécies animais. [Vayda. 1965, p.4; grifo meu.]

O funcionalismo ecológico coloca a cultura em um risco duplo. É ameaçada de liquidação porque não pode ser especificada como tal por motivos naturais, e porque a consideração da sua qualidade específica exigiria a invocação de uma razão de outra natureza. A crise torna-se então ontológica em suas proporções. A cultura é trocada pelo "comportamento". Suas qualidades concretas são apenas a aparência de "movimentos do corpo", cujo saber é seu efeito biológico. A ontologia recapitula assim uma metodologia. E a antropologia perde seu objeto. Tendo sido ignoradas as propriedades da cultura na prática da sua explicação, presume-se que essas propriedades não tenham qualquer autonomia ou valor como tal — o que é uma racionalização do fato de que a explicação não pode responder por elas:

> Parece que uma ciência unificada da ecologia tem contribuições definitivas a fazer no sentido da realização das metas antropológicas, não requerendo qualquer sacrifício apreciável de interesses antropológicos tradicionais. Pode, contudo requerer um sacrifício um pouco diferente, isto é, o da noção da autonomia de uma ciência da cultura (Vayda e Rappaport. 1967, p.497).

Esse sacrifício da autonomia da cultura (e da ciência cultural) seria a consequência da sua subordinação dentro de um sistema maior de coerção natural. Na medida em que esta última é concebida como uma ordem cibernética, como é comum nos estudos ecológicos, sendo a cultura incluída em uma "ciência unificada", isso também requereria o deslocamento da propriedade da "mente" da humanidade para o ecossistema. Como conjunto de relações termodinâmicas autorreguladoras, que respondem às "informações" ou a alterações significativas dos seus componentes, o ecossistema como um todo é hoje o local de uma "atividade mental" que deve, logicamente (no interesse da autoridade exclusiva do Behemoth),* ser negada em qualquer uma das suas partes. Bateson explica esses sistemas: "Podemos afirmar que *qualquer* conjunto de acontecimentos e objetos em andamento, que possua a complexidade apropriada de circuitos causais e as relações apropriadas de energia, exibirá características mentais. Ele *comparará*, isto é, responderá a diferenças ... 'Processará informações' e será, inevitavelmente, autocorretivo, quer no sentido de ótimos homeostáticos, quer no sentido da maximização de certas variáveis" (1972, p.315). Evidentemente, se qualquer um dos componentes desse sistema autorregulatório fosse capaz de impor seu próprio projeto à totalidade, o último deles se tornaria uma mera cadeia de consequências, governado apenas negativamente pelos limites de funcionamento possível. (Donde, para preservar a sistematicidade, a mente só poder ser uma propriedade do todo: "Em nenhum sistema que mostre características mentais, qualquer uma das partes pode ter um controle unilateral sobre o todo. Em outras palavras, *as características mentais do sistema são imanentes, não a esta ou àquela parte, mas ao sistema como um todo*" [ibid., p.316].)

Dentro do ecossistema, a trama interativa, ou o subsistema que envolve o homem e seus arredores imediatos, seria caracterizada por relações de retroalimentação (*feedback*) recíprocas e iguais às existentes entre quaisquer outros elementos do circuito, apesar de a transação homem-natureza ser mediada pela cultura. A cultura é aqui, simplesmente, a automediação da natureza. É somente o modo humano de resposta, e portanto sistematicamente governado, na medida em que o homem é mais que uma variável funcional do todo — um componente reativo em mútua determinação com variáveis ambientais, elas mesmas tão sujeitas ao seu objeto quanto vice-versa. Um dos exemplos favoritos de Bateson é a interação do homem com a árvore no corte da madeira:

> Consideremos um homem que corta uma árvore com um machado. Cada golpe do machado é modificado ou corrigido, de acordo com a forma do corte da árvore provocada pelo golpe anterior. O processo autocorretivo (isto é, mental) é realizado por um sistema total, árvore-olhos-cérebro-músculos-machado-golpe-árvore; e é esse sistema total que tem as características da mente imanente. [Ibid., p.371.]

---

* Behemoth — animal descrito no Velho Testamento, provavelmente o hipopótamo; em sua acepção corrente, a palavra significa algo opressivo ou de dimensões e poder monstruosos. (N.T.)

O problema é que os homens nunca "cortam madeira" simplesmente dessa forma. Eles cortam toros para as canoas, esculpem as figuras de deuses em clavas guerreiras, ou mesmo cortam madeira para lenha, mas sempre estabelecem relações com a madeira de um modo específico, uma forma cultural, em termos de um projeto significativo cuja finalidade governa os termos da interação recíproca entre o homem e árvore. Se o objetivo é produzir uma canoa, a resposta a uma mudança na árvore é uma; se a meta é a obtenção de lenha, é outra. A resposta ao último golpe depende de um objetivo que não é dado ao processo como um processo natural; esse golpe e todos os golpes que o antecedem, desde o inicial, dependem da intenção significativa. A interação determinada de árvore-olhos-cérebro-etc. foi estipulada por uma ordem simbólica; é um exemplo paradigmático da natureza subordinada a serviço da cultura. A alternativa cibernética prevista pela teoria dos ecossistemas não passa de um fetichismo ecológico mais apropriado ao seu próprio contexto cultural, do capitalismo industrial e burocrático, cujo projeto consiste igualmente em reduzir os homens e as coisas às suas especificações funcionais como elementos de um processo produtivo autodeterminante.[27]

G.P. Murdock

O fim do "terror" será a morte da cultura nobre. Em George Peter Murdock, a antropologia pode já ter encontrado o seu Robespierre. Murdock aproveitou a ocasião aparentemente apropriada da Huxley Memorial Lecture de 1971 para anunciar a morte da cultura. É interessante observar como ele finalmente chegou a esse ponto de autoconsciência metodológica. O tema central do seu *Social Structure* (1949) já repetia em seus pontos essenciais o entendimento morganiano das relações entre circunstância prática, ação utilitária e ordem cultural. Murdock pode ter sido o primeiro a divergir de Morgan em questões de metodologia e detalhes de interpretação, mas sua compreensão da estrutura social deriva em linha direta da teoria da práxis. Para Murdock, a formação de "grupos de paren-

27 "De fato, no processo de produção do capital ... o trabalho é uma totalidade ... cujas partes componentes individuais são estranhas umas às outras, de modo que o processo global como uma totalidade *não é o trabalho* do trabalhador individual, mas o trabalho de diferentes trabalhadores que estão juntos só na medida em que estão agrupados [à força] e não se reúnem [voluntariamente] uns com os outros. A combinação desse trabalho aparece exatamente como subserviente e controlada por uma vontade e por uma inteligência estranhas — estando a sua *unidade de animação* em outra parte — assim como a sua unidade material aparece subordinada à *unidade objetiva da maquinaria*, o capital fixo, que, como *monstro animado*, objetifica a ideia científica e é, de fato, o coordenador; este não se relaciona de maneira alguma com o trabalhador individual como seu instrumento; ao contrário, existe como um sinal de pontuação de um indivíduo animado, como seu acessório isolado vivo" (Marx, 1973 [1857-8], p.470).

tesco consanguíneos" — e por consequência, a classificação de parentes — representa o reconhecimento de arranjos baseados em relacionamentos determinados pelas práticas residenciais, que por sua vez respondem a exigências práticas. A prática residencial é portanto a chave dinâmica. A determinação da composição real dos agrupamentos sociais desempenha, no esquema de Murdock, um papel análogo ao desempenhado pelas uniões exogâmicas nos primeiros estágios de Morgan: o instrumento pelo qual a compulsão objetiva ou natural é reificada na forma cultural. As relações de parentesco são constituídas por uma consciência reflexiva da composição do grupo então estabelecida. Elas são as expressões articuladas de arranjos residenciais, arranjos residenciais esses que, por sua vez, refletem as "condições fundamentais de vida":

> As condições de existência de qualquer sociedade estão sempre passando por mudanças — às vezes rápidas, outras vezes lentas — em consequência de acontecimentos naturais como fomes e epidemias, de acontecimentos sociais como guerras e revoluções, de influências biológicas como uma densidade populacional em crescimento, de adaptações internas como invenções tecnológicas, e de contatos externos que podem estimular empréstimos culturais. Muitas mudanças nas condições fundamentais de vida podem exercer pressão na direção da modificação da regra existente de residência. Tão diversos são os fatores causais na mudança social, e tão poucas as alternativas nas regras de residência, que, praticamente, qualquer sociedade, independente do nível de cultura das formas existentes de organização social, pode encontrar, provavelmente, concatenações particulares de circunstâncias que favorecerão o desenvolvimento de qualquer uma das regras alternativas de residência. [Murdock, 1949, p.203.]

Assim, por exemplo:

> A residência patrilocal parece ser desencadeada por alguma mudança na cultura das condições de vida social que, significativamente, aumenta o status, a importância e a influência dos homens em relação ao sexo oposto. Qualquer modificação na economia básica é particularmente influente, pois por meio dela as atividades masculinas na divisão sexual do trabalho chegam a produzir os principais meios de subsistência. [Ibid., p.206]

Essas práticas residenciais geram alinhamentos específicos de parentes,[28] cujo "reconhecimento" — reconhecimento este que pode ser negado — estabelece grupos de parentesco tais como as linhagens e as costumeiras classificações de pessoas:

28 Murdock considera o "parentesco" um fato genealógico-natural, exatamente nos termos expostos e criticados por Schneider (Schneider, 1968; 1972).

> A residência unilocal não produz diretamente linhagens ou parentes. Simplesmente favorece o desenvolvimento de famílias extensas e demes exogâmicas, com o característico alinhamento não linear de parentes, podendo um desses levar ao reconhecimento de grupos de parentesco não localizados. O que a residência matrilocal ou patrilocal realiza é reunir, em uma proximidade espacial, grupos de parentes do mesmo sexo unilinearmente relacionados, junto com as suas esposas. [Ibid., p.210.]

Murdock resume toda a discussão em um relato do desenvolvimento de um sistema patrilocal-patrilinear, a partir de uma organização dual de clãs matrilineares. O exemplo é capital sob diversos ângulos, dos quais não é o menor o de que Murdock é levado a cunhar sua explicação como um mito de origem. Ao mesmo tempo, o próprio método de Morgan desponta claramente, não somente em termos gerais, mas através dos detalhes do crescimento da patrilinearidade a partir da matrilinearidade (embora Murdock, evidentemente, não afirme que essa tenha sido uma sequência universal da evolução). Como diz o relato, algum fator aparece no conjunto matrilinear que "confere esta vantagem à residência patrilocal", como a introdução do gado (o próprio "fator" de Morgan), escravos ou moedas de concha, acompanhado pela noção de que o prestígio é fortalecido pela poliginia (ibid., p.217). Agora, todos os homens, "ao adquirirem riquezas",[29] são capazes, ao pagarem o preço da noiva, de persuadir os pais das noivas a permitirem que suas filhas se mudem para a casa deles. E todos os homens começam a deixar algumas de suas propriedades para os filhos, em detrimento dos filhos da irmã, como no sistema matrilinear. Assim, "pouco a pouco", os laços com a "parentela patrilinear" são reforçados às expensas da "parentela matrilinear", até que as pessoas finalmente descubram que estavam usando a patrilinearidade sem ter consciência disso:

> Pouco antes de a população da aldeia se dar conta de que algo particularmente significativo tinha acontecido, ela descobriu que as casas de um lado da rua estão agora ocupadas por homens relacionados patrilinearmente, com as suas mulheres e filhos, e que um grupo semelhante vive do outro lado da rua. A residência patrilocal foi firmemente estabelecida, a herança patrilinear é aceita, e os antigos matrietas foram transformados em incipientes patriclãs. A situação está madura para o desenvolvimento da descendência patrilinear, e isso pode ocorrer muito rapidamente, caso existam sociedades patrilineares nas redondezas para servirem como modelos. [Ibid., p.216.]

---

29 Murdock, como Morgan, toma "riqueza" como uma categoria natural, praticamente do mesmo modo que aceita "parentesco" ou "parentela patrilinear" como categorias genealógicas.

A posição básica de Murdock pode ser ilustrada de outra forma, através de um confronto clássico com Leach, no qual a própria concepção de Murdock da relação entre a ordem vivida e a ordem pensada emerge claramente do equívoco. De certo modo, o erro de Murdock não chegou a sê-lo, pois reconheceu no fato de Leach privilegiar a escolha individual sobre a regra legal um desvio do paradigma estrutural-funcional semelhante à sua própria prática.[30] Com relação à aldeia sinhalesa de *Pul Eliya*, Leach disse que "as estruturas sociais são algumas vezes melhor observadas como o resultado estatístico de múltiplas escolhas individuais do que como um reflexo direto de regras legais" (1960, p.124). Para Murdock, então, foi apenas lógico concordar com Leach, invertendo a frase de modo a dizer que as regras legais são melhor observadas como o resultado de uma tendência estatística das escolhas individuais (Murdock, 1960, p.9). E isso era o que ele vinha dizendo pelo menos desde 1949.

E em 1971 a conclusão lógica evidenciou-se para ele. Naquele ano, perante a reunião dos antropólogos da Grã-Bretanha e Irlanda, evento cuja insignificância teórica só pode ser equiparada à sua solenidade, Murdock renunciou à sua adesão aos conceitos de "cultura" e "sistema social". Esses conceitos, disse ele, não passam de "abstrações conceituais ilusórias" dos "fenômenos reais" de indivíduos que interagem uns com os outros e com o seu meio ambiente em busca dos seus próprios e melhores interesses. Finalmente, Murdock se conscientizou da teoria em sua prática. Essa nova concepção da cultura não era mais que uma "abstração conceitual ilusória" do método que ele tinha utilizado durante tanto tempo:

> Parece-me agora desconcertantemente óbvio que a cultura, o sistema social e todos os conceitos supraindividuais desse tipo, tais como representação coletiva, espírito de grupo e organismo social, sejam abstrações conceituais ilusórias inferidas da observação dos "fenômenos reais" que são os indivíduos interagindo uns com os outros e com o seu meio ambiente natural. As circunstâncias da sua interação levam quase sempre a similaridades no comportamento de indivíduos diferentes, que tendemos a reificar sob o nome de cultura, e fazem com que os indivíduos se relacionem uns com os outros de maneiras repetitivas, que tendemos a reificar como estruturas ou sistemas. Na realidade, cultura e sistema social são meros epifenômenos — produtos derivados da interação social de pluralidades de indivíduos. [Murdock, 1972, p.19.]

---

30 Não obstante Leach tenha sido muito influenciado pelas técnicas estruturalistas francesas, ainda que treinado nas tradições de Radcliffe-Brown, ele é capaz de uma discordância malinowskiana com ambos, especificamente quanto à interposição de interesses práticos entre circunstância e ordem social. Isso é explicitado em *Pul Eliya*, a que se refere o exemplo acima, mas é também o caso em *Sistemas políticos dos planaltos de Burma*, na medida em que ele entende a imposição de um ou outro código alternativo (gumsa/gumlao) como uma escolha ditada pela vantagem política. Daí, a necessidade teórica de se assumir uma propensão natural para competir por prestígio, diferente apenas no conteúdo da premissa economizante da economia clássica, e para conferir-lhe o papel de uma força motora geral nos assuntos humanos (1954, p.10).

Mas não se deve deduzir que essa derivação da ontologia a partir da metodologia represente uma exceção — ao menos para as ciências sociais — da nossa tese geral de que o conceito não procede da prática. O status empírico da proposição segundo a qual a cultura é o "epifenômeno" de uma outra realidade é em si mesmo uma ilusão. O que estava presente ao longo de todo o método, e que assoma à superfície aqui como a verdadeira fonte da proposição, é a sociedade burguesa. Por conseguinte, Murdock simplesmente produz para a antropologia o mesmo tipo de redução solipsística que Max Weber tentou para a sociologia, com a mesma suspensão do coletivo ou do objetivizado em favor de intenções individuais. Ora, consideremos a noção que Murdock colocaria posteriormente no lugar da chamada cultura, ou seja, "a abordagem da tomada de decisões para o estudo dos fenômenos sociais" de Frederik Barth, uma abordagem que "focaliza os acontecimentos da vida social em lugar de seus aspectos físicos ou estatísticos, e vê o comportamento social do ponto de vista das decisões tomadas por indivíduos na 'alocação de tempo e recursos' dentre as alternativas disponíveis" (ibid., p.22-3). A anatomia do homem e do macaco: o último paradigma de Murdock é uma forma evoluída daquele contido no funcionalismo de Malinowski — ainda que o cruzamento das linhas filogenéticas seja aqui complexo, uma vez que, como se refere Kuper ao modelo de Barth, "A visão de Radcliffe-Brown da estrutura social como uma rede de relacionamentos didáticos reais tornou-se, ironicamente, a salvação do homem manipulativo de Malinowski" (1973, p.230). Mas o "homem manipulativo" revela a ascendência comum de todas essas teorias utilitárias. A ideia geral da vida social aqui expressa é o comportamento particular das partes no mercado. Toda a cultura é entendida como o efeito organizado da economia individual. A Cultura é o Negócio na escala da Sociedade. O conceito de cultura de Murdock não veio da experiência antropológica: o conceito antropológico já era uma experiência cultural.

E mais, a conclusão a partir da "experiência" de que a cultura não existe é uma ilusão dupla, já que toma como modelo de toda a vida social não a realidade da sociedade burguesa, mas a autoconcepção dessa sociedade. Acredita na aparência da cultura ocidental como sendo sua verdade, conspirando portanto para a ilusão de que ela realmente é o produto socializado da atividade prática, ignorando a constituição simbólica da atividade prática. A ciência social eleva a uma declaração de princípio teórico o que a sociedade burguesa secreta como uma ideologia operativa. A cultura é assim ameaçada com um negligenciamento na antropologia que só se equipara à consciência dela na sociedade.

O fato de que, na linha da teoria da práxis iniciada por Julian Steward, esse negligenciamento tenha levado a algum arrependimento, já pode servir como consolo.

Julian Steward

A perspectiva fundamental de Steward sobre a "ecologia cultural" é, em termos gerais, a mesma da problemática desculturada de Morgan e, no detalhamento do seu artigo paradigmático sobre os bandos patrilineares (1936), corresponde exatamente à ideia de estrutura social de Murdock. Portanto, só valeria a pena expô-la aqui para apresentar o contexto paradoxal no qual Steward, e mais tarde Murphy [1970], colocam sua ecologia cultural — como oposição à biológica. O paradoxo é instrutivo. Seu esclarecimento mostrará como a mistificação da lógica cultural enquanto *a priori* da ação econômica promove a lógica prática como determinante da forma cultural.

Em seu preâmbulo à principal questão ecológica sobre os "bandos primitivos", Stéward, de uma maneira ou de outra, arrola as mais importantes condições técnicas e sociais dos caçadores e coletores — referindo algumas à vantagem econômica, outras à natureza humana, e outras simplesmente ao fato empírico. A "propriedade" territorial se entende com base em que "qualquer animal pode se assegurar de alimento e água de uma maneira mais eficiente no terreno que habitualmente utiliza"; os grupos de família, com base em "uma excitabilidade sexual crônica" da espécie humana; e o bando de famílias, com base no fato de que "em praticamente todos os grupos humanos muitas famílias cooperam. ... Isso proporciona um tipo de seguro de subsistência" (Steward, 1936, p.332). As principais relações de produção — a divisão de trabalho por sexo — são encaradas a partir de sua generalidade empírica entre os caçadores. E isso também em relação à simples tecnologia existente, não apenas como um conjunto de ferramentas em si mesmas, mas também como um conjunto evidente em si mesmo de intenções: a provisão da "subsistência". Essa tecnologia se desenvolve em áreas de recursos alimentares limitados; daí, os caçadores nunca ultrapassarem os pequenos agregados em bando, da ordem de 20 a 50 pessoas, e apresentarem baixas densidades populacionais.

Dadas essas condições, passa-se a determinar a base ecológica das várias formas de bando; "patrilinear", "matrilinear" e "composta". Como na análise de Murdock, o elo crítico entre o meio ambiente e a estrutura social é a prática residencial. Steward concentra suas atenções sobre o tipo de bando mais difundido, o patrilinear, que ele entende como a formalização da residência patrilocal. Na primeira versão do estudo (1936), a patrilocalidade é explicada pela dominância inata do macho e pela importância econômica dos homens nas culturas caçadoras (p.333). Em uma versão posterior, a patrilocalidade é relacionada particularmente às suas vantagens econômicas em áreas de recursos animais dispersos, mas fixos: "em um meio ambiente no qual o principal alimento seja caça não migratória e dispersa, é vantajoso que os homens permaneçam no seu território geral de nascimento" (isto é, de vez que já conhecem o território) (1955, p.135). Com a patrilocalidade assim estabelecida com base na sua superioridade econômica, a estrutura do bando decorre como reconhecimento e articulação — de uma maneira agora familiar a nós. A residência patrilocal deve agregar parentes "patrilineares". Consequentemente, o tabu do incesto é imposto ao nível do bando, e o grupo é organizado como uma patrilinhagem exogâmica. Resumindo a questão em termos gerais: a eficiência econômica em um dado conjunto de circunstâncias técnicas e ambientais requer certas práticas e relações sociais (residência patrilocal) que, por sua vez, são formuladas e codificadas como uma estrutura social (bando patrilinear). Puro Morgan.[31]

A proposição também é pura práxis. Pois para ela os "padrões comportamentais de *trabalho*" "exigidos" pelo contexto ecológico é que se realizam sob forma cultural. Murphy explica a posição de Steward:

> O meio ambiente por si mesmo não é o fator crítico, pois os "padrões de comportamento" exigidos na sua exploração através do uso de certos "dispositivos econômicos" é que são os elementos-chaves. Esses padrões de comportamento são o trabalho e a tecnologia, os "dispositivos econômicos". De uma forma muito simples, a teoria da ecologia cultural está envolvida com o processo de trabalho, sua organização, seus ciclos e ritmos, e suas modalidades situacionais ... [1970, p.155].
>
> ... *Os padrões de trabalho são diretamente derivados das ferramentas e recursos* aos quais eles são aplicados, e esses dois fatores servem para limitar as atividades humanas às quais estão relacionados [p.156]. *E é da análise da atividade, em lugar da análise das instituições e valores, que a teoria deriva.*
>
> Essas atividades são aquelas pertencentes ao ciclo de trabalho e delas emerge a estrutura da sociedade Shoshone [p. 156] ...
>
> O ponto que desejo enfatizar é que o domínio da ação social envolvido na produção material, isto é, o trabalho, encontra-se subjacente ao sistema social Shoshone como um todo. Os recursos são o objeto de trabalho e aí jaz sua importância para uma compreensão da sociedade e da cultura. ... Como objetos de trabalho, eles possuem certas características imodificáveis às quais o trabalho deve se adaptar para fazê-los acessíveis à exploração. As ferramentas devem sua posição central na análise da sociedade à sua condição de instrumentos e mediadores do trabalho. O uso de ferramentas *requer* certos modos de *comportamento*, e a aplicação desses instrumentos a materiais induz a posteriores ajustes de comportamento [p.157] ...

---

31 O paradigma práxis — prática — estrutura, é generalizado por Steward na forma de "três procedimentos fundamentais da ecologia cultural": "Primeiro deve ser analisado o inter-relacionamento de tecnologia explorativa ou produtiva com o meio ambiente ... Em segundo lugar, devem ser analisados os padrões de comportamento envolvidos na exploração de uma área particular por meio de uma tecnologia particular ... O terceiro procedimento é para determinar até que ponto os padrões de comportamento requeridos na exploração do meio ambiente afetam outros aspectos da cultura" (1955, p.40-1).

> A teoria e o método da ecologia cultural não são um tipo de determinismo ambiental, nem estão mesmo basicamente preocupados com o meio ambiente. Trata-se de uma teoria cultural, sem ser "culturológica" ou "superorgânica". E mais, é uma teoria da ação, no sentido em que esse termo foi usado em sociologia. Embora reconhecendo que o comportamento é, em boa parte, regulado por normas, *vê também as normas como surgindo no primeiro plano de ação social, e sendo uma cristalização do comportamento* que, por sua vez, mantém esses padrões comportamentais [p.163] ... as ferramentas e recursos *requerem* [grifo de Murphy] alguns tipos de comportamento para serem integrados com sucesso, e essas exigências — o processo de trabalho — pressionam em seguida a estrutura social geral [p.163; todos os grifos são meus com as exceções expressas.][32]

Murphy continua fazendo uma eloquente defesa dessa "ecologia cultural", contra as reduções biológicas da "nova ecologia" (da qual Vayda, Sweet e Leeds são citados como expoentes).[33] A defesa, porém, não se faz sem contradições e, no final das contas, é difícil distinguir as duas posições, a não ser por diferenças de sentimento.

De acordo com Murphy, Steward pensava a sociedade como um modo distinto de integração e, como tal, não subordinada à natureza. Ordenada por ideias e atividades, a sociedade gozaria de uma relativa autonomia. Mas para apresentar a contradição sucintamente, as ideias são sobre atividades, enquanto que a razão dessas atividades não passa da sua eficácia prática em determinadas circunstâncias, de modo que o princípio da ordem cultural permanece sendo o princípio cultural da vantagem adaptativa. Como o próprio Murphy observa (na passagem

---

32 A interessante obra teórica de Murphy (1971) parte da mesma dualidade de ação e norma, sociedade e cultura, e das premissas irreconciliáveis de que a atividade gera ideias e a percepção é ordenada culturalmente, de modo quase sempre ilusório (por exemplo, p.34-5, 55, 90-1, 100-1). As contradições de uma interação dialética tornam-se então contradições do próprio Murphy, com a atividade antes da ideia, que é a precondição da atividade, estando essas duas proposições relacionadas por uma negatividade aleatória: por exemplo, "embora eu tenha argumentado que as ideias são geradas pela ação, elas não são apenas um reflexo dessa atividade ou uma reafirmação dela na forma simbólica e ideal. Ao contrário, as ideias, incluindo as que são normativas em uma sociedade, podem negar a realidade do comportamento, podem reinterpretá-la de acordo com outras estruturas de significado, podem simplificá-la e distorcê-la, ou podem ainda entrar em conflito aberto e consciente com a ação social. Isso não significa que o sistema normativo não esteja relacionado à conduta, pois as ideias são a precondição da atividade" (p.158).

33 "A 'nova ecologia', como devo chamá-la para distingui-la da ecologia cultural de Steward, está interessada na adaptação e coerência sistemáticas entre cultura e meio ambiente, e essa busca por encadeamento e ordem na relação causa o obscurecimento e o desaparecimento das distinções entre os dois ... As conexões entre um sistema social e o seu meio ambiente podem ser efetivamente ordenadas, mas isso dificilmente elimina as fronteiras entre os dois ... A distinção e a autonomia do sistema social derivam do fato de que sua integração reside no domínio das ideias e das atividades sociais, de modo que estas se ajustam para produzir um modo de vida coerente e ordenado. Elas estão relacionadas à natureza, mas suas modalidades encontram-se além da natureza" (Murphy, 1970, p.164).

citada), a teoria de Steward deriva mais da atividade do trabalho "do que das instituições e valores". Essas instituições e valores, consequentemente, não organizam a interconexão humana com a natureza, mas chegam à cena *post festum*, como uma cristalização das relações estabelecidas na situação de trabalho. Por outro lado, os padrões de trabalho "derivam diretamente das ferramentas e recursos"; eles são "exigidos" para a integração efetiva dos dois no processo de produção (cf. Steward, 1938, p.260-1). Tudo, portanto, leva à noção de "exigências", e a "exigência" em questão é a puramente objetiva de lidar com sucesso com o meio ambiente. As conclusões de Murphy sobre as relações de cultura com a natureza são verdadeiras, mas infelizmente não são pertinentes à ecologia stewardiana;

> Os fenômenos de ordem superior ordenam os fenômenos de ordem inferior de acordo com seus objetivos, embora não possam alterar suas propriedades. Do mesmo modo, os sistemas sociais humanos alcançam e envolvem os ecossistemas, e não o contrário, e a cultura reordena a natureza e realça as partes dela que são relevantes para a situação humana. [1970, p. 169.]

É justamente assim. No entanto, toda a filosofia de Steward se encaminha exatamente no sentido oposto. A morfologia cultural se torna inteligível precisamente nas mesmas bases que as asas de um pássaro ou as guelras de um peixe. A cultura não reordena a natureza através dos seus próprios objetivos porque, para Steward, todo objetivo, a não ser o prático, desaparece no momento da produção. A sabedoria ecológica consiste em esquecer a ordenação cultural da natureza em todos os momentos decisivos. A interação da tecnologia com o meio ambiente segundo determinadas relações de produção — sobre a qual se erige uma morfologia cultural — é considerada por Steward como um fato instrumental. Daí a ordem que é transmitida através da ação à estrutura ser a eco-lógica da adaptação efetiva.

A problemática de Steward é um padrão para o negligenciamento, no princípio teórico, da ecologia como sistema cultural. Isso é em parte uma questão de omissão, incapacidade de desenvolver ao nível do conceito o que é reconhecido de fato. Steward está bem ciente de que o caráter particular da tecnologia determina o caráter do meio ambiente, isto é, confere significância a recursos por um critério de relevância cultural. No entanto, no modo de argumentação de Steward, isto é um dado, juntamente com as relações de família e de produção (divisão de trabalho por sexo: homens caçando, mulheres colhendo). A ordenação cultural da natureza é portanto disfarçada como premissa para uma ordenação naturalista da cultura. Na realidade, a intencionalidade completa do processo produtivo é negligenciada na suposição de que essa seja uma economia de "subsistência", condenada pela pobreza dos meios técnicos a uma miserável existência.

Essa naturalização da economia do caçador-coletor é, evidentemente, o saber antropológico aceito.[34] E isso tem a ver diretamente com uma explicação "ecológica" da cultura total. Por ignorar o caráter histórico dos objetivos econômicos, tanto em qualidade como em quantidade, tanto nos bens particulares que se tenta produzir quanto na intensidade do processo, carece ainda da organização cultural da relação com a cultura.[35] Nem mesmo os caçadores estão engajados em uma simples economia de subsistência. Todo grupo distingue o comestível do não comestível e não apenas para a população como um todo, mas para classes específicas de idade, sexo e condições rituais tais como são localmente definidas. Além do mais, uma porção de exemplos dos aborígines australianos serve para mostrar que diferentes tipos de troca intergrupal têm implicações correspondentes sobre a intensidade e os padrões sociais do trabalho. Os australianos são mesmo capazes de um totemismo concreto, no qual os grupos de vizinhança se especializam na produção de diferentes objetos utilitários para comerciar a partir de materiais igualmente disponíveis para todos, duplicando, desse modo, no plano econômico, os ritos e a interdependência de grupos imaginados no sistema totêmico. Em suma, o que Steward deixa de lado é a organização do trabalho como um processo simbólico que opera tanto nas relações de produção como nas suas finalidades. A atividade da produção é, ao contrário, desconstituída culturalmente, para dar lugar à constituição da cultura pela atividade da produção.

A questão real colocada à antropologia por essa razão prática é a da existência da cultura. As teorias da utilidade já mudaram muitas vezes de roupa, mas o desfecho é sempre o mesmo: a eliminação da cultura — como objeto distintivo da disciplina. Vê-se, através da variedade dessas teorias, dois tipos principais que correm ao longo de duas estradas diferentes em direção a esse fim comum. Um tipo é naturalístico ou ecológico — por assim dizer, objetivo — enquanto o segundo é utilitário no sentido clássico, ou economicístico, invocando a familiar relação meios-fins do sujeito humano racional.

O naturalismo compreende a cultura como o modo humano da adaptação. A cultura, desse ponto de vista, é uma ordem instrumental, concebida (segundo

---

34 "Um homem que passa a vida seguindo animais apenas para matá-los e comê-los, ou passando de uma moita de fruteiras para outra, na realidade vive como um animal" (Braidwood, 1957, p.122; cf. Sahlins, 1972, cap.1; Lee e De Vore, 1968).

35 O que está faltando especificamente é a intencionalidade cultural corporificada no código de objetos desejáveis. Como Baudrillard explica com muita propriedade, um "objeto de consumo [e portanto de produção] existe da mesma forma que um fonema tem um significado absoluto em linguística. Esse objeto não adquire significado nem numa relação específica com o sujeito... nem numa relação operativa com o mundo (o objeto-utensílio); ele só adquire significado através de sua diferença dos outros objetos, de acordo com um código herárquico" (1972, p.61). Sendo este o caso, não há "necessidades a não ser aquelas [necessidades] de que o sistema necessita" e isso não se dá porque o consumo é uma função da produção, mas porque a *consummativité* é um modo estrutural de produção (ibid., p.89).

cada escola ecológica em particular) como engajada na reprodução de si mesma enquanto cultura ou na manutenção da população humana dentro de limites de viabilidade biológica. Em qualquer caso, a praxologia é "objetiva" no sentido de que a explicação consiste em determinar as virtudes materiais ou biológicas de determinados traços culturais; não há qualquer demanda teórica de que os atores façam seus cálculos diretamente em utilidades adaptativas; pelo contrário, os mais triunfantes *eurekas!* serão reservados para a demonstração de que o fazem *malgré eux*. O ato final para a cultura consiste na sua absorção, de uma maneira ou de outra, dentro da natureza. Ou a prática cultural é um modo comportamental de aparência das leis da seleção natural, exatamente como qualquer "comportamento específico de espécie", ou ela se inclui dentro de um ecossistema mais geral que, sozinho e como uma totalidade, desfruta dos poderes de autorregulação ou "mente", e cujas limitações se dão sob formas culturais.

Mais do que por uma pragmática de formas culturais, o utilitarismo subjetivo está, em contraste, preocupado com a atividade intencional dos indivíduos na persecução dos seus próprios interesses e das suas próprias satisfações. Pode-se dizer que este segundo tipo de teoria pragmática pressupõe um Homem Econômico Universal, com um conjunto relativizado de preferências, isto é, um homem agindo racionalmente em direção a metas que variam contudo de sociedade para sociedade. Essa relativização é, portanto, uma acomodação à variação cultural, mas também sua apropriação, como premissa, por uma explicação que pretende representá-la como consequência. Nessa praxologia, a cultura é tomada como um meio ambiente ou o conjunto dos meios à disposição do "indivíduo que age", e também como uma resultante sedimentada de suas maquinações autointeressadas. A solução característica da cultura é portanto solipsística na forma. Apenas os atores (e os interesses considerados *a priori* como seus) são reais; a cultura é o epifenômeno das suas intenções.

Todos esses tipos de razão prática também têm em comum uma concepção empobrecida da simbolização humana. Para todos eles, o esquema cultural é o signo de outras realidades, obedecendo no final em seu arranjo interno a outras leis e outras lógicas. Nenhum deles foi capaz de explorar a fundo a descoberta antropológica de que a criação do significado é a qualidade que distingue e constitui os homens — a "essência humana" de um discurso mais antigo — de modo que, pelos processos de valorização e significação diferenciais, as relações entre os homens, bem como entre eles e a natureza, são organizadas.

A razão cultural

Nos parágrafos iniciais deste capítulo, referi-me à relação existente entre a proposta cultural e a proposta prática como uma oposição cíclica e repetitiva à qual a antropologia se manteve presa nos últimos cem anos. Assim, exatamente como na sociedade norte-americana, onde tudo que é essencialmente o mais convencional é tido como o mais natural, começou em desvantagem a luta pelo reconhecimento da perspectiva cultural que poderia ser qualificada como uma tentativa de libertar a antropologia dos grilhões do naturalismo. Desenvolvida tanto na Europa como nos Estados Unidos, essa luta se tem caracterizado não somente por uma maior consciência antropológica a respeito do simbólico, mas também por uma penetração crescente no campo da análise do prático.

No que se refere aos Estados Unidos, os próprios discípulos de Boas tomaram a si a defesa do seu conceito de cultura como estrutura significativa interposta entre as circunstâncias e o costume. Esse conceito foi posteriormente desenvolvido, sobretudo por Ruth Benedict, que sustentou a ideia de uma lógica orientadora que reunificaria os fragmentos espalhados por Lowie, alinhavando-os para formar padrões consistentes de cultura. Segundo Benedict, a ordem seria produto da infusão de significados e atitudes comparáveis encontrados em todas as práticas da cultura. Não se tratava, é claro, de um código diferencial, mas de um *opératoire* global que organiza o meio ambiente, as relações sociais e, acima de tudo, a história, um filtro seletivo que reduziria o caos em potencial dos empréstimos culturais (a difusão) por meio de um critério de aceitação e uma atribuição de significado (Benedict, 1961 [1934]).

Na obra de Leslie White, outro conhecido antropólogo norte-americano, o paradigma de Boas convive com o de Morgan, sem que, no entanto, seja alcançada a unidade dos opostos teóricos. Essa ambivalência presente na filosofia de White pode não ser idiossincrática; constitui um reconhecimento legítimo de que a razão prática e o simbólico coabitam, sem suscitar muitos comentários ou escândalos, na maioria das teorias antropológicas. Para White, as ideias são, por um lado, o reflexo da base tecnológica, seja diretamente, seja por mediação das relações sociais igualmente determinadas por essa base. Aqui, sua formulação teórica provém diretamente da epistemologia de Morgan. As ideias que os homens elaboram sobre o mundo derivam necessariamente do modo pelo qual o conhecem pela experiência, e essa experiência, por sua vez, depende do modo pelo qual se articulam tecnicamente ao mundo:

> Os sistemas ideológicos ou filosóficos são o produto da organização de crenças nas quais a experiência humana encontra sua interpretação. Mas a experiência e, em consequência, as interpretações são profundamente condicionadas pelas tecnologias. A cada tipo de tecnologia corresponde um tipo de filosofia. A interpretação de um sistema de experiência do qual um *coup de poing** é um traço característico refletirá necessariamente esse tipo de experiência. Não seria impróprio falar em um tipo de

* Soco (em francês no original).

> filosofia *coup de poing* bem como de uma tecnologia *coup de poing* ... Um determinado tipo de tecnologia encontra expressão na filosofia do totemismo, outro tipo na astrologia ou na mecânica quântica. (White, 1949, p.365-6.)

Como as ideias decorrem das condições técnicas da percepção, a evolução da filosofia é, em sua essência, concebida por White como a passagem do estágio da falsa consciência para o estágio da verdadeira consciência, atravessando o curto período de transição da metafísica. Ao dispor de recursos tecnológicos cada vez mais eficazes para lidar com o mundo, o supernaturalismo primitivo, correspondente à representação antropomórfica de uma ignorância fundamental, deveria forçosamente dar lugar a uma filosofia científica baseada no conhecimento objetivo.

Por outro lado, White insiste no caráter único do "comportamento simbólico", isto é, um sistema de significados que independe da realidade física. Consequentemente, o modo pelo qual o mundo é "experimentado" não constitui um simples processo sensorial determinado pela exposição direta da realidade à percepção por meio da tecnologia. O poder que o homem tem de conferir significado — experiência como atribuição de significado — constrói outro tipo de mundo:

> O homem difere do macaco e, ao que sabemos, de todos os outros seres vivos por ser capaz de um comportamento simbólico. Com palavras, o homem cria um novo mundo, um mundo de ideias e filosofias. Nesse mundo, a existência do homem é tão real quanto no mundo físico de seus sentidos. Em verdade, o homem sente que a qualidade essencial de sua existência consiste em ocupar esse mundo de símbolos e ideias — ou, como às vezes ele o chama, o mundo da mente ou do espírito. Esse mundo das ideias dá provas de uma continuidade e de uma permanência que o mundo externo dos sentidos jamais poderá ter. Ele não é feito apenas do presente, mas de um passado e também de um futuro. Temporalmente, não constitui uma sucessão de episódios desconexos, e sim um *continuum* que se estende ao infinito em ambas as direções, da eternidade à eternidade. [White, 1942, p.372.]

Mas então, nessa perspectiva simbólica — que se opõe à consciência positivista e utilitária através da exposição tecnológica — a ferramenta é, ela própria, uma ideia. A ferramenta "não é um mero objeto material ou mesmo uma imagem sensorial como pode ser para um macaco. É também uma ideia" (White, 1942, p.373). Se um machado de pedra gera determinado tipo de filosofia, nem por isso deixa de ser, ele próprio, um conceito cujo significado e uso — como ocorre com todos os conceitos — são fixados, não por suas propriedades objetivas, mas pelo sistema de relações entre símbolos. Assim, a determinação tecnológica da cultura na teoria evolucionista de White atua lado a lado com a determinação cultural da tecnologia em sua teoria simbólica:

Um machado tem um componente subjetivo; não teria sentido algum sem um conceito e uma atitude. Por outro lado, um conceito ou uma atitude não teriam sentido algum sem uma clara expressão, através do comportamento ou da fala (que é uma forma de comportamento). Todo elemento cultural, todo traço cultural, tem um aspecto objetivo e subjetivo. Mas as concepções, atitudes e sentimentos — fenômenos que têm seu lugar no organismo humano — podem ser considerados, para fins de interpretação científica, num contexto extrassomático, isto é, a partir da sua relação com outras coisas e acontecimentos simbolizados, em vez de em sua relação com o organismo humano ... [Desse modo, um machado pode ser considerado a partir da sua relação] com outras coisas e acontecimentos simbolizados, tais como arcos, enxadas e costumes que regem a divisão de trabalho na sociedade. [White, 1959a, p.236.][36]

Em oposição ao paradigma fundamentalmente prático e tecnológico que o liga a Morgan, White é capaz de assumir uma perspectiva simbólica que o coloca em companhia de um nome inverossímil. Permitam-me justapor uma citação de Lévi-Strauss, transcrita anteriormente, a um texto extraído do discurso proferido por White na condição de presidente da seção de Antropologia da AAAS [American Association for the Advancement of Science — Associação Americana para o Progresso da Ciência]:

LÉVI-STRAUSS	WHITE
Se afirmamos que o esquema conceitual comanda e define as práticas, é porque essas práticas, objeto de estudo do etnólogo, sob a forma de realidades discretas, localizadas no tempo e no espaço, e distintivas de gêneros de vida e de formas de civilização, não se confundem com a práxis que ... constitui a totalidade fundamental para as ciências do homem ... Sem pôr em dúvida o incontestável primado das infraestruturas, cremos que entre *práxis e práticas se intercala sempre um mediador, que é o esquema*	Assim [com símbolos] o homem criou um novo mundo para nele viver. Certamente ele não deixou de palmilhar a terra, de sentir o vento no rosto, de escutá-lo suspirar nos ramos dos pinheiros; ele bebeu a água dos rios, dormiu sob as estrelas e levantou-se para saudar o sol. Mas já não era o mesmo sol! Nada mais era como antes. Tudo estava "banhado por luz celestial" e havia "sugestões de imortalidade" em cada mão. A água já não servia mais apenas para saciar a sede; poderia tornar a vida eterna.

36 Nesse artigo, White confere desnecessariamente à cultura uma definição contextual; em outras palavras, os "simbolados" vistos no contexto de outros "simbolados", o que coloca a carga da determinação no antropólogo — mesmo quando o local do simbólico permanece no sujeito humano — e ignora o processo real pelo qual as produções humanas são reificadas ou "objetivadas", ou seja, tornam-se "extra-somáticas". Ver Berger e Luckmann para uma discussão recente de "objetivação", presa, contudo, às notórias origens na práxis.

conceitual por obra do qual uma matéria e uma forma, desprovidas ambas de existência independente, realizam-se como estruturas, isto é, como seres ao mesmo tempo empíricos e inteligíveis. [1966, p. 130; grifo meu.]

Entre o homem e a natureza, interpunha-se o véu da cultura, e ele nada poderia enxergar a não ser através desse véu. Ele ainda usava seus sentidos. Lascava pedras, caçava cervos, acasalava-se e procriava. *Mas tudo era permeado pela essência das palavras: os significados e valores que estavam além dos sentidos. E esses significados e valores o orientavam, além de orientar seus sentidos, tendo muitas vezes precedência sobre eles.* [1958 ms; grifo meu.][37]

Ao que parece, sempre que se incursiona pela antropologia norte-americana, verifica-se, se não exatamente essa ambivalência de White, uma apropriação, de certo modo inescrupulosa, do objeto cultural pelo significado. A impressionante etnociência desenvolvida por Goodenough, Lounsbury, Conklin e outros, sobretudo a partir do legado linguístico da escola de Boas, foi agrilhoada por um conceito positivista de cultura como competência comportamental ou etnografia, consequentemente do significado como significância referencial e da análise como tradução, em termos de um código aparentemente objetivo, cuja "objetividade" encerra uma teoria. Ou, para mencionar exemplos de natureza bem distinta (ainda que igualmente impressionantes pela qualidade intelectual), os esforços de Geertz ou Schneider, por caminhos diferentes, esbarraram também em uma limitação específica do símbolo, concebido a partir da distinção entre ação e ideologia, sociedade e cultura. Essa distinção, em particular, é característica dos meios europeus, muito mais difundida na antropologia social inglesa que na norte-americana. Como suas implicações remontam a Durkheim e, depois, ao moderno estruturalismo francês — que também incorpora a tradição de Boas através de Lévi-Strauss — pareceu-me mais correto dedicar maior atenção à maneira pela qual foi concebida a relação entre utilitarismo e cultura nessa tradição. Começo por Durkheim.

Embora se tenha tornado o herói de um certo "funcionalismo" posterior, Durkheim desenvolveu sua própria posição a respeito da sociedade em contraposição à modalidade de economicismo e individualismo radical que vimos contido no projeto de Malinowski (cf. Parsons, 1968 [1937]; Lukes, 1972). Durkheim

37 É evidente que essa comparação é levemente maliciosa, pois a frase final do parágrafo de White é uma proposição que Lévi-Strauss não endossaria, embora seja *le propre* da escola de Boas: "O homem tornou-se o animal irracional."

elegeu Spencer como seu principal adversário sociológico no que se refere a essas questões, em particular na obra *A divisão do trabalho* (1949 [1893]). Portanto, paralelamente ao contraste entre Morgan e Boas, é possível estabelecer uma comparação paradigmática entre Spencer e Durkheim, cujo debate mais recente estava centrado no utilitarismo próprio ou na sua ação economicística, logo, na oposição entre indivíduo e sociedade, estando esta última relacionada à lógica material da produção e, por conseguinte, à oposição global entre cultura e natureza. Por várias razões, contudo, o exercício dessa comparação entre Durkheim e Spencer não seria tão valioso. Uma delas é a grande semelhança residual entre o "superorgânico" de Spencer e a "sociedade" de Durkheim. Mais importante é que Durkheim forjou seu conceito de social num confronto geral com a economia política clássica, e não apenas com Spencer, e portanto é mais correto entendê-lo como uma profunda crítica à autoconcepção do capitalismo que se exibia como teoria da sociedade. Tratava-se de uma crítica geral à adoção da fórmula racionalista do indivíduo que acumula como o modelo da produção social, modelo que elevava a sociedade ao status de predicado das supostas finalidades e necessidades humanas. A esse voluntarismo e intencionalismo, Durkheim opôs o fato social. As esmagadoras propriedades e poderes que lhe atribui em relação ao indivíduo representam um ataque direto à ideia que o economista liberal fazia da sociedade como produto público do interesse privado.

Portanto, a célebre advertência contida em *As regras do método sociológico* — "tratar os fatos sociais como coisas" — representava mais que uma lição aplicada à retificação positivista. Ressaltar a facticidade do fato social era precisamente uma forma de removê-lo da produção individual: "Pois tudo que é real possui uma natureza definida que impõe controle, que deve ser levada em conta e que jamais é completamente superada, mesmo quando conseguimos neutralizá-la." (1950a [1895], p.iv-vi). Todos os aspectos afirmativos da sociabilidade no esquema de Durkheim são, simultaneamente, aspectos negativos da individualidade. A questão não se reduz apenas a que o fato social seja coletivo. Trata-se da consciência em oposição ao desejo, do convencional em oposição ao espontâneo; e em vez de se originar das necessidades, que são internas, ela se impõe como coerção, que é externa. "De fato, a mais importante característica de uma 'coisa' é a impossibilidade de que seja modificada por um simples esforço de vontade" (ibid ., p.28). De maneira análoga, o móvel real das incursões de Durkheim no terreno da psicologia achava-se em sua crítica à economia. Entendia ele que a origem real do reducionismo era a ideologia do homem que calculava:

> De fato, se a sociedade é apenas um sistema de meios instituídos pelo homem para atingir determinados fins, esses fins só podem ser individuais, pois somente os indivíduos poderiam ter existido antes da sociedade. Do indivíduo, portanto, emanaram as necessidades e desejos que determinam a formação de sociedades; e se é dele que

tudo provém, é necessariamente através dele que tudo deve ser explicado. Além disso, há nas sociedades apenas consciências individuais; portanto, é nelas que se encontra a fonte de toda a evolução social.

Em consequência, as leis sociológicas só podem ser um corolário das leis mais gerais da psicologia. [Ibid., p.97-9.]

Desde cedo, observa Luke, Durkheim convenceu-se de que a economia política constituía um estágio do desenvolvimento da ciência social que precisava ser superado. Obrigada a partir do pressuposto de que "nada há de real na sociedade além do indivíduo", tal ciência não oferecia qualquer espaço teórico para a sociologia. Com relação a esse indivíduo eterno do qual fora abstraída a sociedade, Durkheim não poderia deixar de nutrir o mesmo desprezo que Marx. Esse próprio "indivíduo" era uma abstração. Privado de todas as coordenadas de tempo, espaço e história, tudo que restava era "o triste retrato do puro egoísmo" (Durkheim [1888], citado por Lukes, 1972, p.80).

Nem Malinowski nem Weber. Durkheim recusava-se a conceber a sociedade como o objeto externo da manipulação humana ou trocá-la pela realidade exclusiva do sujeito intencional. Como então se coloca Radcliffe-Brown? Seguramente, as mesmas considerações impediriam Durkheim de ser indulgente com o utilitarismo mal disfarçado do funcionalismo sociológico. Nem mesmo seu entusiasmo pela "solidariedade" o levou a supor, em princípio, que a função de um costume ou seu papel na satisfação dos *besoins sociaux* poderia dar conta de sua natureza específica.[38] Não obstante, os delineamentos do funcionalismo de Radcliffe-Brown transparecem na ontologia de Durkheim. Ao negar a economia política, Durkheim foi obrigado a reproduzir ao nível da sociedade, encarada como uma espécie de supersujeito, o mesmo economicismo que se havia recusado a admitir como constitutivo ao nível do indivíduo. Pode-se perceber muito bem essa união de opostos em um ensaio (1887) que escreveu sobre a ciência moral alemã, onde enaltece as perspectivas sociais dos historiadores econômicos G. Schmoller e A. Wagner, combatendo os liberais da "escola de Manchester". Com relação a estes últimos, escreve:

> a economia política consiste na satisfação das necessidades dos indivíduos, em particular de suas necessidades materiais. Segundo essa concepção, o indivíduo supõe-se como o único fim das relações econômicas; tudo é feito por ele e para ele. A sociedade, por sua vez, é uma invenção do pensamento, uma entidade metafísica que o estudioso

38 Mostrar em que sentido um fato é útil não é explicar por que é verdadeiro nem por que é o que é, pois os usos aos quais serve pressupõem as propriedades específicas que o caracterizam, mas não o criam. A necessidade que temos das coisas não pode determinar que elas sejam desta ou daquela forma e, por consequência, não é essa necessidade que pode retirá-las do nada e conferir-lhes existência (Durkheim, 1950b [1895], p.90; cf. p.94-5, 109-11; e 1965, p.42-4).

> pode e deve ignorar. Essa palavra apenas rotula o conjunto de todas as atividades individuais; trata-se de um todo que se reduz à soma das suas partes ...Vê-se que, basicamente, os economistas liberais são, sem o saber, discípulos de Rousseau, a quem repudiam por engano. É verdade que reconhecem que o estado de isolamento não é ideal, mas, tal como Rousseau, veem no elo social nada mais que uma aproximação superficial, determinada pela conjunção de interesses individuais. [Durkheim, 1887, p.37. Em um ensaio posterior (1965) sobre Rousseau, sua opinião muda.]

Quer dizer então que o argumento invocado contra o ser individual é exatamente o da existência de um *ser social* — e contra o poder ordenador da necessidade individual está o da *necessidade social*. A negação de que determinada prática — econômica, por exemplo — seja produto do desejo individual adquire a forma de uma insistência em sua utilidade social:

> Para [Wagner e Schmoller], ao contrário, a sociedade é um verdadeiro ser que não está, sem dúvida, acima dos indivíduos que a compõem, mas que, não obstante, tem sua própria natureza e personalidade. Essas expressões utilizadas na linguagem corrente — consciência coletiva, espírito coletivo, corpo da nação — não possuem apenas uma dimensão puramente verbal, mas expressam fatos que são eminentemente concretos. É errado dizer que o todo é igual à soma de suas partes. Pelo simples fato de que as partes mantêm relações definidas umas com as outras, porque estão dispostas de determinada maneira, algo de novo resulta de sua combinação: um ser composto, é certo, mas dotado de propriedades especiais e que, em circunstâncias especiais, pode inclusive tornar-se consciente de si mesmo ... Como ... o ser social tem necessidades próprias, entre as quais a necessidade de objetos materiais para satisfazê-las, ele institui e organiza uma atividade econômica que não é a atividade deste ou daquele indivíduo, tampouco a maioria dos cidadãos, mas a atividade da nação em seu conjunto. [Ibid., p.37-8.]

A sociedade, portanto, tem os seus próprios fins, que não são aqueles do indivíduo, e é através da sociedade, e não do indivíduo, que a atividade social pode ser compreendida. "Para um fato ser sociológico, ele deve interessar não apenas aos indivíduos considerados separadamente, mas também à própria sociedade. O exército, a indústria, a família possuem funções sociais na medida em que têm como seus objetivos um a defesa, a outra a alimentação da sociedade, e a terceira a sua renovação e continuidade" (Durkheim, 1886, p.66). Nesse caso, a teleologia utilitária não pode ser evitada. O paradigma meios-fins como um todo foi construído com base na concepção do fato social, na medida em que esse fato foi determinado por *oposição* à necessidade individual. Assim, a *vida da sociedade* era a finalidade relevante. Mas, além disso, precisamente porque foi definida como exterior e por distinção ao bem-estar individual, essa ideia de sobrevivência social produzia grande número de efeitos permanentes sobre a ideia do objeto social. Um deles era a visão de que a sociedade estava continuamente ameaçada a partir de dentro por uma guerra da parte contra o todo, e que era construída de modo a evitar esse perigo; esse conceito, que inspirou profundamente a maioria das obras do grupo do *Année Sociologique*, encontrava-se também por detrás da preocupação de Radcliffe-Brown com a "cooptação" e com a ordem legal em geral (cf. Sahlins, 1972, cap. 4). Pode ser que essa noção de luta subterrânea e dos problemas funcionais que ela apresenta à sociedade permaneça como o legado mais importante conferido à ciência social pela ideologia capitalista. É óbvio que a ênfase na vida da sociedade em oposição ao propósito individual proporcionou a base lógica para a apropriação de toda a metáfora orgânica como a ideia básica da constituição social. A tradição da sociedade como um organismo foi mantida por Radcliffe-Brown, e com ela a divisão da antropologia social ou sociologia, nos ramos das ciências naturais: morfologia, fisiologia e evolução. Ela requeria apenas a proposição de que a "função social" de uma instituição, ou sua contribuição à continuidade social, fosse também sua *raison d'être* (Radcliffe-Brown, 1950, p.62) para completar em um mesmo movimento a reversão da máxima de Durkheim para o seu contrário — e a transferência do utilitarismo do indivíduo para o super-sujeito que a própria linha inicial de argumentação de Durkheim tornou inevitável.

O conceito de simbolização de Durkheim, incluindo a muito conhecida "epistemologia sociológica", acabou vítima do mesmo tipo de dualismo, da mesma forma que se tornou, nas mãos dos seguidores antropológicos, outra forma de lógica instrumental. Lukes e outros antropólogos afirmaram, em oposição às objeções de Lévi-Strauss à derivação da representação coletiva da morfologia social, que Durkheim se tornara cada vez mais consciente da autonomia e da universalidade do significado. Talvez esse seja outro exemplo da diferença entre estar consciente de um fato e conhecer seu lugar teórico adequado. Os textos que poderiam ser persuasivamente citados em ambos os lados da questão equivalem a apenas um conjunto de paradoxos dentro da compreensão do mestre da relação do pensamento com o mundo. Outro conjunto de paradoxos é o problema (muito semelhante ao de Malinowski) da diferença entre o modo de conhecimento do sociólogo e a maneira pela qual o conhecimento é constituído na infância e na sociedade — processos tão distintos na concepção de Durkheim que isso o deixa incapaz de abarcar seu próprio programa positivista. Esse programa afirmava que os fatos sociais, precisamente porque eram "coisas", só podiam ser penetrados de fora, contanto que guiados pela percepção e sem preconcepção. No entanto, Durkheim nunca acreditou que o nosso próprio conhecimento como membros da sociedade ou, *a fortiori*, os fatos sociais tivessem o mesmo tipo de gênese. Esse dilema pode ser exemplificado por duas curtas passagens das *Regras*. Por um lado, Durkheim escreve que "toda educação é um esforço contínuo para impor na criança maneiras de ver, sentir e agir às quais ela não poderia chegar espontaneamente" (1950a [1895], p.6). Todavia, algumas páginas adiante, ele diz: "Os moralistas pensam que é necessário determinar com precisão a essência das ideias de lei e ética. Eles ainda não chegaram à verdade muito simples de que, como nossas ideias (*représentations*) das coisas físicas são derivadas dessas próprias coisas e as expressam mais ou menos exatamente, assim [como estudiosos] nossas ideias de ética devem ser derivadas da manifestação observável das regras que estão funcionando sob nossos olhos" (ibid., p.23). Durkheim se apegou simultaneamente a uma relação mediada e não mediada entre sujeito e objeto. Se o segundo se adaptava ao projeto científico, o primeiro era o destino do homem na sociedade. No entanto, a contradição era mais complexa e não deixava de apresentar certa determinação. No caso mediado, a sociedade confrontava o homem como um supersujeito cujos próprios conceitos do mundo dominavam e substituíam suas sensibilidades e depois, como um objeto, a experiência direta do que explicava empiricamente esse processo de imposição conceitual. Na condição de *locus* desse dualismo antagônico entre sociedade e sensibilidade, o homem era "duplo" na visão de Durkheim, e a dualidade do seu ser correspondia a uma oposição entre percepção (individual) e concepção (social), bem como entre gratificação egoísta e moralidade coletiva.[39]

Menciono essas convoluções dialéticas porque elas ajudam a explicar as virtudes e as limitações da problemática durkheimiana como teoria da cultura. Essas virtudes são apenas parcialmente documentadas pela influência do conceito de fato social de Durkheim na formulação de Saussure da distinção entre *langue e parole* (Doroszewski, 1933). Na *Classificação primitiva* (juntamente com Mauss) e em *As formas elementares da vida religiosa*, o próprio Durkheim desenvolveu uma noção do signo, particularmente em referência às "categorias" de classe, número, espaço, tempo, causa etc., que em muitos pontos essenciais era bastante próxima à de Saussure. Observa-se outro paradoxo do ponto de vista do caráter arbitrário do signo, uma vez que para Durkheim as categorias representavam a morfologia

---

39 Em outro artigo (1914), que dá seguimento às *Formas elementares*, Durkheim escreveu: "Nossa inteligência, como nossa atividade, apresenta duas formas muito diferentes: por um lado, são sensações e tendências sensoriais; por outro, são o pensamento conceitual e a atividade moral. Cada uma dessas duas partes de nós mesmos representa um polo separado do nosso ser, e esses dois polos não são apenas distintos um do outro, mas também são opostos um ao outro. Nossos apetites sensoriais são necessariamente egoístas: eles têm a nossa individualidade, e apenas ela, como objeto. Quando satisfazemos nossa fome, nossa sede etc., sem colocar em jogo qualquer outra tendência, é a nós mesmos, e apenas a nós mesmos, que satisfazemos. [O pensamento conceitual] e a atividade moral, ao contrário, distinguem-se pelo fato de que as regras de condutas às quais estão sujeitos podem ser universalizadas. Assim, por definição, perseguem fins impessoais. A moral começa com o desinteresse, com a ligação com alguém que não nós mesmos" (1960 [1914], p.327; cf. 1951, e Lukes, 1972, p.23-4).

social *de facto* (voltaremos a essa questão mais adiante). Entretanto, como os conceitos emanam da totalidade social, eles transcendem especificamente a experiência individual. Em vez de articularem essa experiência, eles se elevam a uma metalinguagem pela qual a experiência é organizada.[40] E uma vez que as categorias não são as particularidades da experiência, mas antes ideias gerais das particularidades (que fazem de uma experiência uma particularidade), elas não refletem especificamente a percepção, mas apropriam-na dentro de um sistema cultural relativo.[41] Finalmente, Durkheim reconhece o caráter arbitrário do signo diretamente, como uma consequência lógica da distinção entre o fato individual e o social, exatamente porque a sensação individual é somente um fato transitório que nós, como seres sociais, temos os meios e a liberdade para representar em outros termos:

> Uma sensação, uma imagem, relaciona-se sempre com um objeto determinado ou com uma coleção de objetos desse tipo e expressa o estado momentâneo de uma consciência particular; ela é essencialmente individual e subjetiva. Por isso, podemos dispor, com relativa liberdade, das representações que têm essa origem. Sem dúvida, quando nossas sensações são reais, se impõem a nós *de fato*. Porém, *de direito*, somos livres para concebê-las de modo diferente do que realmente são, de representá-las a nós como se desenvolvendo em uma ordem diferente daquela na qual realmente se produziram. Frente a elas, nada nos prende, enquanto não intervenham considerações de outro tipo [ou seja, sociais]. [Durkheim, 1947 (1912), p.14.][42]

---

40 "De fato, há um número muito pequeno de palavras que empregamos normalmente cujo significado não ultrapassa, em maior ou menor medida, os limites da nossa experiência pessoal. Com muita frequência, um termo expressa coisas que nunca percebemos ou experiências que nunca tivemos ou das quais nunca fomos testemunhas" (Durkheim, 1947 [1912], p.434).

41 "O pensar através de conceitos não é apenas ver a realidade do seu lado mais geral, mas é projetar uma luz sobre a sensação que a ilumina, penetrá-la e transformá-la. O conceber algo é aprender melhor seus elementos essenciais e também situá-lo em seu lugar; cada civilização tem seu sistema de conceitos organizado que também a caracteriza" (ibid., p.435).

42 Em outra parte da sua obra, Durkheim escreve sobre a alienação envolvida nessa apropriação da experiência individual de uma forma semelhante à que Marx apresenta nos *Manuscritos de 1844*: "Nós só compreendemos quando pensamos sob a forma de conceitos. Mas a realidade sensorial não é feita para entrar no quadro de conceitos, nem espontaneamente nem por si mesma. Ela resiste e, para submetê-la, temos de cometer alguma violência para com ela, temos de submetê-la a todos os tipos de operações laboriosas que a alteram de modo que a mente possa assimilá-la. No entanto, nunca somos completamente bem-sucedidos ao controlar nossas sensações e ao traduzi-las totalmente em termos inteligíveis. Elas só tomam forma conceitual perdendo o que há de mais concreto nelas, aquilo que as fazem falar ao nosso ser sensorial e a comprometê-lo na ação; desse modo, tornam-se algo fixo e morto. Portanto, não podemos compreender as coisas sem renunciar parcialmente a um sentimento sobre a sua vida, e não podemos sentir aquela vida sem renunciar à sua compreensão. Sem dúvida, às vezes sonhamos com uma ciência que expresse adequadamente toda a realidade; isso, porém, é um ideal do qual nos podemos incessantemente aproximar, mas nunca atingir" (Durkheim, 1960 [1914], p.329).

Portanto, para Durkheim, o fato social, acima de toda consciência coletiva, não é um simples reconhecimento da circunstância material. A oposição a essa redução levaria Durkheim, ao menos momentaneamente, além de seu próprio reflexionismo sociológico. Da determinação do esquema significativo pela morfologia social, ele passou a uma determinação da morfologia social como significativa, e da sintaxe significativa como *sui generis*: "A sociedade ideal", insistia ele, "não se encontra fora da sociedade real; é parte integrante dela. ... Uma sociedade não é constituída somente da massa de indivíduos que a compõem, o chão que eles ocupam, as coisas que eles usam e os movimentos que executam, mas acima de tudo é a ideia que ela forma de si mesma" (1914 [1912], p.422). Divergindo do materialismo histórico em gestação, Durkheim contrapôs "todo um mundo de sentimentos, ideias e imagens que, uma vez nascidos, obedecem a leis próprias. Eles se atraem, repelem, unem, dividem e multiplicam, embora essas combinações não sejam comandadas nem compelidas pelas condições da realidade subjacente" (ibid., p.424; comparar com as primeiras observações de Labriola, em Lukes, 1972, p.231). Observem que mesmo dentro da epistemologia sociológica surgiu um desvio fundamental na relação entre sociedade e natureza que podia afastar qualquer reflexionismo. A sociedade, Durkheim costumava dizer, abrange os "moldes dentro dos quais é formada a experiência humana". Consequentemente, o mundo conhecido do homem era um mundo social, precisamente *não* um reflexo, mas *de dentro* da sociedade. A história do mundo era a narrativa da existência da tribo, exatamente como o espaço geográfico podia ser explicado a partir do ponto central de uma aldeia. Os objetos dessa existência social não eram simplesmente classificados isomorficamente com o homem, em correspondência com as categorias de homens, por isso foi dado a eles um lugar dentro dos grupos humanos. ("Para os australianos, as próprias coisas, tudo que existe no universo, são uma parte da tribo; são elementos constitutivos dela e, por assim dizer, membros regulares dela, e, exatamente como os homens, elas têm um lugar determinado no esquema geral da organização da sociedade" [Durkheim, 1947 (1912), p.141].) Se, como Durkheim colocava, o universo só existe na medida em que é pensado, então ele foi abrangido dentro de uma ordem até mesmo maior; desse modo, ele não pode mais ser pensado para agir simplesmente de fora, de uma maneira puramente natural. A oposição ao marxismo foi exagerada nesse exemplo teórico. Do mesmo modo que Durkheim concordaria com Marx quanto ao reconhecimento de que "o homem não é um ser abstrato, pairando fora do mundo", ambos estão de acordo quanto à proposição corolária de uma natureza socializada ou humanizada. A descrição feita por Lukács é válida para os dois: "A natureza é uma categoria social. Isso significa tudo que é considerado natural em um determinado estágio de desenvolvimento social; contudo, essa natureza é relativa ao homem, e tudo que forma seu envolvimento com ele, isto é, a forma da natureza, seu conteúdo e sua objetividade são todos socialmente condicionados" (1971, p.234).

Esse conceito da apropriação social da natureza, da ordem natural como ordem moral, continua a informar a melhor antropologia estrutural, inglesa ou francesa. Ele foi essencial ao trabalho de Radcliffe-Brown sobre a crença e o cerimonial dos andamaneses, assim como aos seus estudos de totemismo, tabu e religião em geral. Ele também foi determinante para as iniciativas etnográficas de Evans-Pritchard e seus alunos, bem como às análises mais recentes de classificação de Douglas, Leach, Bulmer e Tambiah. Além disso, reconhece-se nesse problema-matriz da antropologia social inglesa a mesma visão geral da relação de costume com a natureza que distingue Boas de Morgan. Se o funcionalismo inglês reproduziu certo tipo de economicismo, e se o exagerou pela transposição de uma teleologia utilitária ao supersujeito social, esse mesmo movimento evitaria o naturalismo vulgar, ou o ecologismo. *The Nuer* (1940), de Evans-Pritchard, desenvolve toda a questão na sua construção, permeando o contraste entre as determinações gerais da ecologia e a especificidade do sistema de linhagem pelas suas famosas passagens sobre a constituição social do tempo e do espaço. Mas então Evans-Pritchard já havia desenvolvido os pontos essenciais de uma verdadeira ecologia cultural em sua obra sobre a bruxaria Zande (1937). Por que, perguntou ele, pessoas essencialmente racionais como os Azande, sabendo perfeitamente que suas hortas tinham sido destroçadas por elefantes e suas casas queimadas pelo fogo, ainda assim acusavam disso seus vizinhos e parentes e empreendiam ações mágicas de defesa e represália? A resposta que ele mesmo deu foi que o efeito *social* não resulta da causa natural. Embora o fogo possa ter a propriedade de queimar uma casa, não é propriedade do fogo queimar a *sua casa*. A resposta poderia ser encontrada também especificamente no nível cultural; não está na natureza do fogo queimar uma *casa*; o fogo só queima madeira. Uma vez incorporado ao domínio humano, a ação da natureza não é mais um mero fato empírico, mas um significado social. E entre a propriedade de o fogo queimar madeira e o fato de um homem perder sua propriedade não existe qualquer relação comensurável. Nem há uma resposta comensurável. Por nenhuma lógica natural a ação mágica contra um tipo específico de pessoa é consequência do processo de combustão. Um fato natural abrangido pela ordem cultural, se não cede suas propriedades físicas, não dita mais suas consequências. O "resultado" cultural particular não é qualquer predicado direto da causa natural. Em um sentido crítico, é até mesmo o oposto.

A epistemologia sociológica de Durkheim tinha seus limites enquanto teoria do significado, limites esses, contudo, que parecem estar reproduzidos nos melhores trabalhos modernos. Não me refiro ao sentimentalismo da explicação de Durkheim do totemismo australiano, a derivação de forma lógica do afeto indistinto pelo qual Lévi-Strauss o censurou — um problema também colocado pelo papel que Durkheim e Mauss (1963 [1901-2]) emprestaram à "confusão" na geração de categorias conceituais. Foi antes a diferenciação fatal entre morfologia social e representação coletiva — recriada por autores modernos como sociedade (ou sistema social) *versus* cultura (ou ideologia) — que arbitrariamente limitou a extensão de simbólico e deixou o campo aberto ao habitual dualismo funcionalista. "A sociedade", escreveu Durkheim, "supõe uma organização autoconsciente que nada mais é que uma classificação" (1947 [1912], p.443). A dificuldade foi que Durkheim derivou as categorias que a sociedade "supõe" de sua constituição já concretizada, deixando assim a forma da sociedade sem explicação, a não ser que era "natural". Daí o dualismo de estrutura social e conteúdo cultural, que continuamente ameaçava o segundo com uma redução funcional aos modelos e propósitos utilitários da primeira.

Na visão de Durkheim, como vimos, as noções fundamentais dos homens — de classe, tempo, número etc. — foram dadas, não inata ou transcendentalmente, mas na própria organização e ação da vida social:

> As primeiras categorias lógicas foram categorias sociais; as primeiras classes de coisas foram classes de homens, nas quais as coisas estavam integradas. Foi porque os homens foram agrupados, e pensavam em si mesmos sob a forma de grupos, que em suas mentes eles agruparam outras coisas, e no início os dois modos de agrupamento se misturavam ao ponto de serem indistintos. As metades foram os primeiros gêneros; os clãs, as primeiras espécies. As coisas eram pensadas como partes integrantes da sociedade, e foi seu lugar na sociedade que determinou seu lugar na natureza. [Durkheim e Mauss, 1963 (1901-2), p.82-3; cf. Durkheim, 1947 (1912), p.431-47.]

No entanto, as metades são elas mesmas categorizações (de homens), e por isso representam operações mentais das quais eles são, supostamente, o modelo original. Rodney Needham, convincentemente, fez a seguinte objeção:

> a noção de espaço teve de existir antes de os grupos sociais poderem ser percebidos para exibir, em sua disposição, qualquer relação espacial que pudesse então ser aplicada ao universo; as categorias de quantidade têm de existir a fim de que uma mente individual possa ser capaz de reconhecer uma, muitas e a totalidade de divisões da sua sociedade; a noção de classe precede necessariamente a apreensão de que os próprios grupos sociais, em concordância com os quais os fenômenos naturais são dispostos em classe, são classificados. Em outras palavras, o próprio "modelo" social deve ser percebido para possuir as características que o tornam útil na classificação de outras coisas, mas isso não pode ser feito sem as próprias categorias que Durkheim e Mauss derivam do modelo (1963, p.xxvii).[43]

---

43 Durkheim recebeu críticas do mesmo teor do filósofo contemporâneo D. Parodi, que contestou a ideia de que nossas categorias de compreensão e lógica derivassem em primeiro lugar da "maneira pela qual determinada tribo armara suas tendas". D. Parodi escreveu: "Parece manifesto, ao contrário, ... que a simples existência de cerimônias ou de trabalhos regulares, que a simples distinção entre clãs e tribos e os seus respectivos lugares no campo pressupõem as categorias lógicas e só são possíveis

Durkheim formulou uma teoria sociológica da simbolização, mas não uma teoria simbólica da sociedade. A sociedade não era vista como constituída pelo processo simbólico; ao contrário, só o reverso parecia verdadeiro. Que dizer então dos suportes das categorias, da própria sociedade? O problema da sua natureza tornou-se particularmente agudo ao nível epistemológico, pois Durkheim tinha de enfrentar a questão de como as categorias derivadas de uma formação social particular podiam provar-se adequadas para a compreensão do mundo. A resposta, em um sentido, foi amplamente satisfatória, já que reconciliou (*tout à coup*) todos os paradoxos do superorganicismo de Durkheim, combinando-os, por assim dizer, em um superparadoxo que as futuras gerações teriam de combater. A resposta a como as categorias modeladas na sociedade podiam aplicar-se à natureza foi que a própria sociedade era natural:

> Porém se as categorias não traduzem originariamente nada além de estados sociais, não deriva daí que elas possam ser aplicadas ao resto da natureza apenas como metáforas?...
>
> Porém, interpretar dessa maneira uma teoria sociológica do conhecimento é esquecer que, se a sociedade é uma realidade específica, não é sem dúvida um império dentro de um império; forma parte da natureza, é sua manifestação mais elevada. O reino social é um reino natural, que só difere dos outros por sua maior complexidade. ... É por isso que noções que se elaboraram sobre o modelo das coisas sociais podem ajudar-nos a pensar as coisas de outra natureza [observem a ideia exatamente oposta de Lévi-Strauss do "chamado totemismo"]. Ao menos, sem dúvida, quando elas se desviam da sua significação primeira, essas noções desempenham, em um sentido, o papel de símbolos; trata-se de símbolos bem fundamentados. Se, pelo fato mesmo de que são conceitos construídos, entra neles a artificialidade, é uma artificialidade que segue de perto a natureza e que se esforça por se aproximar dela cada vez mais. [Durkheim, 1947 (1912), p.18-9.]

Não vale a pena estender-se nessa recuperação da sociedade pela natureza, ou na naturalização do signo e de outras contradições para uma melhor compreensão sociológica do que Durkheim apresenta aqui. Basta indicar certas consequências da distinção entre estrutura social e conceito mental como realizadas em uma antropologia posterior. A mesma apreciação incompleta do símbolo, isto é, como simples representação de realidades sociais, continua a perseguir o funcionalismo estrutural desenvolvido por Radcliffe-Brown e outros em uma base durkheimiana.[44] O "simbólico" foi, na maior parte dos casos, tomado no sentido secundário

---

graças à intervenção anterior das ideias de tempo, espaço e causalidade" (1919, p.155ss.). Gostaria de agradecer a Mark Francillon por chamar minha atenção para essa passagem e para esse livro.

44 Jameson atribui, quase à maneira de Whorf, ao reflexo representacional na ciência social anglo-americana a preferência pelo termo "símbolo" em oposição à utilização francesa de "signo", e a tendência daí resultante de se relacionarem os termos em um sistema semiótico cujos princípios de

e derivativo de uma modalidade ideal do fato social, uma expressão articulada da sociedade, tendo a função de apoio para relacionamentos formados por processos políticos e econômicos reais. O mesmo efeito é dado pela arbitrária diferenciação entre "cultura" e "sistema social" na escola inglesa, como se as relações sociais também não fossem compostas e organizadas pelo significado. Na realidade, à medida que o significado é considerado como o mero "conteúdo cultural" de relacionamentos cuja estrutura formal é a preocupação verdadeira, o simbólico é simplesmente uma condição variável ou acidental do objeto antropológico, em vez de sua propriedade definidora. Mesmo os trabalhos mais valiosos sobre a conceitualização da natureza, o de Mary Douglas, por exemplo, tendem a trocar o valor semântico das categorias pelos seus efeitos sociais. Em termos mais precisos, um tende a ser identificado com o outro — conteúdo significativo com valor social (no sentido dado por Radcliffe-Brown) — por uma tradição que "toma como certo que o pensamento humano serve aos interesses humanos e, consequentemente, traz consigo mesmo, em qualquer momento, as configurações sociais daquele tempo e lugar" (Douglas, 1973b, p. 11). O efeito disso é uma visão unilateral do significado como diacrítica social, e da ordem cultural total como um projeto utilitário.

Reconhecendo o valor das doutrinas epistemológicas de *As formas elementares da vida religiosa*, Douglas promove a adoração de Terminus, o deus dos marcos fronteiriços. Para ela, a ordenação da natureza é uma objetificação, ou melhor, uma expressão nas regras para lidar com os objetos, da diferenciação dos grupos humanos. O significado é coerentemente sacrificado à marcação social. Os códigos culturais de pessoas e objetos, como as correspondências entre eles, são consumidos em implicações abstratas de inclusão e exclusão. Pois no projeto teórico total, o símbolo não é mais que um signo que não é gerativo de significância em virtude do seu lugar em um sistema de símbolos, mas empiricamente motivada por realidades sociais existentes, as quais, como os "interesses humanos" que se supõe constituí-las, fogem a qualquer explicação significativa.[45] Mas, então, não se

---

diferenciação ordenariam a referência objetiva. A diferença de predileções analíticas parece real, mesmo se a explicação não for inteiramente convincente (aceitando-se o uso corrente do francês da palavra *signe*): "a eficácia da terminologia anglo-americana, da palavra 'símbolo', é a de dirigir nossa atenção para o relacionamento entre as palavras e seus objetos ou referentes no mundo real. Na realidade, a própria palavra 'símbolo' implica que a relação entre palavra e coisa não seja totalmente arbitrária, que exista alguma adequação básica na situação inicial. Acontece que, desse ponto de vista, a tarefa mais importante de investigação linguística consiste em uma busca de referentes, frase por frase, uma a uma ... Saussure, por outro lado, desviou-se, devido à sua própria terminologia, de toda a questão dos referentes últimos do signo linguístico. As linhas de trajetória do seu sistema são laterais, de um signo para outro, em vez de frontais, da palavra à teoria, um movimento já absorvido e interiorizado no próprio signo como o movimento do significante ao significado" (Jameson, 1972, p.31-2).

45 "Se fossemos Deus, poderíamos ter imaginado um plano melhor? Se quiséssemos escolher um povo para nós mesmos, revelar-lhe uma visão monoteística e dar-lhe um conceito de santidade que

poderia esperar que a lógica simbólica fosse mais sistemática que "as maneiras incorretas pelas quais as pessoas usam a lógica para lidarem umas com as outras" (Douglas, 1973a, p.41). Pelo lado dos objetos e das relações sociais, essa redução simbólica envolve um esvaziamento progressivo do código semiótico e uma desconsideração para com a sua estrutura em favor de propriedades puramente formais de distinção e categorização. Uma discussão do significado com a atenção particularmente voltada para a diacrítica social permite — apenas parcialmente — a liberdade analítica para considerar o que é simbolicamente variável e problemático — digamos, uma divisão tripartida de espécies entre terra, céu e água — como *a priori* e normal. O mais importante é que, de um modo paralelo ao dualismo malinowskiano, o "cultural" não possui qualquer lógica necessária em si mesma, assim como sua ordem verdadeira é um reflexo dos grupos e relações desenvolvidos na prática social. Antes de serem listados para os propósitos de diferenciação de grupo, os elementos de um código de objeto, tais como diferenças alimentares, possuem apenas a coerência de um "fluxo ambiente de símbolos" (Douglas, 1971, p.69). Entretanto, após esse processo pelo qual são selecionados do "meio ambiente cultural" e assim classificados e inter-relacionados, eles não estão realmente em melhor condição semântica, uma vez que seu significado não é mais que a intenção social dirigente. "Se a comida é tratada como um código", escreve Douglas, "as mensagens que ela codifica serão encontradas no padrão de relações sociais que estão sendo expressas. A mensagem trata de diferentes graus de hierarquia, de inclusão e exclusão, de fronteiras e transações através das fronteiras ... As categorias de comida, por conseguinte, codificam eventos sociais" (ibid., p.61). Do mesmo modo, não são os aspectos contrastantes de espécies liminares que merecem atenção, possibilitando portanto uma discussão da maneira pela qual o mundo é culturalmente construído em relação aos homens, mas apenas mais abstratamente se a espécie é olhada com benevolência, má vontade ou ambivalência, visto que isso pode ser comparado às relações entre grupos, contanto que um deles esteja preparado para definir essas relações com o mesmo grau de indeterminação. E observem que ao prestar-se a esse empobrecimento, o social também deve sofrer uma decomposição estrutural. Um exemplo apropriado disso é a tentativa de Douglas de correlacionar a consideração atribuída a espécies

---

sentisse em sua própria carne, que faríamos? Prometer a seus descendentes uma terra fértil e cercá-la de impérios inimigos. Isso, por si mesmo, seria quase o suficiente. Uma cadeia politicamente ascendente asseguraria a hostilidade crescente de seus vizinhos. Sua desconfiança dos estranhos seria validada ainda mais completamente. Fiel ao nosso santuário e à nossa lei, ser-lhe-ia evidente que nenhuma imagem de animal, nem mesmo um bezerro, nem que fosse de ouro, poderia retratar seu deus [ou seja, na medida em que um grupo humano que se concebe como uma espécie distinta deve ver o resto do mundo como composto desse modo, ele seria tão pouco capaz de aceitar uma divindade beneficente sob forma extra-humana quanto de acolher um genro não judeu]" (Douglas, 1973a, p.40).

anômalas com tipos de trocas matrimoniais, na medida em que as várias regras — como a da troca generalizada, as exclusões Crow-Omaha, ou o casamento da filha do irmão do pai — situariam a pessoa intercalada, isto é, o afim. Douglas só chega a essa correlação entre a consideração para com o afim e as relações com as espécies intersticiais através de uma operação dupla na estrutura de troca que a dissolve (às vezes falsamente) em um coeficiente de integração entre grupos. Primeiramente, Douglas prefere ignorar as armaduras específicas e bem-conhecidas das relações intergrupais, as várias formas de ordem intergrupal, como são geradas por regras de troca marital elementares e complexas. Em segundo lugar, ela traduz essas regras e formas determinadas em implicações de distância social, não considerando mais uma vez as regras, mas sim invocando práticas *de facto* que lhe permitem ignorá-las [as regras]. Argumenta, por exemplo, que visto que se podem casar membros classificatórios das categorias preferenciais de parentesco, as estruturas elementares (incluindo a forma Lele da troca generalizada permitem uma incorporação mais radical de estranhos do que as proibições Crow-Omaha (que proíbem a repetição de intercasamentos com as mesmas linhagens).[46] Em suma, a análise de Douglas de "como os significados são constituídos" (1973a, p.31) tende a tornar-se um *fetichismo de sociabilidade*, similar ao ecológico, por substituir os efeitos sociais abstratos por formas conceituais específicas, sendo estas últimas tratadas como meras aparências dos primeiros, com o resultado semelhante de dissolver lógicas estruturais definidas em interesses funcionais incipientes.

Não quero com isso negar o sentido apurado que Douglas demonstra com relação à construção humana da experiência. E menos ainda negar a importância crítica das correspondências estabelecidas nas sociedades humanas entre categorias de pessoas e categorias de coisas, ou entre as respectivas diferenciações dessas taxonomias. Desejo apenas sugerir as limitações de uma análise que almeja fazer desmoronar a estrutura conceitual de um código de objetos em uma mensagem funcional, como se as coisas culturais fossem simplesmente versões substancializadas de solidariedades sociais, sendo estas entendidas aqui como privilegiadas e

---

46 De forma semelhante, Douglas nem sempre é cuidadosa em seus estudos de diferentes culturas ao comparar "grupos" ou processos de diferenciação da mesma ordem. Assim, a exclusividade social dos israelitas como povo é comparada às relações entre linhagens Karam ou Lele, embora a implicação do casamento da filha do irmão do pai entre os judeus, entendida por Douglas como uma indicação de desprezo pelo estranho, dividiria, igualmente, linhagem mínima por linhagem mínima dentro da mesma tribo israelita (cf. Douglas, 1973a). Mais uma vez se coloca a questão da pretensa conexão entre os afins e as espécies anômalas, através de estudos que Douglas prefere ignorar: Leach (1964) sobre os camponeses Kachin e Tambiah (1967) sobre os camponeses Thai. Nesses exemplos, a categoria da afinidade é identificável com um conjunto de animais normalmente constituído, baseada em uma lógica de grau de distância do lar, e portanto da domesticidade das espécies. Inversamente, as espécies anômalas na Polinésia são muitas vezes identificadas especificamente com as suas próprias linhagens ancestrais, como no *aumakua* havaiano (cf. Kamakau, 1964).

práticas.[47] Desse modo, no final, a verdadeira lógica do todo sociocultural é utilitária. Este é o resultado da adesão à decisiva separação durkheimiana da morfologia social da representação coletiva.

A recusa de Lévi-Strauss de conferir status ontológico a essa distinção, por outro lado — sua apropriação do social pelo simbólico — foi um passo decisivo no desenvolvimento de uma teoria cultural.[48] É bem verdade que essa recusa não desvinculou inteiramente o trabalho de Lévi-Strauss das preocupações funcionalistas (cf. Boon e Schneider, 1974), mas ao menos concedeu menos espaços para essa preocupação atuar, evitando todo e qualquer reducionismo na relação entre sociedade e ideologia. Também é verdade que Lévi-Strauss, ao levar a empresa durkheimiana a uma conclusão consistente incluindo as relações sociais dentro do sistema geral de representações coletivas, chega, no processo, a um naturalismo superior. Pode-se observar inclusive um aparente fechamento do círculo teórico: da insistência de Morgan de que o crescimento das instituições estava predeterminado e limitado pela "lógica natural da mente humana" a uma análise estruturalista cuja coda é composta por uma frase semelhante (Lévi-Strauss, 1971; 1972). Mas o curso desse processo foi mais uma espiral do que um círculo, uma vez que toda a apropriação do simbólico intervém *en route*; como já vimos, seria um erro equiparar a invocação da mente de Lévi-Strauss ao "princípio de pensamento" de Morgan, que não podia senão limitar-se a reagir racionalmente a valores pragmáticos inerentes à experiência. "O homem nunca pode ser imediatamente confron-

47 Outra forma de pensar essas limitações é observar que Douglas está jogando principalmente com relações motivadas entre *símbolos*, assim a definição do significado de um pela conexão lógica com o outro (a motivação) fará necessariamente com que a maior parte do conteúdo cultural se evapore. Douglas está realmente preocupada com o funcionamento de elementos já simbólicos (relações com afins, linhagens, conceitos de animais, tabus alimentícios etc.) como *signos* uns para os outros — usando agora "símbolo" e "signo" no sentido anglo-americano costumeiro (na verdade, a maior parte dos estudos antropológicos endereçados ao "simbólico" estão mais preocupados com essa função de segunda ordem do signo do que com a constituição da forma e do significado simbólicos). Entretanto, como aponta Roland Barthes, uma importante característica do signo motivado [em francês, *symbole*], em contraste com o não motivado, é que no primeiro não existe qualquer adequação conceitual entre significante e significado: o conceito "ultrapassa" o signo físico, por exemplo, como a cristandade é maior que a cruz (1970 [1964], p.38). É fácil constatar, portanto, que quando o significante e o significado, em uma relação de signo motivada, são símbolos por direito nato, essa inadequação é composta duplamente. Dada a relação lógica entre eles, cada um dos elementos, como por exemplo no caso dos tabus alimentares e dos grupos sociais exclusivos, pode agir alternadamente, ora como significante ora como significado do outro. No entanto, cada um continua sendo, além do signo do outro, símbolo no seu próprio domínio. Consequentemente, é muito difícil se exaurir o significado de um pela analogia (fracionária) com o outro. A análise semiótica das práticas alimentares deve transcender de longe a transferência aos grupos sociais, e vice-versa.

48 "Lévi-Strauss foi bem-sucedido porque não olhou os fatos culturais como expressões, de algum modo, de forças sociais; ao contrário, ambos foram analisados dentro de um único quadro de referência" (Kuper, 1973 p.223).

tado com a natureza da maneira pela qual o materialismo vulgar e o sensualismo empírico a concebem", escreve Lévi-Strauss. Seu apelo ao *esprit humain*, então, não provocaria curto-circuito no simbólico, mas antes arcaria com as consequências de sua própria ubiquidade. O argumento se desenvolve com base na simples premissa de que, na medida em que o mundo humano é simbolicamente constituído, quaisquer similaridades nas operações pelas quais os diferentes grupos constroem ou transformam seu projeto cultural podem ser atribuídas à maneira pela qual a própria mente é construída. Segundo a mesma premissa, as "similaridades" não podem aqui significar o conteúdo daquele projeto, mas apenas o modo de ordenação. Nunca é uma questão de significados específicos, que cada grupo executa por sua própria iniciativa, mas a maneira em que os significados são sistematicamente relacionados que, em formas do tipo "oposição binária", pode ser observada como gerais. Consequentemente, também não se trata de uma questão de "reducionismo biológico", um encargo que, no contexto da mente, uma discussão da cultura poderia igualmente provocar. Nenhum costume particular poderá ser atribuído à natureza da mente humana, pela dupla razão de que em sua particularidade cultural ela está para a mente como uma diferença está para uma constante e uma prática para uma matriz. A natureza humana, à qual Lévi-Strauss apela, consiste não em uma reunião de estruturas substanciais e fixas, mas "nas matrizes onde as estruturas pertencentes ao mesmo conjunto são engendradas" (1971, p.561).[49] Portanto, o objeto cultural, na sua integridade simbólica, permanece inteira e exclusivamente dentro da esfera da interpretação significativa. Apenas os pontos comuns da estruturação podem ser referenciados à mente, incluindo especificamente os sentidos e a transmissão sensorial, que parecem operar por princípios similares ao contraste binário (cf. Lévi-Strauss, 1971). Para além disso instaura-se o mais alto naturalismo, no qual Lévi-Strauss une-se a Marx e a Durkheim através do seu método próprio de ligar mente e natureza, ou seja, o de que, na medida em que a natureza usa, na sua própria construção, o mesmo tipo de processos — por exemplo, o código genético, a estereoquímica de

49 Nessa passagem de *L'Homme nu*, Lévi-Strauss emprega uma frase de Piaget — baseada, ao que me parece, em um estruturalismo falho de compreensão cultural (Piaget, 1971) — como uma crítica nítida a vários reducionismos biológicos. Piaget observou, com efeito, que toda forma é um conteúdo relativo à sua forma circundante, assim como todo conteúdo é uma forma dos conteúdos que ele abarca. O projeto do reducionismo, prossegue Lévi-Strauss, é o de explicar um tipo de ordem referindo-se a um conteúdo que não é da mesma natureza e que age sobre ele a partir de fora. "Um estruturalismo autêntico, ao contrário, procura acima de tudo apreender (*saisir*) as propriedades intrínsecas de certos tipos de ordens. *Essas propriedades não expressam nada do que está fora de si mesmas* [grifo meu]. Mas se é forçado a referi-las a algo externo, será necessário voltar-se no sentido da organização cerebral, concebida como uma rede da qual as mais diversas ideologias, interpretando esta ou aquela propriedade nos termos de uma estrutura particular, revelam, da sua própria maneira, os modos de interconexão" (1971, p.561).

odores — que a mente emprega para compreendê-la, há entre elas uma cumplicidade última que é a condição da possibilidade de compreensão.[50]

Pareceria, contudo, que o problema principal do "reducionismo" que aflige constantemente o estruturalismo moderno consiste em um modo de discurso que, dando à mente todos os poderes da "lei" e da "limitação", acabou por colocar a cultura em uma posição de submissão e dependência. Todo o vocabulário das leis "subjacentes" à mente confere toda força de coerção ao lado mental, ao qual o cultural pode apenas responder, como se o primeiro fosse o elemento ativo e o segundo apenas passivo. Talvez fosse melhor dizer que as estruturas da mente são menos os imperativos da cultura do que seus implementos. Eles compõem um conjunto de possibilidades organizacionais à disposição do projeto cultural humano, projeto, no entanto, que governa seu entrosamento de acordo com a sua natureza, exatamente como governa seu investimento com conteúdos significativos diversos. Como explicar a presença na cultura de estruturas universais que, não obstante, não são universalmente presentes? E, em um outro nível, como lidar senão pela invocação de um superorganismo, com essas contradições em termos de "consciência coletiva", "representação coletiva" ou "pensamento objetificado" que atribuem a uma entidade que é social uma função que nós conhecemos como individual? Para responder a todas as questões desse tipo, será necessário situar o equipamento mental humano antes como instrumento do que como determinante da cultura.

Na realidade, nos afastamos muito do "princípio de pensamento" de Morgan. Porém, ainda falta fazer a crítica específica da posição morganiana contida dentro da perspectiva estruturalista. Eu ilustraria essa crítica lançando mão do notável trabalho de Lucien Sebag, *Marxisme et structuralisme*, onde se pode reconhecer uma tese que também é essenciamente de Boas. Aqui, o olho que vê é considerado em sua particularidade cultural. É impossível derivar o cultural diretamente da experiência ou do acontecimento, na medida em que a prática se desdobra em um

---

50 "A natureza aparece cada vez mais como construída de propriedades estruturais indubitavelmente mais ricas, embora não diferentes em espécie dos códigos estruturais nos quais o sistema nervoso as interpreta, nem das propriedades estruturais elaboradas pela compreensão a fim de voltar, na medida do possível, às estruturas originais da realidade. Reconhecer que apenas a mente é capaz de compreender o mundo que nos cerca porque ela, em si mesma, é parte e produto deste mesmo mundo não significa ser mentalista ou idealista. Por conseguinte, a mente, enquanto tenta compreender o mundo, só aplica operações que não diferem em espécie daquelas que ocorrem no próprio mundo natural" (Lévi-Strauss, 1972, p.14). Lévi-Strauss vê essa perspectiva como "o único tipo de materialismo consistente com a maneira pela qual a ciência se desenvolve" (ibid.). E ela é totalmente consistente com a visão de Marx: "A própria História é uma parte *real* da *história natural*: da natureza que vem a ser homem. As ciências naturais chegarão a incluir a ciência do homem, da mesma forma que a ciência do homem incluirá as ciências da natureza; haverá *uma* só ciência" (Marx, 1961 [1844], p.111). Ver às p.269-73 algumas tentativas de uma integração substancial de estruturas culturais e perceptivas.

mundo já simbolizado; assim, a experiência, mesmo quando ela se depara com uma realidade externa à linguagem por meio da qual é compreendida, é construída como uma realidade humana pelo conceito dela (cf. Berger e Luckmann, 1967). A tese não é mais que uma dedução imediata da natureza do pensamento simbólico. O significado é sempre arbitrário em relação às propriedades físicas do objeto significado; por conseguinte, o conceito refere-se, em primeiro lugar, a um código de distinções próprio à cultura em questão. Sebag desenvolve a ideia no contexto da alternativa marxista corrente, que, objeta ele:

> remete a totalidade das significações ao sujeito em fornecer, entretanto, os meios de tematizar efetivamente essa constituição de sentido.
>
> É em direção a essa tematização que tendem as distinções que retomamos depois de outras; elas excluem a possibilidade de uma gênese histórica ou lógica da sociedade em seu conjunto a partir da práxis constitutiva dos indivíduos e dos grupos, pois essa práxis se desenvolve em um universo já simbolizado e não é concebível qualquer surgimento anterior dessa simbolização. [1964, p.142.] [Em francês no original.]

Mas seus comentários sobre a experiência da natureza também são diretamente relevantes para a antropologia convencional da práxis:

> A interferência entre natureza e cultura não provém então da sua colocação em relação extrínseca, mas de uma culturalização da realidade natural. A natureza torna-se cultura não em razão da existência de um sistema de equivalências que faria corresponder a cada unidade de um domínio uma unidade emprestada a um outro domínio,[51] mas através da integração de certo número de elementos naturais a um tipo de ordem que caracteriza a cultura. Ora, essa característica é própria de todo sistema simbólico e mais profundamente de todo discurso, desde que a mensagem que ele veicule suponha uma codificação suplementar em relação à da língua; ela pode ser definida como se segue: utilização de uma matéria retirada de outro registro que não este onde funciona o sistema, matéria que pode ser natural (cores, sons, gestos etc.) ou cultural (a fornecida por sistemas semiológicos já construídos) e aplicação a essa matéria que é ordenada em si mesma de um princípio de organização que lhe seja transcendente.
>
> O arbitrário do signo, resultado da associação de dois planos distintos do real, encontra-se reduplicado pela integração de cada unidade significante (integração que é a própria lei dessa associação) em um sistema diferenciado que permite o surgimento do efeito de sentido. [Ibid., p.107-8.] [Em francês no original.]

---

51 Compare-se com Rappaport (1967), que encontra oculto no "meio ambiente apropriado conceitualmente" e nas práticas rituais da sociedade a maior sabedoria biológica da adaptação. As distinções da natureza reaparecem portanto na tradução cultural, sendo a segunda apenas um meio de forçar uma aderência às primeiras (cf. Friedman, 1974).

As ressonâncias da primeira viagem de Boas aos esquimós aparecem claramente no texto de Sebag. Mais que uma prática ou interesse "econômico", a sociedade comporta significados desenvolvidos por toda a ordem cultural. Para os homens, não pode haver qualquer interesse ou significância práticos nos objetos de consumo, tal como é característico nos animais, cuja relação com o objeto é precisamente confinada às coisas como elas são:

> A fecundidade da geografia humana, sem dúvida, nunca é tão grande quanto a possibilidade que ela tem de estudar como, a partir de condições naturais globalmente idênticas, certas sociedades do mesmo tipo organizam o espaço, o ciclo de atividades produtivas, a preparação do terreno, os ritmos de utilização do solo etc. Os determinismos entrevistos são de uma ordem diferente da daqueles que impõe o meio; cada sociedade poderia ter feito a mesma escolha que a vizinha e não a fez por motivos que são o signo de seus objetivos essenciais.
>
> Vê-se então em que sentido a noção de infraestrutura pode encontrar um sentido relativo: trata-se sempre do limite do espírito, do que é irredutível a certo nível de funcionamento da sociedade. A criação de determinada espécie de animais, a prática de determinado tipo de cultura são o produto de um trabalho permanente do intelecto que se exerce sobre um certo meio natural; a fabricação de instrumentos, o trabalho da terra, a utilização ordenada e regular do universo animal supõem grande quantidade de observações, de pesquisas, de análises que não podem, de modo algum, ser levadas a termo de maneira fragmentada; elas só tomam forma através da mediação de um sistema de pensamento bem mais vasto que ultrapassa o plano tecnológico ou simplesmente econômico. Nesse sentido, estes últimos não possuem um caráter mais natural do que qualquer outro aspecto da cultura de uma sociedade. [Sebag, 1964, p.216.]

Ao confrontar os últimos desdobramentos do estruturalismo com Morgan e Boas, tentei mostrar a continuidade da luta da antropologia contra seu próprio naturalismo, que é também, por assim dizer, uma luta contra sua própria natureza cultural herdada. Mas a possível relação que essa paroquial controvérsia possa ter com o marxismo requer outro capítulo inteiro: o próximo.

3 A ANTROPOLOGIA E OS DOIS MARXISMOS
problemas do materialismo histórico

À primeira vista, o debate entre a razão prática e uma teoria antropológica da cultura não parece ter qualquer implicação direta com Marx. Ou pelo menos Marx não está envolvido nele. A concepção materialista da história certamente não é um reducionismo funcional, uma vez que não concebe a sociedade como uma modalidade de processos biológicos (darwinismo social). Esse ponto de vista é encontrado no marximo, mas não em Marx (cf. Schmidt, p.47). Nem o materialismo de Marx foi ingênuo a ponto de entender o pensamento e a consciência como simples reflexo da percepção. Esta tem sido a posição de marxistas famosos, mas não a de Marx (cf. Lenin, 1972 [1920]; Cornforth, 1971 [1963]; Avineri, 1971, p.65-7; Schmidt, 1971, p.51ss.). Além disso, o economicismo de Marx nunca foi o economicismo grosseiro do indivíduo empreendedor, contraposto a um meio social que ele manipula segundo os seus interesses. Para Marx, "o indivíduo é o *ser social*": o homem só é homem enquanto membro da sociedade, da mesma forma que o tão louvado "indivíduo" poupador, através do qual a sociedade ocidental se representa a si mesma, é o produto alienado dessa sociedade, sua autoconcepção ideológica.[1] Em relação a todas essas ideias, Marx diria mais uma vez que caso isso fosse marxismo ele não seria marxista. Seu naturalismo, como frequentemente se observa, era uma síntese do ativismo de Hegel menos o idealismo, com o materialismo de Feuerbach menos o reflexionismo contemplativo. Habermas coloca a questão claramente: "'O lado ativo' que o idealismo desenvolveu em oposição ao

1 "O que deve ser evitado, sobretudo, é o estabelecimento da 'Sociedade' como uma abstração em face do indivíduo. O indivíduo é um *ser social*. Sua vida, ainda que não apareça sob a forma de *vida comunal* conduzida junto aos outros, é, por conseguinte, uma expressão e confirmação da vida social...

"O homem, por mais que possa ser, consequentemente, um indivíduo *particular* (e esta é, precisamente, a particularidade que o torna um ser social *individual* real), é uma *totalidade* — a totalidade ideal, a existência subjetiva do pensamento e do presente da sociedade experimentada por si mesma" (Marx, 1961 [1844], p.105; cf. 1973 [1857-8], p.88ss.).

materialismo deve ser compreendido materialisticamente" (1971, p.26-7; cf. Livergood, 1967). O homem faz a si mesmo e à sua consciência através de sua atividade prática no mundo, atividade que até no seu movimento mais solitário anuncia literalmente (visto que utiliza a linguagem) a presença de outros. Ao transformar o mundo devido à necessidade de nele produzir, o homem é transformado em si mesmo e em sua relação com outros.[2] Essa dialética se origina na produção, pois no processo de satisfação de suas necessidades o homem produz novas necessidades; mesmo quando atua com meios e os recursos à mão, ele altera as condições materiais de sua atividade. Alterando suas condições e objetivos, irá alterar necessariamente suas concepções, na medida em que essas concepções provêm da consciência do seu ser objetivadas nas alterações produzidas, assim como das relações mantidas com os outros nessa produção. Através do desenvolvimento de novas forças produtivas e de relações de produção correspondentes, o homem desenvolve uma natureza histórica que determina, para ele, o caráter da natureza viva e tanto o caráter espiritual quanto o político da sociedade. A natureza passa a ser então uma "natureza humanizada", relacionada, tanto em seus efeitos como na sua concepção, à constituição da sociedade. "Mas a natureza ... tomada abstratamente, por si mesma — a natureza compreendida isoladamente do homem — *nada* significa para o homem" (Marx, 1961 [1844], p.169). A relação da sociedade com as circunstâncias objetivas é mediada por um sujeito histórico. Em consequência disso, de forma mais completa, a posição de Marx sobre cultura e natureza — sua apreciação da cultura humana como uma intervenção na natureza física — vem de encontro a uma corrente antropológica posterior.[3]

Na verdade, porém, o paradigma nunca foi inteiramente simbólico. Uma maneira de ver que não é totalmente simbólica é observar que, ao determinar o conceito (a ideia, a categoria) como uma representação da experiência concreta, como a realidade do mundo vista como algo construído, Marx atribui significado através de uma propriedade especificamente oposta à sua qualidade simbólica, isto é, como "livre de estímulo". Na visão de Marx, o processo de experimentação

---

2 "O trabalho é, em primeiro lugar, um processo do qual tanto o homem quanto a natureza participam, e no qual o homem, espontaneamente, provoca, regula e controla as reações materiais entre ele mesmo e a natureza. Ele se opõe à natureza como uma das forças que a constituem, colocando em ação braços e pernas, cabeças e mãos, as forças naturais do seu corpo, a fim de se apropriar das produções da natureza numa forma adaptada a seus próprios desejos. Ao agir dessa maneira sobre o mundo externo, transformando-o, o homem, ao mesmo tempo, transforma a sua própria natureza" (Marx 1967 [1867], 1:77).

3 "A natureza deve ser expressa em símbolos; a natureza é conhecida através de símbolos que são, eles mesmos, uma construção sobre a experiência, um produto da mente, um artifício ou produto convencional, e consequentemente o reverso do natural" (Douglas, 1973a, p.11; cf. Lévi-Strauss, 1966).

pelo qual o conceito se forma é exatamente o inverso do que caracteriza sua existência como significado, ou seja, não ser limitado a nenhuma situação objetiva concreta. Quando Marx, em seu trabalho posterior, dedicou-se à análise da sociedade e da história em si — desenvolvendo sua concepção materialista da história — esta teoria do conhecimento poderia ter se tornado muito deficiente. Isso porque o significado se transformaria então em uma nominalização, e os conceitos culturais se refeririam, por um lado, a uma lógica com eficácia instrumental, e por outro a uma pragmática de interesse material (ideologia de classe). Por conseguinte, houve um segundo momento na teoria de Marx, o momento do materialismo histórico, integrado ao primeiro em sua obra, mas distinto dele no mesmo sentido em que a teoria da práxis na antropologia se distingue de uma avaliação cultural. Assim, a cultura só se explicita na mediação entre homens e a natureza para ser dissolvida por ela, naturalisticamente, no famoso "metabolismo" do processo.

A ordem cultural de produção, por assim dizer, foi naturalizada em aspectos decisivos, para gerar as superestruturas como formas culturalizadas de uma ordem natural. É claro que Marx nunca supôs que a natureza, embora a relação humana para com ela seja variável, tenha perdido sua autonomia. A natureza continua sendo refratária, irredutível, em si mesma. Mas o problema especificamente antropológico da teoria materialista foi que o lado humano da relação também tendia a ser colocado na natureza, particularmente, à custa da cultura. O problema da variabilidade histórica da ordem cultural teve de ser explicado, e nessa tentativa ocorreu, no duplo sentido, uma transferência de sujeito da explicação para o predicado. Em outras palavras, a história foi abstraída do sujeito humano. Em momentos teóricos críticos, o homem aparece, em sua essência, como uma criatura com *necessidades* e sob a necessidade evidente para si mesmo de atuar *intencionalmente* sobre a natureza, com os recursos materiais à mão. Ao mesmo tempo, os recursos econômicos são tomados agora como um "dado" — um determinado estado das forças produtivas: abstração positivista da construção cultural existente que tem a função de torná-la neutra e inerte. A organização cultural torna-se precisamente os "meios" de um projeto natural-material de satisfação de necessidades. Daí deriva a segunda transferência da cultura para a condição de predicado. A ordem social e o pensamento social são consequências da teleologia prática da produção, traduzindo, à sua maneira, "a lógica objetiva da situação de trabalho" (Schmidt, 1971, p.30). Desse modo, a ação de produção, naturalizada, escapa imediatamente a uma determinação simbólica e a supera dialeticamente para determinar-se no sistema simbólico. A infraestrutura responde à maior sabedoria das coisas-em-si-mesmas, e a antropologia de Marx vem após a produção, mas não está *dentro* dela.

O restante deste capítulo elabora esses pontos com mais detalhes, mas praticamente tudo já foi dito.[4]

Momentos culturais e naturais na teoria materialista

Dentro do pensamento de Marx, a simples realização da natureza objetiva na cultura humana — quer a realização seja direta ou mistificada, e a natureza externa ou humana (biológica) — foi desde o início uma impossibilidade. *Os manuscritos de Paris* já fazem desse materialismo mecanicista uma impossibilidade. Na condição de um ser consciente de si mesmo e intencional, o homem transforma-se no objeto de sua própria compreensão, reconhece-se a si mesmo nos objetos naturais transformados por sua atividade. Desse modo, ele vê a natureza como uma "natureza humanizada" ou transformada:

> Porém o homem não é apenas um ser natural; ele é um ser natural *humano*. Isso significa que ele é um ser para si. Consequentemente, é um *ser em espécie*, e deve confirmar-se e manifestar-se como tal em seu ser e em seu conhecer. Por conseguinte, os objetos *humanos* não são objetos naturais tal como se apresentam imediatamente, e nem tampouco o *sentido humano* — tal como é imediata e objetivamente — é sensibilidade *humana*, objetividade humana. Nem a natureza objetiva nem a natureza subjetiva são dadas diretamente em uma forma adequada ao ser *humano*. [1961 (1844), p.158.]

Nessa problemática, o conceito cultural não é uma questão de semiótica, ainda que a contribuição seja amplamente a mesma da de uma antropologia verdadeiramente cultural. Tanto para Marx como para Boas (talvez em virtude de biografias intelectuais diferentes), a natureza conhecida para qualquer grupo humano é um conceito histórico.[5] Boas só chegou à conclusão de que o olho que vê

---

4 No curso deste capítulo, concentro-me nas similaridades e diferenças entre Marx e a antropologia recente que foram levantadas no sumário que abre esse capítulo. Devido às grandes controvérsias acadêmicas sobre a relação existente entre os pensamentos de Engels e Marx, deixo de lado, em sua maior parte, os comentários de Engels sobre a concepção materialista da História. Também não procedo a nenhuma avaliação geral dos estudos etnológicos de Marx ou da sua relação com o estágio atual do conhecimento antropológico. Sobre esse assunto, ver Firth, 1972; Krader, 1972; 1973a, b; e Harris, 1968, p.217-49, entre outros.

5 "Exatamente como na visão de Marx, não há qualquer sucessão de ideias puramente imanente tal como 'a história intelectual' poderia investigar, do mesmo modo que a natureza não modificada, historicamente pura, não existe como objeto do conhecimento natural-científico. A natureza, a esfera do regular e do geral, está, em cada caso, relacionada tanto em amplitude quanto em composição, com as metas de homens organizados em sociedade, metas que despontam de uma estrutura histórica definida. A *prática histórica* dos homens, sua atividade física, é o elo de conexão progressivamente mais efetivo, entre as duas áreas aparentemente separadas da 'realidade'" (Schmidt, 1971, p.50).

é o órgão da tradição depois que Marx escreveu que "a *formação* dos cinco sentidos é um trabalho de toda a história do mundo até o presente" (1961 [1844], p.108). Lévi-Strauss só pôde caracterizar o "pensamento selvagem" como um tipo que "não distingue o momento da observação do da interpretação" (1966, p.233) depois de Marx haver escrito sobre uma sociedade do futuro — que, como a sociedade "primitiva", saberá viver sem a propriedade privada — na qual os sentidos "tornam-se diretamente teorizantes em sua prática" (1961 [1844], p.107). No decorrer desse desenvolvimento, os sentidos foram teóricos mesmo se apenas de uma natureza deficiente e unilateral: "o negociante de minerais só vê o valor mercantil, mas não vê a beleza e a natureza únicas do mineral; ele não possui qualquer sentido mineralógico" (Ibid., p.109). Marx insistia portanto no fato de que a natureza externa é socialmente relativa, dependendo do estágio alcançado e dos objetivos da sociedade. Os modos e objetivos históricos de lidar com ela fornecem a estrutura através da qual a natureza é constituída para o homem. Habermas comenta:

> Embora epistemologicamente devamos pressupor a natureza como existente em si mesma, nós mesmos só temos acesso à natureza através da dimensão histórica descerrada pelo processo de trabalho. Aqui, a natureza sob forma humana faz a mediação de si mesma por meio da natureza objetiva, base e ambiente do mundo humano. Por conseguinte, a "natureza em si" é uma abstração que é um pré-requisito do nosso pensamento. Porém, sempre nos deparamos com a natureza dentro do horizonte do processo autoformativo, mundial e histórico da humanidade. [Habermas, 1971, p.34][6]

Marx partiu de certo tipo de "materialismo contemplativo" — baseado na noção de um indivíduo abstrato, refletindo passivamente um mundo imutável — para uma epistemologia baseada na prática e uma prática situada na história. O conhecimento do mundo é adquirido através da ação exercida sobre ele, especialmente através da transformação por ele sofrida, que é impulsionada pela necessidade (ou seja, a produção). (A interação sujeito-objeto corresponderia a algo semelhante "à secundariedade" de C.S. Peirce: conhece-se a porta pela resistência que ela oferece aos nossos esforços; adquire-se autoconhecimento pela força necessária para movimentar a porta.) Nesse mesmo sentido, os mundos humano e natural devem mudar na consciência dos homens através de mudanças sucessivas (e dialéticas) na sua atividade terrena. Marx escreveu, em uma passagem muito conhecida da *Ideologia alemã*, que Feuerbach

6 Ao citar Habermas, simplesmente o escolhi entre diversas excelentes análises desses pontos da teoria marxista que surgiram nos últimos anos. Entre elas temos Avineri, 1971; Bernstein, 1971; Kolakowski, 1969; McLellan, 1970, 1971a; Mészáros, 1972; Ollman, 1971; Schaff, 1970; Schmidt, 1971; e Wellmer, 1971, para citar apenas uma pequena amostra.

não vê que o mundo sensível que o rodeia não é algo diretamente dado desde toda eternidade e sempre igual a si mesmo, mas o produto da indústria e do estado da sociedade, no sentido em que é um produto histórico, o resultado da atividade de toda uma série de gerações, cada uma das quais se apoia nos ombros da anterior, que desenvolve sua indústria e seu intercâmbio, modificando sua organização social de acordo com as novas necessidades. Até mesmo os objetos da mais simples "certeza sensorial" são dados somente através do desenvolvimento social, da indústria e do intercâmbio comercial. [Marx e Engels, 1965, p.57.]

Friso não apenas a especificação social da natureza, mas também da "necessidade" e do objetivo, por conseguinte a *especificação social da função tecnológica.* A natureza tomada por si mesma existe para o homem da mesma forma que a tecnologia descerra seu conceito por sua forma objetiva. Marx continuou a manter essa posição em suas obras econômicas posteriores, defendendo-a de duas formas. A primeira através de uma discussão que teve com economistas a respeito das qualidades eternas das categorias burguesas. Marx observou que as categorias econômicas, através das quais a tecnologia é apreendida — na sociedade na qual se insere e por seus acríticos "economistas vulgares" —, são uma linguagem constituída independentemente do objeto técnico como tal. Essas categorias representam não as propriedades do objeto, mas a forma pela qual ele é usado em um momento histórico determinado: a integração dos meios técnicos por um sistema determinado de relações sociais. Essa observação faz parte de uma ampla discussão no sentido de afirmar que as categorias conscientes são formas manifestas (modos de aparência) do próprio sujeito em questão. Na verdade, toda a superestrutura cultural está presente na produção das categorias econômicas.[7]

O fato de Marx não ter vinculado as categorias econômicas às propriedades tecnológicas foi motivado pela sua posição mais geral, contrária à determinação pelo conceito, isto é, contra o idealismo. Mas nesse caso ele também provaria o inverso: que a tecnologia como tal também não pode ser responsabilizada pelas categorias, visto que não há qualquer correspondência específica ou adequação entre as duas. O mais famoso exemplo de descontinuidade foi a desmistificação a que Marx procedeu da noção de "capital" como sendo o estoque dos meios materiais produtivos, uma vez que o "capital" é apenas uma forma histórica particular na qual os meios podem existir:

Um negro é um negro. Apenas sob certas condições ele se torna um escravo. Uma máquina de fiar algodão é uma máquina de fiar algodão. Apenas sob certas condições

7 "Por exemplo, a categoria econômica mais simples, digamos, o valor de troca, pressupõe a população, mais exatamente uma população que produza dentro de relações específicas; assim como um certo tipo de família, ou comuna, ou Estado etc. Ela não pode existir senão como uma relação abstrata, unilateral, dentro de um todo já dado, concreto, vivo" (Marx, 1973 [1857-8], p.101; cf. p.297).

> ela se torna *capital*. Removidas essas condições, é tão pouco capital como o ouro em si mesmo é dinheiro, ou como o açúcar é o preço do açúcar. [Marx, 1933 (1849), p.28; 1967, 3:814ss.]

Mas assim como o "capital" não é "maquinaria", também a "maquinaria" não pode ter qualquer significado social se retirada da sua integração em um sistema dado. "A maquinaria é uma categoria econômica", observou Marx, "da mesma forma que o boi que puxa o arado. A aplicação das máquinas nos dias de hoje é uma das condições do nosso atual sistema econômico, porém a maneira em que são empregadas é algo totalmente distinto das próprias máquinas" (Marx a Annenkov, 28/12/1846, em Marx e Engels, 1936). As implicações dessa desconexão entre os meios produtivos e a sua concepção social merecem ser enfatizadas, mesmo se devidas apenas à aparente contradição com outras máximas igualmente famosas do materialismo histórico (ver adiante, p.158-61). Nesse caso, no entanto, Marx se baseia na posição de que a ordem social (incluindo as relações de produção) não é determinada pela natureza dos meios tecnológicos. A sociedade não é especificada por tecnologia, nem pode ser pensada como uma "expressão" dela. Em alguns aspectos extremamente importantes, ocorre exatamente o contrário. E essa subordinação da tecnologia à cultura, se nos pudermos expressar dessa forma, pode ser integrada a uma argumentação marxista mais abrangente — dado sobre o qual se insiste muito atualmente — das mediações da base pela superestrutura. "Pois se o econômico é o 'determinante último'", como nos lembra Mészáros (1972, p.115), "ele é também um 'determinante determinado'; não existe fora do complexo sempre concreto e historicamente mutável, de mediações concretas, incluindo as mais 'espirituais'."

Os *objetivos* concretos de produção são igualmente uma especificação geral de ordem sócio-histórica. Esse é um segundo argumento dos estudos econômicos de Marx que fala da abrangência da infraestrutura material. O argumento que utiliza é que não se pode determinar a natureza do que é produzido — ou seja, o caráter dos valores de uso — simplesmente a partir da natureza das necessidades humanas ou do fato de que a produção as satisfaz. Essas necessidades "humanas" são abstratas, a-históricas. Mas "nossos desejos e prazeres", observa Marx, "têm origem na sociedade; por conseguinte, nós os medimos em relação à sociedade, e não em relação aos objetos que servem para sua gratificação. De vez que são de natureza social, são de uma natureza relativa" (1933 [1849], p.33). Daí decorre que as ferramentas correspondem em seu uso a uma intenção social:

> No processo de trabalho, por conseguinte, a atividade dos homens, com o auxílio dos instrumentos de trabalho, provoca uma alteração planejada desde o começo no material trabalhado. O processo desaparece no produto; este último é um valor de

> uso, um material da natureza adaptado por uma mudança de forma aos desejos do homem. [Marx, 1967 (1867), p.180.]

Na realidade, o sistema de produção como um todo, visto que não é simplesmente a reprodução de uma existência física humana, mas sim a reprodução de "um modo de vida definido" (Marx e Engels, 1965, p.32), é um domínio de intencionalidade cultural.

O etnólogo do século XX encontra, nos primeiros momentos da teoria materialista, um terreno familiar. Reconhece na concepção materialista da história uma mediação entre cultura e natureza, que não foi respeitada, por exemplo, na discussão de Morgan sobre os primeiros estágios da sociedade, mesmo considerando-se a admiração de Marx por essa discussão. Reconhece na concepção de Marx uma tomada de consciência nascida da estrutura da sociedade, um dado histórico sob o qual se desenrola a interação material. Observa-se também que a recusa de Marx das reduções inter-relacionadas do conhecimento à natureza, da sociedade à tecnologia, e da produção à necessidade teria logicamente como uma marca positiva a invenção do simbólico, pois esse tem que dar conta de uma estrutura de pessoas e coisas que não pode ser referenciada à sua natureza física. E finalmente, o mesmo poderia ser aplicado à fuga de Marx de todas as bem urdidas armadilhas do utilitarismo, incluindo o "populacionismo" ecológico e o individualismo economicista.

Quanto a esse último ponto — as "robinsonadas" sociológicas através das quais os teóricos procuram derivar a ordem social da busca de interesses individuais — a crítica de Marx vai direto ao âmago da antropologia. Ela não se limita a afirmar que esse "indivíduo" calculista, representado como um ser descompromissado em relação à sociedade, e que atua sobre ela, seja em si mesmo uma figura relativa, histórica; o mesmo se aplica aos seus renomados "interesses". Opostos pela teoria ao resultado social, assim como o privado é oposto ao público e a premissa à consequência, esses interesses são, de fato, produzidos pelo processo social ao qual os opõem como um *a priori*:

> O interesse privado já é em si mesmo um interesse determinado socialmente, que só pode ser alcançado dentro das condições determinadas pela sociedade, pelos meios fornecidos pela sociedade e com os meios fornecidos pela sociedade; consequentemente, ele é compelido a reproduzir essas condições e meios. É o interesse de pessoas privadas; mas seu conteúdo, assim como a forma e os meios da sua realização, é dado por condições sociais independentes de todos (Marx, 1973 [1857-8], p.156).

Nem os "indivíduos" vistos no seu agregado abstrato de "população" seriam elevados ao status teórico normalmente concedido a essa noção por uma antropologia utilitária, isto é, "população" vista como uma *quantidade* que afeta mecanicamente a forma da sociedade, ou como uma *finalidade*, cuja sobrevivência biológica é o saber secreto das formas sociais. Adotando uma posição mais de acordo com a de Fortes do que com a de Worsley, Marx insiste em que "a população" só pode ser entendida ao agir ou reagir como uma *organização*:

> A população é uma abstração se se abandonar, por exemplo, as classes que a compõem. Essas classes, por sua vez, são um enunciado vazio se não estou familiarizado com os elementos sobre os quais se fundam — por exemplo, o trabalho assalariado, o capital etc. Estes últimos, por seu turno, pressupõem a troca, a divisão de trabalho, os preços etc. Por exemplo, o capital nada significa sem o trabalho assalariado, sem valor, dinheiro, preço etc. Portanto, se começasse com a população, esta seria uma concepção caótica do todo [ibid., p.100].

Sob todos esses aspectos — e sem qualquer investigação posterior da função constitutiva da prática — o etnólogo moderno deve reconhecer em Marx um irmão antropológico.

Mas há um segundo momento ou aspecto na teoria materialista. É errôneo supor que o conceito de Marx da mediação histórica entre homens e natureza equivalha a uma lógica cultural interposta, como na perspectiva de Boas. A verdadeira mediação é a lógica racional e material da produção efetiva posta pela razão a serviço das suas próprias intenções, qualquer que seja o caráter histórico dessas intenções. Neste momento, a promessa de uma antropologia cultural parece incompleta. O paradigma de Marx se metamorfoseia no reverso do cultural. Ora, a organização brota do comportamento e a linguagem dos homens é a voz da experiência concreta. O conceito cultural aparece mais como consequência do que como estrutura da atividade produtiva. Os valores de uso — esses desejos e prazeres que emergem da sociedade — sucumbem aos meios objetivos de sua realização. E coerentemente, a "história" é dissolvida pela lógica da praticabilidade, para trocar sua posição teórica de um ser sedimentado por um passado transcendido e um vir-a-ser fugidio. O embasamento decisivo do materialismo histórico no trabalho, e do trabalho em suas especificações materiais, retira à teoria suas propriedades culturais e a abandona ao mesmo destino do materialismo antropológico. A experiência prática dos homens é intranscendível, e a partir dela eles constroem um mundo. Seus pensamentos e suas relações sociais derivam, geralmente, do "sistema comportamental da ação instrumental".

As dimensões principais dessa suspensão da cultura na teoria materialista, da sua submissão a uma lógica terrena que está além de si mesma, podem ser ilustradas a partir da *Ideologia alemã*. Haverá ocasião para detalhar as repercussões disso em outros trabalhos, porém este é um bom lugar para começar, já que diversas passagens do comentário sobre Feuerbach ressoam contra a concepção do símbolo segundo Boas. A organização é entendida como uma codificação da experiência empírica, que "se desenvolve a partir do processo de vida de indivíduos definidos" — exatamente da maneira, pode-se dizer, pela qual a nossa sociedade aparece para nós, porém explicitamente não aquela pela qual é ordenada conceitualmente. Em oposição a essa concepção, há uma "realidade" mais dura:

> O fato portanto é que determinados indivíduos, como produtores, através de um determinado modo, contraem entre si essas relações sociais e políticas determinadas. A observação empírica tem, necessariamente, de colocar em relevo, em cada caso concreto, empiricamente e sem qualquer espécie de falsificação, a conexão entre a *organização social e política e a produção. A organização social e o Estado brotam constantemente do processo de vida de determinados indivíduos; mas desses indivíduos, não como eles possam vir a apresentar-se diante da sua própria imaginação ou da imaginação alheia, mas como eles realmente são*; isto é, como eles atuam e como produzem materialmente e, portanto, como desenvolvem suas atividades materiais sob determinados limites e condições materiais, independentes da sua vontade [Marx e Engels, 1965, p. 36; grifo meu].

A experiência não é, pois, organizada como uma situação simbólica. A própria linguagem é reduzida a outro discurso, não apenas não simbólico como também mudo; a racionalidade irredutível da práxis. É dessa "linguagem da vida real" que vem a fala dos homens, que desde o começo pode ser apenas articulação de um código silencioso que existe para além de si mesmo:

> A produção das ideias, das concepções e da consciência aparece, a princípio, diretamente entrelaçada com a atividade material e com o comércio material dos homens, a *linguagem da vida real*. As representações, os pensamentos, o comércio espiritual dos homens se apresentam aqui como a emanação direta do seu comportamento material. O mesmo ocorre com a produção espiritual tal como se manifesta na linguagem da política, das leis, da moral, da religião, da metafísica etc., de um povo. Os homens são os produtos das suas concepções, das suas ideias etc. — os homens reais e ativos tal como se acham condicionados por um desenvolvimento determinado das suas forças produtivas e das relações a ele correspondentes até chegar às suas formações mais amplas. A consciência nunca pode ser outra coisa senão a existência consciente, e a existência dos homens é seu processo de vida real [ibid., p.37].

Mas esse deslocamento da ordem conceitual de produção representa a produção de uma desordem nas concepções dos homens. Na colocação de Marx, a ordem simbólica é eliminada da produção para reaparecer como "fantasmas" formados nos cérebros dos homens, "sublimados do seu processo material de vida". Além do mais, sem qualquer lógica interna, as representações não têm nem independência nem história, o que significa dizer que o esquema significativo não tem seu próprio ímpeto, mas apenas a força refletida dos meios e das relações necessários de produção:

> Totalmente ao contrário do que ocorre na filosofia alemã, que desce do céu à terra, aqui se sobe da terra ao céu. Isto é, não se parte do que os homens dizem, imaginam, se representam, nem tampouco do homem descrito, pensado, imaginado ou representado, para se chegar ao homem de carne e osso: parte-se do homem que realmente age e, com base em seu processo de vida real, se expõe também o desenvolvimento dos reflexos ideológicos e dos ecos desse processo de vida. Também os fantasmas formados no cérebro dos homens são sublimações necessárias do seu processo material de vida, processo empiricamente verificável e determinado por premissas materiais. A moral, a religião, a metafísica, todo o resto da ideologia e suas formas correspondentes de consciência perdem, assim, sua aparência de independência. Elas não têm sua própria história, nem seu próprio desenvolvimento; são os homens, ao desenvolverem sua produção material e seu intercâmbio material, que mudam, e, ao mudarem essa realidade, mudam também seu pensamento e os produtos do seu pensamento. Não é a consciência que determina a vida, mas a vida que determina a consciência [ibid., p.37-8].

Não pretendo aqui participar da controvérsia, muito em voga entre os estudiosos de Marx, sobre o "jovem" Marx, humanista, *versus* o Marx "maduro", cientista. O problema é o da suposta ruptura ("*coupure*") de 1844-45, imediatamente anterior à *Ideologia alemã*, quando Marx, significativamente, afastou-se de Hegel e de uma preocupação com a alienação humana, buscando fazer uma análise concreta da história e da sociedade burguesas, abandonando definitivamente no processo a "antropologia" estabelecida, a explicação do ponto de partida do sujeito humano (Althusser, 1970 [1965]; Althusser e Balibar, 1970 [1968]). Como tantos estudiosos de Marx constataram, observam-se claramente continuidades e descontinuidades no seu trabalho. Para dar um exemplo pertinente ao problema de que estamos tratando, quando Marx se voltou para o estudo econômico e histórico, o inimigo "idealista" necessariamente passou do Espírito Absoluto de Hegel para as categorias ideológicas através das quais uma sociedade — e seus economistas — se tornam conscientes de sua ação. Mas assim como a questão era a mesma — a derivação do mundo a partir do conceito, assim a crítica de um continuaria a fazer o serviço do outro, ou seja, a "ideia" sempre brota da experiência da vida real, da prática no mundo real — mesmo quando a fonte dessa crítica é encontrada no idealismo hegeliano em primeiro lugar. Em uma carta a Engels, comentando um trabalho de história econômica, Marx produz uma epistemologia das categorias lógicas — digna além do mais de comparação com a de Durkheim — que condensa essa complexa dialética:

> Mas que diria o velho Hegel se ouvisse no outro mundo que o geral (*Allegemeine*) significa na Alemanha e na Noruega nada mais que terra comum (*Gemeinland*), e o

particular, *das Sundre, Besondre*, nada mais que a propriedade separada, fracionada da terra comum? Eis aí as categorias lógicas saindo afinal de contas das "nossas relações" [relações de produção]. [25 de março de 1868, in Marx e Engels, 1936, p.236-7.]

E finalmente, no contexto da análise concreta da ordem social, a noção pragmática de significado de Marx seria positivizada e funcionalizada. As categorias, bem como as relações de produção, expressam a lógica instrumental de um estado determinado das forças produtivas, uma lógica que possui também uma reencarnação secundária como ideologia funcional, mantendo um tipo dado de dominação de classe. Esse jogo combinado de continuidade e descontinuidade ajuda a explicar aquilo que chamei de "momentos culturais e naturais" na teoria de Marx e, o que é mais importante, a evidente contradição entre a constituição social da lógica material, que provém da concepção permanente de Marx de uma natureza humanizada, e sua constituição material da lógica social, que se tornou a noção dominante do "materialismo histórico".[8]

Para completar esta documentação preliminar do "segundo momento" da teoria materialista, cito, por extenso, os comentários feitos por Marx e Annenkov sobre a *Filosofia da miséria* de Proudhon. O contraste evidente com o momento cultural também documentará o desapontamento antropológico:

Que é a sociedade, qualquer que seja sua forma? É o produto da atividade recíproca dos homens. Os homens são livres para escolherem por si mesmos esta ou aquela forma de sociedade? De modo algum. Suponhamos certo grau de desenvolvimento das forças produtivas do homem, e teremos uma forma correspondente de comércio e consumo. Suponhamos certos graus de desenvolvimento da produção, do comércio e do consumo, e teremos uma ordem social correspondente, uma correspondente organização da família, das hierarquias ou das classes; numa palavra, uma sociedade civil correspondente ...

É supérfluo acrescentar que os homens não são livres para escolherem suas *forças produtivas* — que são a base de toda a sua história — posto que toda força produtiva é uma força adquirida, o produto de uma atividade anterior ...

---

8 Wellmer (1971) fez uma excelente análise da funcionalização do conceito resultante da sua inserção no quadro da análise institucional-histórica. Particularmente importantes são suas observações sobre "a funcionalização de formas de consciência social em relação a formas de dominação", que depende ela mesma de uma redução da história da produção material: "Marx tem de deduzir as diversas formas de dominação diretamente das várias formas de trabalho produtivo, porque a *única lógica* da História que pode ainda ser admitida em um sistema de referência materialista que reduz a dialética da moral à da produção é a lógica da progressiva auto-objetificação tecnológica do homem. De acordo com essa lógica, as formas de intercâmbio social podem ser apreendidas, por assim dizer, apenas como forças produtivas secundárias, cuja função é tornar possível a aplicação e o desenvolvimento das forças primárias" (ibid., p.92; grifo meu).

> Em consequência, a história social do homem nunca é outra coisa senão a história do seu desenvolvimento individual, estejam ou não conscientes disso. Suas relações materiais são a base de todas as suas relações. Essas relações materiais não são outra coisa senão as formas necessárias nas quais se realiza sua atividade material e individual.

Quando o seu comércio não corresponde mais às suas formas sociais, continua Marx, essas formas são mudadas:

> a fim de não serem despojadas do resultado atingido e de não perderem os frutos da civilização ... Desse modo, pois, as formas econômicas em que os homens produzem, consomem, trocam são *transitórias e históricas*. Ao se conquistarem novas forças produtivas, os homens mudam seu método de produção e, com o método de produção, todas as relações econômicas que são simplesmente as condições necessárias deste determinado método de produção ...
>
> Assim, o senhor Proudhon, devido principalmente à sua falta de conhecimento histórico, não percebeu que, à medida que os homens desenvolvem suas forças produtivas, isto é, à medida que vivem, desenvolvem certas relações uns com os outros, que a natureza dessas relações deve necessariamente mudar com o crescimento das forças produtivas ...
>
> O sr. Proudhon compreendeu perfeitamente bem que os homens produzem vestidos, roupa de cama, seda. Que grande mérito ter compreendido coisa tão pequena! O que não compreendeu é que esses homens, de acordo com suas forças, também produzem as *relações sociais* entre as quais confeccionam os vestidos e a roupa de cama. E compreendeu ainda menos que os homens, que moldam suas relações sociais de acordo com seu método material de produção, também moldam *ideias e categorias*, isto é, a expressão abstrata ideal dessas mesmas relações sociais. [Marx a Annenkov. 28/12/1846, in Marx e Engels, 1930, p.7-14.]

Em oposição ao idealismo hegeliano, Marx levantou-se em defesa do homem: não é o Espírito que se torna consciente de si mesmo como existência, mas é o homem que modela um Espírito ideal com base na sua existência concreta; o homem não precisa se curvar perante ele, sua própria criação. Transposta para a teoria cultural, hoje essa afirmação pode ser lida assim: não são as ideias conscientes que os homens mantêm, sua "imaginação", que ordenam sua atividade produtiva real; elas têm consciência apenas de uma aparência ou expressão dessa atividade. "Não se trata de buscar uma categoria em cada período", escreveram Marx e Engels, "como faz a concepção idealista da História, mas sim de se manter constantemente no terreno histórico, real, de não explicar a prática a partir da ideia, e sim explicar a formação das ideias a partir da prática material" (1965, p.50). Portanto, opondo-se a uma posição fundamental do próprio Marx de que os homens transformam a natureza, produzem de acordo com um constructo (ver também p.147-51) toda a concepção tende agora a ser banida da infraestrutura para reaparecer como o constructo de suas transformações materiais. A objeção antropológica seria que Marx chega desse modo a uma visão truncada do processo simbólico. Ele o apreende apenas em seu caráter secundário de simbolização — a "formação secundária" de Boas — modelo de um sistema dado na consciência, embora ignorando que o sistema assim simbolizado é *simbólico em si mesmo*. Observa-se, mais uma vez, o erro que Marx compartilha com certos funcionalistas-dualistas, de limitar o símbolo à "ideologia", permitindo que a ação escorregue para o reino do pragmático. Ao lidar com o significado apenas em sua qualidade de expressão de relações humanas, Marx deixa escapar através das malhas da teoria a constituição significativa dessas relações.

Esta semiótica ajuda a situar o papel da linguagem na teoria desenvolvida pelo materialismo histórico.

A genealogia do pensamento conceitual

Vimos que Marx faz uma distinção entre dois tipos de discurso: o primeiro seria uma "linguagem da vida real" e as palavras através das quais os homens concebem sua existência social; e o segundo seria contingente ao primeiro. Desse modo, a ênfase no papel da práxis na história privilegia as forças reais experimentadas na produção em detrimento da maneira pela qual os homens as imaginam. As condições materiais de produção tornam-se decisivas na medida em que os homens, para satisfazerem efetivamente suas necessidades, devem "vir a termos" (no duplo sentido da frase) com essas condições, tal como são. Sujeito e objeto podem ser polos ativos na teoria marxista do conhecimento (Livergood, 1967), *mas não é o objeto que precisa do sujeito*. É o homem que é o ser "limitado" e "que sofre". Por conseguinte, a reciprocidade implícita na ideia da dialética é, na realidade, subordinada à lógica linear mais poderosa da satisfação das necessidades objetivas. A lógica pragmática do trabalho forma um quadro de limitações materiais ao qual todas as relações e representações estão funcionalmente submetidas. Podemos reconhecer que essa práxis ocorre em um mundo já simbolizado, em uma construção social da realidade, mas que não pode estar à altura da verdadeira natureza das coisas assim como a produção não se pode desenvolver efetivamente senão baseada na razão material. Neste caso, a determinação simbólica das necessidades — ou seja, o sistema cultural relativo dos objetos — é teoricamente dissolvida dentro da ação objetiva absoluta da sua satisfação. A intenção histórica é mistificada pela premissa prático-natural — a de que as necessidades devem ser satisfeitas. Assim a cultura é eliminada do ato da sua própria reprodução.

Mais especificamente, a fala e o pensamento brilham com uma luz emprestada. Para todos os fins *teóricos*, decorrentes dos práticos, a linguagem não está em ação no momento da experiência concreta, devendo, porém, adequar-se reflexiva e pragmaticamente a essa experiência. A experiência significa *antes* de tudo, e acima de tudo, a produção de necessidades: "A vida envolve antes de tudo comer, beber, abrigar-se sob um teto, vestir-se, e muitas outras coisas. O *primeiro ato histórico* é, por conseguinte, a produção dos meios indispensáveis à satisfação dessas necessidades, ou seja, a produção da própria vida material" (Marx e Engels, 1965, p.39; o grifo é meu). Daí não decorre de modo algum que os homens possam ser distinguidos dos outros animais por uma consciência ou algo semelhante; o importante é que os homens começam a se distinguir dos animais quando começam a produzir seus meios de subsistência (ibid., p.31). A consciência toma forma em consequência dessa produção, e a linguagem, como "consciência prática", deriva da necessidade de se estabelecerem relações entre os homens no desenrolar dessa produção (ibid., p.42). Assim, somente depois de ter considerado as "relações históricas primárias" — produção da subsistência, das novas necessidades, da família e dos modos de cooperação — somente aí "constatamos que o homem também possui consciência" (ibid.; cf. Schaff, 1970, p.75). Engels, que participou da formulação desse ponto, apreendeu-o muito literalmente, e produziu uma análise da transição do macaco para o homem nessa base:

> O domínio sobre a natureza, que começa com o desenvolvimento da mão, com o trabalho, ampliou continuamente o horizonte do homem ... Por outro lado, o desenvolvimento do trabalho ajudou necessariamente a colocar os membros da sociedade mais próximos uns dos outros, multiplicando os casos de apoio mútuo, de atividade conjunta, e deixando clara a vantagem dessa atividade conjunta para cada indivíduo [observem a lógica utilitária]. Em suma, os homens chegaram a um ponto em que *tinham algo a dizer* uns para os outros ... Primeiro vem o trabalho, e depois do trabalho e desde então junto com ele, o discurso articulado. [Engels, 1940, p.283-4.]

A pseudo-história dramatiza um ponto sistêmico fundamental: a linguagem é instrumental, mais ou menos como Malinowski pensava. Nascida da tentativa de dominar o mundo, suas classificações são interpretações das distinções utilitárias estabelecidas pela práxis, signos cujo valor determinado é uma função utilitária.[9]

---

9 Venable observou que, para Marx e Engels, os diversos aspectos pelos quais os homens podiam se distinguir dos animais, incluindo a linguagem, foram "meramente derivativos, não determinantes", provavelmente por comparação com a consciência desenvolvida na produção. As dificuldades encontradas nessa posição — ou seja, em que consiste essa consciência? — são exacerbadas pela afirmação de Engels de que a mentalização humana e animal, esta última exemplificada por Dido, o cachorro de Engels, difere apenas em grau. "Compartilhamos de toda atividade da compreensão com os animais: *indução*, *dedução* e consequentemente também a *abstração* (conceitos genéricos de Dido: quadrúpedes e bípedes), a *análise* de objetos desconhecidos (mesmo a quebra de uma noz é um início de análise), a *síntese* (nas brincadeiras dos animais), e, com a união das duas, a *experiência* (no caso de

Assim, em um comentário posterior (1881), feito sobre um manual de economia política de A. Wagner, Marx expõe exatamente essa teoria do *pensée sauvage* — uma teoria de grande interesse para a antropologia, não somente porque concerne diretamente ao "primitivo", como também porque o faz de uma maneira que é realmente puro Malinowski. A passagem em questão tem sido amplamente citada como exemplo da teoria básica do conhecimento de Marx. Sua exposição como um mito de origem é realmente interessante. Schmidt a denomina de "uma espécie de genealogia do pensamento conceitual" — e ela certamente apresenta tanta relação com o passado real quanto a que Evans-Pritchard descobriu nas genealogias das linhagens Nuer. Mas o mais importante é que Marx, ao mostrar a identidade original entre a fala e a "linguagem da vida real", nos apresenta sua ideia sobre essa conexão essencial: que a palavra é sempre cognata aos termos da ação, pois os dois têm uma raiz e um sentido comuns quanto à utilidade material. A continuidade e a descontinuidade são introduzidas no conceito pelas diferenciações do mundo externo que a experiência mostrou possuírem valor prático. Marx não permitirá ao pensador idealista afirmar — aqui Wagner, mas a crítica é uma repetição da que fez a Feuerbach, e da que fez Malinowski a E. Tylor — que os homens começam por manter uma relação teórica com os objetos do mundo; eles começam agindo, comendo, apropriando-se desses objetos. Chegamos portanto ao ponto crucial para a antropologia. O que é omitido por Marx é que os homens começaram *como homens*, distintos dos outros animais, precisamente quando experimentaram o mundo como um conceito (simbolicamente). Não se trata, em essência, de uma questão de prioridade e sim da qualidade única da experiência humana, vista como uma experiência rica em significado. Nem está em questão a realidade do mundo; diz respeito a qual dimensão terrena se torna pertinente — e em que sentido — para determinado grupo humano em virtude de uma constituição significativa da objetividade dos objetos. Marx, no entanto, foi um teórico social pré-simbólico. Para ele, a linguagem era um processo de nomeação, a concordância entre um texto social e um material. A primeira classificação que os homens fazem é a distinção entre coisas que são agradáveis e coisas que são dolorosas, comestíveis e não comestíveis. Na linguagem, é a própria natureza que fala, no início sem utilizar metáforas. O poder humano de conferir um valor a diferenças naturais é reduzido a um eco de significação prático-intrínseca. A "genealogia do pensamento conceitual" de Marx corresponde ao totemismo de Malinowski:

---

novos obstáculos e situações não familiares). Todos esses modos de procedimento — por conseguinte, todos os meios de investigação científica que a lógica ordinária reconhece — são, em sua natureza, absolutamente iguais nos homens e nos animais superiores. Eles diferem apenas em grau (de desenvolvimento do método em cada caso)" (Engels, in Venable 1966 [1945], p.66).

A GENEALOGIA DO PENSAMENTO CONCEITUAL

Para o professor doutrinário, a relação do homem com a natureza, desde o princípio, não é prática, isto é, não é baseada na ação, mas teórica ... O homem se coloca em relação com os objetos do mundo externo como um meio para satisfazer às suas necessidades. Mas os homens não começam se colocando "nessa relação teórica com os objetos do mundo externo". Como todos os animais, eles começam comendo, bebendo etc., isto é, não se colocam em qualquer relação, mas estão engajados em uma atividade, se apropriam de certos objetos do mundo externo através das suas necessidades (ou seja, começam com a produção). Como resultado da repetição desse processo, fica impresso em suas mentes que os objetos são capazes de "satisfazer" às necessidades do homem. Os homens e os animais também aprendem a distinguir "teoricamente" os objetos externos que servem para satisfazer às suas necessidades de todos os demais objetos. A um certo nível de desenvolvimento posterior, com o aumento e a multiplicação das necessidades humanas e dos tipos de ação requeridos para satisfazer essas necessidades, os homens atribuíram nomes a classes inteiras desses objetos, já diferenciados de outros objetos com base na experiência. Esse processo foi necessário, uma vez que no processo de produção, ou seja, no processo de apropriação de objetos, os homens estão em um contínuo relacionamento de

O TOTEMISMO

A teoria de Tylor sobre o animismo fez do homem, muito cedo, um ser contemplativo e racional; o trabalho de campo mostra o selvagem *interessado* na pesca e em cuidar da planta ... Por conseguinte, vemos no totemismo não o resultado das primeiras especulações do homem sobre fenômenos misteriosos, mas uma mistura de ansiedade utilitária quanto aos objetos necessários que o cercam, com algumas preocupações que impressionam sua imaginação e sua atenção, como por exemplo belos pássaros, répteis e animais perigosos ... [O totemismo] expressa o interesse primitivo do homem pelo seu meio ambiente, o desejo de proclamar uma afinidade e de controlar os objetos mais importantes ... O caminho que vai da selva para o estômago do selvagem, e consequentemente para sua cabeça, é muito curto, e para ele o mundo é um acúmulo de experiências passadas contra as quais se destacam as espécies úteis de plantas e animais, e, dentre elas, sobretudo as comestíveis. Temos, portanto, nossas questões respondidas; o interesse seletivo do homem por um número limitado de animais e plantas e a forma pela qual esse interesse é ritualmente expresso e socialmente condicionado aparecem como o resultado natural da existência primitiva, das atividades espontâneas do selvagem para com os objetos naturais e das suas ocupações predominantes. Do ponto de vista da sobrevivência, é vital que o interesse do homem pelas espécies

> trabalho uns com os outros e com objetos individuais, e logo estão envolvidos em conflitos com outros homens por esses objetos. Contudo, essa denominação é apenas a expressão conceitual de algo que a ação continuada converteu em experiência, ou seja, o fato de que, para os homens, que já vivem dentro de certos vínculos sociais (esta suposição deriva necessariamente da existência da linguagem), certos objetos servem para satisfazer às suas necessidades. [Marx, citado in Schmidt, 1971, p.110-1.][10]

> praticamente indispensáveis não diminua nunca, que sua crença em sua capacidade de controlá-las lhe confira força e persistência em suas buscas e estimule sua observação e conhecimento dos hábitos e natureza de animais e plantas. O totemismo surge, portanto, como uma bênção dada pela religião aos esforços do homem primitivo ao lidar com seus ambientes úteis, em sua "luta pela existência". [Malinowski, 1954, p.20, 44, 46-7.]

Gostaria de enfatizar, embora reservando uma discussão mais completa para depois, que essa teoria do conhecimento era inerente ao ponto de partida de Marx, uma base contínua do seu projeto desde sua fase "humanista" até a sua fase "científica". Neste ponto, deve-se invocar o testemunho de Kolakowski. Não sabedor, ao que parece, do texto referente ao livro de Wagner, Kolakowski descobriu "em estado embrionário", nas primeiras obras de Marx, particularmente nos *Manuscritos de Paris*, uma ideia de cognição que leva diretamente à "genealogia do pensamento conceitual". É com base nela que o próprio Kolakowski praticamente

10 Schmidt começa a explicar essa passagem de uma maneira antropologicamente dolorosa, e mesmo na sua frase final conciliatória, absolutamente indistinta de Malinowski. Pois se as classificações do homem primitivo não são ingenuamente realistas, mas relações mediadas historicamente aos objetos, isso simplesmente explica a aparência externa "religiosa" do interesse naturalista. Schmidt escreve: "A produção passa a existir como resultado de necessidades sensoriais. Todas as funções humanas que vão além do imediatismo do dado desenvolvem-se com a produção. A Natureza, a princípio, aparece como uma massa caótica, indiferenciada, de materiais externos. Do intercâmbio repetido com a natureza, que é comum tanto aos homens quanto aos animais, emerge uma classificação inicial crua de objetos naturais, de acordo com a medida de prazer ou dor produzida por eles. O feito teórico elementar desse nível de desenvolvimento é o estabelecimento de distinções — o isolamento de objetos através de associações agradáveis — de outros objetos. A classificação nominalista de objetos naturais, com a intenção de externar um controle genuíno sobre eles, corresponde aos grupos humanos economicamente mais avançados e consequentemente mais organizados e às contradições que neles emergem. O particular é incluído no abstrato-geral. Na visão de Marx (como na de Nietzsche), o fato de o homem ter vontade de exercer poder sobre as coisas e sobre os companheiros caracteriza sua atividade intelectual. O Espírito é originalmente vazio. Os conceitos formados por ele são o produto da experiência prática acumulada. Seu valor é limitado ao instrumental. A despeito do materialismo dessa visão, devemos insistir em que Marx não viu nos conceitos ingenuamente realistas impressões dos próprios objetos, mas reflexos das relações historicamente mediadas do homem com esses objetos" (1971, p.111).

reproduz a genealogia, em uma passagem que tem íntima semelhança ao mesmo tempo com Marx e Malinovski.

> A consciência humana, a mente prática, embora não produza a existência, produz a existência como um composto de indivíduos divididos em espécies e gêneros. A partir do momento em que o homem, em sua ontogênese e sua filogênese, começa a dominar o mundo das coisas intelectualmente, a partir do momento em que ele inventa instrumentos que podem organizá-lo, expressando então essa organização em palavras — ele encontra o mundo já construído e diferenciado, não de acordo com alguma suposta classificação natural, mas de acordo com uma classificação imposta pela necessidade prática para sua orientação no meio ambiente. As categorias nas quais o mundo foi dividido não são o resultado de uma convenção ou de um consentimento social consciente; ao contrário, são criadas por um esforço espontâneo para conquistar a oposição das coisas. É nesse esforço para subjugar o caos da realidade que se define não apenas a história da humanidade, mas também a história da natureza como um objeto, das necessidades humanas — e nós somos capazes de compreendê-lo apenas nesta forma. As clivagens do mundo em espécies e em indivíduos dotados de traços particulares, capazes de serem percebidos separadamente, são produto da mente prática, que faz a ideia de oposição ou mesmo de qualquer tipo de diferença entre ela e a mente teórica parecer ridícula. [Kolakowski, 1969, p.46.]

Nas palavras de um linguista marxista moderno: "Os homens falam como a vida, a prática, lhes sugere." (Schaff, 1967 [1964], p.172). Não que Schaff e outros linguistas refinados, que trabalham dentro de um quadro de referências marxistas, acreditem — não mais que o próprio Marx — que as palavras ou categorias gramaticais simplesmente copiem as propriedades sensoriais do mundo. Ao contrário, para os membros de uma determinada comunidade de fala, sua linguagem abriga classificações do mundo que organizam a experiência que têm dele. Volosinov escreve: "Não é a experiência que organiza a expressão, mas exatamente o oposto, é a *expressão que organiza a experiência.* É a expressão que primeiro confere à experiência sua forma e especificidade de direção" (1973 [1930], p.85). A pergunta passa a ser então: De onde vêm as categorias de expressão? A resposta é: Da prática social, geradas pelas distinções estabelecidas na ação da base econômica — em outras palavras, da lógica da experiência concreta. Volosinov escreve:

> A ordem que o processo gerativo real da linguagem toma é a seguinte: o intercâmbio social é gerado (advindo da base [infraestrutura econômica]); nele são gerados a comunicação e a interação verbais; e nestas últimas são geradas as formas de desempenho de discurso; finalmente, este processo gerativo é refletido na mudança das formas de linguagem. [1973 (1930) p.96.][11]

11 Schaff escreve, de modo semelhante, que a estrutura gramatical, como o vocabulário, influenciará a percepção. Mas isso se dá porque esta própria estrutura gramatical "foi socialmente moldada com

Duas palavras sobre a historicização de materialismo exemplificada por determinações do tipo "o primeiro ato histórico ..." ou pela chamada genealogia do pensamento conceitual. Por um lado, "história" consiste aqui na transformação especulativa de uma relação estrutural entre base e superestrutura em uma prioridade temporal. O procedimento envolve realmente diversas fases lógicas, começando essencialmente por um *a priori* funcional. Primeiramente, Marx transpõe a necessidade humana de se obterem os meios de sobrevivência para a dominância estrutural da produção, e depois postula o primado da produção como uma precedência real no tempo. Marx extrairia do imperativo funcional de que "o homem deve ser capaz de viver para fazer história" a conclusão de que "a vida envolve antes de mais nada comer e beber", e por isso projeta essa sequência temporal em um evento histórico real — "o primeiro ato histórico é portanto a produção dos meios para satisfazer essas necessidades". Em suma, Marx transforma um espaço teórico num tempo hipotético. A história, ou pelo menos uma teoria da história, é deduzida de uma avaliação de funções, isto é, da premissa de que a satisfação das necessidades físicas e biológicas do homem é a mais contínua e compulsiva de todas as atividades humanas, consequentemente *condição prévia* para todas as outras. Aliás, é muito comum a certos estruturalistas opor esse procedimento à sua primeira premissa — e assim violar as suas próprias. Pode-se fazer uma objeção com base na existência de outras "necessidades" além da que nos impele a comer, ou a ter relações sexuais, como por exemplo a necessidade de classificar, quanto mais não seja para estipular as continuidades e descontinuidades entre grupos de homens que tornam possível uma sociedade. Mas essa refutação nunca é definitiva, uma vez que ela aceita o quadro funcionalista do adversário. Ela submete a classificação simbólica, que é condição definidora e indicativa da cultura, ao discurso da praticabilidade funcional. Sendo assim, quem pode decidir entre "necessidades" que são igualmente indispensáveis? Como é possível determinar prioridades entre funções se a ausência de qualquer uma delas tornaria a humanidade impossível? O estruturalismo cometeria um erro se descesse aos argumentos do funcionalismo. Poderia transformar uma vantagem em um beco sem saída. Ele já dispôs de uma ideia melhor: a concepção incontestável, que só pode ser afirmada a partir dos textos de Marx, de que nem mesmo a infraestrutura responde diretamente às "necessidades" biológicas. O sistema simbólico é uma condição *sine qua non* até mesmo da práxis, na medida em que o termo se aplica a qualquer sociedade histórica.

Há, por outro lado, uma outra espécie de imperativo teórico relacionado à determinação de um "primeiro ato histórico" ou à intenção de uma pré-história

---

base em uma *prática* social determinada; é o reflexo de uma situação concreta e constitui uma resposta a questões práticas derivadas dessa situação" (1967 [1964], p.184).

especulativa da concepção. O movimento em direção às origens é construído tendo como premissa a formulação da história como teoria científica: "Admita-se um estado específico de desenvolvimento das forças produtivas do homem e você terá..." A fórmula positivista é uma autorização para conceber qualquer condição histórica como, de fato, *tabula rasa*; projetar este método em um "tempo primitivo" é apenas a forma essencial da mesma consciência. O mais importante, porém, é que os direitos concedidos por uma teoria científica da história unem-se aqui às demandas de uma teoria, igualmente empírica, da teoria do conhecimento para tornar *qualquer tempo* uma origem. Ao situar o conceito como uma formação secundária da experiência, Marx teve de fazer o mesmo tipo de ingresso arbitrário em uma ação significativa, teve de empreender o mesmo tipo de cirurgia analítica, como está implícito na invocação de um "estado determinado das forças produtivas". Isto é, o feito que, na realidade, se desenvolve nos termos de uma palavra particular — um esquema histórico particular das forças produtivas — é tomado isoladamente, abstraído, e feito para preceder a palavra. As especificações simbólicas da realidade, determinadas historicamente, são suspensas a fim de dar lugar às eternas realidades materiais gerais. Abstraindo-se as origens fictícias da espécie humana, mesmo a dialética da história real conhecerá esse momento da criação prática, ou seja, quando toda a ordem cultural se reestruturar de acordo com as linhas de uma razão material revelada. Chega-se então a um momento analítico decisivo, quando a sociedade anterior é destruída a fim de agir de novo e, como tal, arrancar significado de suas necessidades. Pois mesmo que a finalidade de qualquer sociedade seja sua própria reprodução — como Marx descreve em *As formações econômicas pré-capitalistas* — no decorrer dessa reprodução, através da ação sobre a natureza, a sociedade estará apta para modificar a natureza, e consequentemente, ela mesma. Ela se reordena de acordo com uma nova base material. A qualidade transformativa da dialética não é portanto uma força metafísica para Marx, como alguns argumentaram, mas responde a uma força mais fundamental: a força de uma racionalidade objetiva que deve fixar condições "como elas realmente são", sob pena de destruição social pela contradição material. A "linguagem da vida real" triunfa sobre qualquer construção posta sobre o mundo, e "novas concepções, novos modos de relações, novas necessidades e nova fala" seguem-se então no albor da passagem histórica da sociedade. A mente "histórica" efetua portanto uma ruptura na totalidade simbólica, para descobrir origens em um discurso prático universal das coisas que a sociedade já tinha concebido em seus próprios termos.[12]

---

12 "Uma vez que a *Cidade de Roma* foi construída e que as terras circundantes foram cultivadas por seus cidadãos, as condições da comunidade passaram a ser diferentes do que eram antes. O objeto de todas essas comunidades é a preservação, ou seja, *a produção dos indivíduos que as constituem como proprietários*, ou seja, *no mesmo modo objetivo de existência que também forma o relacionamento dos*

A naturalização da concepção materialista da história

A sociedade pode orquestrar um discurso das coisas, mas como o materialismo histórico subordina os significados através dos quais uma sociedade determinada lida com objetividades as coordenadas materiais da situação de trabalho, ela não desenvolve um conceito geral do que quer que seja, nem das propriedades significativas dos bens, nem da racionalidade real do trabalho. O primeiro problema — o de como dar conta das espécies de bens que uma sociedade produzirá, da sua forma e do seu conteúdo precisos — é uma questão sem resposta na teoria de Marx. "Até que ponto essas questões sobre o *sistema de necessidades* e o *sistema de trabalhos* devem ser levadas?" (Marx, 1973 [1857-8], p.528). Como avaliar efetivamente o que um grupo humano particular considera "satisfação"? Nada é tão variável, naturalisticamente arbitrário ou analiticamente fundamental, como o "sistema de necessidades". Mas que seria uma teoria antropológica da produção, tanto em particular quanto comparativamente? O materialismo histórico não foi capaz de responder à natureza dos valores de uso, ou mais precisamente ao código cultural de pessoas e objetos que ordena as "necessidades" desses valores de uso (cf. Baudrillard, 1968; 1972). A geração de finalidades produtivas, e consequentemente do "sistema de trabalhos", é deixada sem explicação, um vazio teórico: é atribuída a uma variabilidade histórica não examinada, ou mais reduzida — mesmo com relações de produção — às necessidades naturais de comer e beber. A ausência de lógica cultural na teoria da produção torna-se, portanto, um convite a todos os tipos de naturalismo.

Deve-se ressaltar que nós também devemos a Marx o levantamento do que está faltando. Como ele insistiu enfaticamente que o homem deve comer antes de qualquer coisa, e consequentemente que toda análise dos homens deve ser "empírica", isto é, que tem início "no lugar exato — nas necessidades materiais do homem" (McLellan, 1970, p.180), por tudo isso foi Marx quem pensou que os conteúdos da necessidade humana não se esgotam por esta ou aquela referência às necessidades físicas. Na sociedade humana, a "necessidade" é um produto histórico, em comparação com o qual o imperativo biológico é não especificado, abstrato. Marx, contudo, apresentou apenas o conceito da necessidade de comer; ele não

---

membros entre si e consequentemente forma a própria comunidade. Mas essa reprodução é, necessariamente, uma nova produção e a destruição da forma antiga ... Portanto, a preservação da antiga comunidade implica a destruição das condições sobre as quais ela se baseia, e transforma-a no seu oposto. ... O próprio ato de reprodução muda não apenas as condições objetivas — por exemplo, a transformação da aldeia em cidade, áreas incultas em clareiras agrícolas etc. — mas os produtores mudam com ele, através da emergência de novas qualidades, transformando-se e desenvolvendo-se na produção, formando novas forças e novas concepções, novos modos de intercâmbio, novas necessidades e novo discurso" (Marx, 1964, p.92-3).

desenvolveu o conceito de suas propriedades históricas. De fato, ele comprimiu o segundo dentro do primeiro, visto que considerava o valor de uso como correspondendo transparentemente às necessidades humanas. Não obstante, foi Marx quem observou que o homem produz universalmente, em contraste com os animais, que se apropriam apenas "do que é estritamente necessário". Um animal, escreveu ele:

> produz apenas sob o domínio das necessidades físicas imediatas, ao passo que o homem produz mesmo quando está livre de necessidades físicas, e só produz verdadeiramente se livre delas. Um animal só se produz a si mesmo, enquanto o homem reproduz a totalidade da natureza. O que é produzido por um animal pertence imediatamente ao seu corpo físico, ao passo que o homem confronta livremente seu produto. Um animal forma coisas de acordo com o padrão e as necessidades da espécie à qual pertence, enquanto o homem sabe produzir de acordo com o padrão de todas as espécies, e sabe aplicar em qualquer lugar o padrão inerente ao objeto. Por conseguinte, o homem também forma coisas de acordo com as leis da beleza. [Marx, 1961 (1844), p.75-6.][13]

Não apelo para a beleza e sim para a determinação de uma produção que é empreendida dentro de uma ordem simbólica, dentro de uma cultura. Marx gasta muito tempo em *O capital* explicando por que certa quantidade de trigo é equivalente em valor a X quilos de ferro. Embora a resposta para a taxa de equivalência em termos de média necessária de trabalho social seja sem dúvida brilhante, ela não nos esclarece por que trigo e por que ferro, por que certas mercadorias são produzidas e trocadas, e não outras. Através de todo *O capital*, essas questões continuam sem resposta, na suposição de que as respostas sejam evidentes por si mesmas. Na determinação dos meios de subsistência dos trabalhadores, Marx escreve que "entra um elemento histórico e moral"; muito embora, "em um determinado país em determinado período, a *quantidade* [!] média dos meios de subsistência necessários para o trabalhador seja praticamente conhecida" (1967 [1867], 1:171; o grifo é meu).[14] Se a mercadoria é uma coisa misteriosa, "rica em sutilezas metafísicas e refinamentos teóricos", esse mistério não se estende às suas propriedades externas. Como valor de uso, a mercadoria é perfeitamente inteligível: ela satisfaz necessidades humanas. Na medida em que um objeto

> é um valor em uso, nada há de misterioso a seu respeito se consideramos do ponto de vista de que, por suas propriedades, é capaz de satisfazer desejos, ou do ponto de vista

---

13 Cf. Lukács, para a determinação dos artigos de artesanato quando sua produção é uma arte, oposta à evolução de mercadorias a que se permite avançar de forma "puramente econômica" (1971, p.236).
14 Além disso, a tendência a longo prazo do capitalismo reduzirá a subsistência dos trabalhadores ao mínimo biológico, efetuando portanto uma junção com a transparência teórica das "necessidades".

> de que essas propriedades são produto do trabalho. *É claro como água* que o homem, por seu esforço, muda as formas dos materiais fornecidos pela Natureza, de modo a torná-los úteis a ele [ibid., p. 71; grifo meu].

Observem, porém, que para alcançar essa transparência de significação por comparação com o fetichismo da mercadoria, Marx foi forçado a comparar a determinação social dos valores de uso com o fato biológico de que eles satisfazem "desejos humanos". Isso contrasta com sua própria visão mais acertada, de que a produção é simplesmente a reprodução da vida humana, mas de um modo de vida definido.

Dessa visão (cultural) deriva que todas as utilidades são simbólicas. Na medida em que "utilidade" é o conceito de "necessidade" apropriado a uma ordem cultural, ele deve incluir uma representação, por intermédio das propriedades concretas do objeto, das relações diferenciais entre pessoas, assim como as diferenças de cor, linha ou tecido, entre roupas femininas e masculinas significam uma avaliação cultural dos sexos. O "sistema de necessidades" deve ser sempre relativo, não avaliável como tal pela necessidade e, em consequência, simbólico por definição. Para Marx, porém, é apenas sob a forma abstrata da mercadoria que as relações entre pessoas aparecem como relações entre coisas, e ele distingue esse "fetichismo" do valor de uso exatamente como o que é significante socialmente é diferente do que é evidente em si mesmo à percepção, e o simbólico é diferente do "natural". "Até agora, nenhum alquimista descobriu valor de troca em uma pérola ou em um diamante" (Marx, 1967 [1867], 1:83). A qualidade "misteriosa" da forma da mercadoria merece em si mesma uma definição equivalente à noção de signo de Saussure — "coisas sociais cujas qualidades são ao mesmo tempo perceptíveis e imperceptíveis aos sentidos" (ibid., p.72) — mesmo na medida em que a atribuição de significado a uma coisa, sob a forma de valor de troca, é comparável com a formação da linguagem (ibid., p.74).

Para Marx, pois, a mercadoria possui dupla natureza: seu valor em oposição a si mesma e seu valor de troca em oposição à sua utilidade; a primeira seria uma função determinada pela sociedade e não encerrada no objeto, enquanto a segunda, respondendo às necessidades humanas, seria intrínseca ao objeto *qua* objeto. Essas distinções são feitas repetidas vezes nos *Grundrisse*. O valor (de troca) de uma mercadoria, escreve Marx, tem necessariamente uma existência diferente da mercadoria em si:

> e em uma troca real, essa separabilidade deve tornar-se uma separação real, porque a distinção natural das mercadorias deve vir em contradição com sua equivalência econômica, e porque ambas podem existir conjuntamente apenas se a mercadoria adquire uma existência dupla, não somente natural mas também uma existência

> puramente econômica, na qual a segunda é um mero símbolo do seu próprio valor ... Como valor, a medida da conversibilidade [da mercadoria] é determinada por ela mesma; o valor de troca expressa precisamente a relação na qual substitui outras mercadorias; na troca real, ela é trocável apenas em quantidades que estão ligadas às suas propriedades naturais e que correspondem às necessidades dos participantes da troca. [Marx, 1973 (1857-8), p.141-2.]

Percebe-se apenas parcialmente na medida em que a economia foi naturalizada por essa problemática na seguinte implicação: a de que a dimensão social (significativa) da produção de mercadorias se baseia em um sistema subjacente de necessidades naturais e das propriedades objetivas dos bens para satisfazê-las (cf, ibid., p.147). Marx chega igualmente à conclusão lógica de que esse sistema de valor de uso, precisamente porque é universal e natural, sai adequadamente do domínio da economia política. Por conseguinte, o que distingue uma economia e uma sociedade histórica de outras, seu "sistema de necessidades" e seu "sistema de trabalhadores" particulares, não encontra lugar na teoria do materialismo histórico. *Por falta de uma adequada teoria do significado, o lado material do processo está ausente do estudo de economia de Marx*:

> A própria mercadoria surge como uma unidade de dois aspectos. Ela é *valor de uso*, ou seja, objeto da satisfação de qualquer sistema de necessidades humanas. Este é o seu lado material, que as mais diferentes épocas da produção têm em comum, e cujo exame, consequentemente, se encontra fora da economia política. [Ibid., p.881.][15]

Num certo ponto dos *Grundrisse*, Marx explicou uma determinada produção de artigos de luxo, isto é, a produção da seda. Aqui ele resolveu a contradição entre a produção de artigos de luxo e a produção de necessidades, bem como entre a produção de necessidades pela produção e a naturalidade das necessidades, derivando a produção de seda da necessidade produzida de guano.

> As próprias ocupações artesanais não aparecem *necessariamente ao lado* da agricultura autossustentável, onde a fiação, a tecelagem etc., são realizadas como ocupação

15 Ver p.267-8 dos *Grundrisse*, onde Marx tem dúvidas evidentes sobre essa posição, e mais uma vez coloca a questão, nunca respondida, do sistema de necessidades: "O valor de uso (é) pressuposto mesmo na simples troca ou permuta. Mas aqui, onde a troca tem lugar apenas pelo uso recíproco da mercadoria, o valor de uso — isto é, o conteúdo, a particularidade natural da mercadoria — enquanto tal, não é uma forma econômica. Sua forma é antes seu valor de troca. O conteúdo separado dessa forma é irrelevante; não é um conteúdo da relação como uma relação social. Mas esse conteúdo, enquanto tal, não se desenvolve em um sistema de necessidade e de produção? O valor de uso enquanto tal não entra na própria forma como um determinante da própria forma, por exemplo ... as diferentes formas de trabalho? — agricultura, indústria — etc. Acima de tudo, isso deverá esclarecer ... em que medida o valor de uso existe não somente como questão pressuposta, fora da economia e das suas formas, mas em que medida entra nela."

doméstica secundária. Porém se, por exemplo, a própria agricultura se baseia em atividades científicas — se ela necessita de máquinas, fertilizantes químicos adquiridos através do comércio, sementes de países distantes etc. ... então a fábrica que produz máquinas, o comércio externo, as ocupações aparecem como *necessidades* para a agricultura. Talvez o guano só possa ser obtido através da exportação de artigos de seda. Assim, a manufatura da seda não aparece mais como uma indústria de luxo, mas como uma indústria necessária à agricultura. É principal e essencialmente por isso que, nesse caso, a agricultura não encontra mais as condições naturais da sua própria produção em si mesma ... e o que aparecia anteriormente como luxo é agora uma necessidade, e que as chamadas necessidades de luxo aparecem, por exemplo, como uma necessidade para a mais naturalmente necessária e corriqueira de todas as indústrias. [Ibid., p.527-8; não nos foi dito por que os exportadores de guano necessitam da seda.]

Avineri viu claramente o problema na análise da base econômica. Os "desejos" invocados por Marx não são suficientes para responder por seu objeto, que é sempre particular e histórico. Portanto, Marx não consegue definir o processo pelo qual os "desejos" são formulados. De acordo com Avineri, Marx estava "consciente" do "dilema filosófico":

> Se os desejos humanos são mediados através da consciência e da atividade humanas, os cérebros dos homens devem ter uma capacidade intencional para a satisfação dessas necessidades que não é, em si mesma, produto dessas necessidades. Algumas vezes Marx foi criticado por não ter atentado à necessidade dessa capacidade intencional autônoma. Esse é um problema sério, mas em *Das Kapital*, Marx, ciente dele, atribui ao cérebro humano a capacidade de desenvolver um modelo do produto final, anterior à existência física do próprio produto. O modo pelo qual Marx aborda esse problema sugere amplamente que ele não perdeu de vista o dilema filosófico aí envolvido, embora não tenha definido o processo através do qual o modelo ideal é criado no cérebro humano, anterior à produção material. [Avineri, 1971, p.81.]

Realmente, Avineri mostra que a consciência de Marx em relação ao "processo através do qual o modelo ideal é criado no cérebro humano, anterior à produção material" era mais aguda do que foi possível aos leitores da edição inglesa de *O capital* perceberem. Publicada primeiramente na União Soviética, essa tradução retira da famosa comparação do trabalho animal e humano sua frase conclusiva essencial. Avineri (ibid.) reconstrói essa frase em um pé de página (acrescentado aqui ao texto original entre parênteses):

> Nós pressupomos o trabalho sob uma forma que o caracteriza como exclusivamente humano. Uma aranha efetua operações semelhantes às de um tecelão, e uma abelha envergonha muito arquiteto na construção dos seus alvéolos. Mas o que distingue o pior arquiteto da mais hábil das abelhas é que o arquiteto ergue sua estrutura na

> imaginação antes de levantá-la na realidade. No final do processo de trabalho, obtemos um resultado que já existia na imaginação do trabalhador no seu começo [ou seja, já preexistia idealmente]. [*O capital* 1:178.]

Mas o trabalho pelo qual Marx transforma a imagem preexistente da produção em sua consequência objetiva não pode ser atribuído apenas ao nervosismo da *intelligentsia* russa. Ele é detalhado por Marx na seção crítica introdutória dos *Grundrisse*, onde estabelece as relações entre produção, distribuição, comércio e consumo.

A intenção desta discussão é estabelecer a unidade orgânica desses diversos elementos da produção, elementos que aparecem ao indivíduo participante como atos separados e para o economista como independentemente motivados. Marx mostra que eles são aspectos complementares de um processo material, necessariamente interdependente, em um estágio de interação recíproca. Da análise de seus relacionamentos, contudo, Marx conclui que a produção, no sentido estrito do processo de trabalho, é o "ponto de partida real" e o "fator predominante" na forma da produção como um todo. Os outros elementos, particularmente o consumo, adquirem a posição teórica de fatores desse fator. Althusser, em um certo sentido, estava correto ao se congratular com Marx por ele efetuar aqui o "desaparecimento" da antropologia — mais correto talvez do que pretendia, já que a referência foi à antropologia ingênua (*Homo economicus*) dos economistas clássicos (Althusser e Balibar, 1970, p.167-8).

A parte do texto que explica a interação entre produção e consumo é de grande interesse para a antropologia ainda existente. Além do consumo de materiais que ocorre na produção (produção destrutiva), e da produção de pessoas, que ocorre, por exemplo, no consumo (consumo produtivo), Marx explica, em toda a sua complexidade, a relação entre os dois momentos. O consumo completa a produção ao fornecer o sujeito, cujo uso de um produto o transforma em um produto. Uma peça de vestuário só se torna realmente peça de vestuário quando é vestida: "Um produto, distinto de um mero objeto natural, para provar-se como tal, torna-se primeiro um produto através do consumo" (Marx, in McLellan, 1971a, p.25). Além disso, o consumo representa para a produção a sua necessidade, "ou seja, fornecendo a causa ideal, interior, impulsionadora, que constitui o pré-requisito da produção" (ibid.). Segue abaixo uma passagem muito semelhante à que Avineri citou do final de *O capital*:

> O consumo fornece o impulso à produção, assim como ao seu objeto, que desempenha, na produção, o papel de sua meta guia. É claro que, enquanto a produção fornece o objeto material de consumo, o consumo fornece o *objeto ideal* de produção, como sua *imagem*, seu desejo, seu impulso e seu propósito. [Ibid., grifo meu.]

As palavras-chaves, como veremos, são "impulso" e "desejo"; já que, enquanto opostas à especificidade de "imagem" ou "objeto real", implicam uma indeterminação de forma e conteúdo que permite a Marx encontrar a verdadeira definição do objeto e o começo real do processo na produção, em vez de no consumo. Proporcionando ao consumo seu objeto, a produção, por sua vez, não apenas completa o consumo como também determina sua forma real — isto é, um bem definido que determina a modalidade e o conteúdo do consumo. Por outro lado, o consumo possui somente a ausência de forma de um desejo biológico. É a produção que cria o desejo específico através da mediação de uma forma-objeto, algo no sentido em que os economistas modernos compreendem o "efeito de demonstração" ou a geração da demanda pela oferta:

> Não é apenas o objeto que a produção proporciona ao consumo. Ela confere ao consumo seu contorno definido, seu caráter, seu acabamento ... Pois o objeto não é simplesmente um objeto em geral, e sim um objeto definido, que é consumido de uma maneira definida, prescrita por sua vez pela produção. Fome é fome; mas a fome que é saciada com carne cozida, comida com garfo e faca, é um tipo de fome diferente daquela que devora a carne crua com o auxílio das mãos, unhas e dentes. Não apenas o objeto do consumo, mas também a modalidade do consumo é produzida pela produção, vale dizer, o consumo é criado pela produção não apenas objetivamente, mas também subjetivamente. Portanto, a produção cria os consumidores ...
>
> Quando o consumo sai do seu primeiro estágio de crueza e diretividade, a produção não só provê o desejo com um material, como provê o material com um desejo — sua continuação nesse estágio seria o resultado de uma produção ainda remanescente em um estágio de crueza natural — o próprio consumo, como um desejo, é mediado pelo seu objeto. *O desejo que o consumo experimenta por ele é criado por sua percepção do produto* ... Por conseguinte, a produção produz não apenas um objeto para o sujeito, mas também um sujeito para o objeto. [Ibid., p.25-6; grifo meu.]

A passagem é famosa por sua dificuldade. Tentemos ver claramente seu significado. Em essência, o que existe é uma transposição do relacionamento entre produção e consumo de reciprocidade para hierarquia. O consumo, que começou em uma mútua interdependência com a produção, é no fim subordinado à produção: uma mudança de status à qual corresponde uma mudança de tempo, da "imagem preexistente" à consequência objetiva. Essa redefinição do relacionamento depende da atribuição ao consumo de toda uma ausência de precisão de um "impulso", embora permitindo à produção toda a precisão do objeto. Temos aqui um símbolo condensado da decepção antropológica no programa de Marx: a incidência da "imaginação" na "percepção", e por conseguinte da cultura na natureza. Como "desejo" ou como "impulso", o consumo encontra-se situado, neste momento, no domínio do natural, ao passo que a produção, como fonte da forma-objeto, é apenas histórica. A necessidade-sem-forma, além disso, se realiza como conteúdo pela percepção do objeto. Assim, todo consumo, incluindo sua influência sobre a produção, depende do movimento histórico da produção. Eu enfatizo "percepção". Aqui, o olho que vê não é o órgão da tradição, mas o instrumento do desejo. A mente, portanto, não organiza a experiência, mas a acompanha. A produção é "o ponto de partida real":

> O ponto a ser enfatizado aqui é que, se a produção e o consumo são considerados como atividades de um indivíduo ou de indivíduos separados, eles aparecem, de qualquer forma, como aspectos de um processo no qual a produção constitui *o ponto de partida real e é, consequentemente, o fator predominante.* O consumo, como necessidade natural, *como desejo*, constitui um fator interno à atividade produtiva, *mas esta última é o ponto de partida da realização e, consequentemente, seu fator predominante*, o ato pelo qual todo o processo se recapitula a si mesmo. O indivíduo produz um certo artigo e este volta a ele mesmo pelo consumo; mas ele volta a ser um indivíduo produtivo, que se autorreproduz. Por conseguinte, o consumo aparece como um fator da produção. [Ibid., p.27; o grifo é meu.]

Essa seção dos *Grundrisse* sobre a unidade orgânica dos elementos da produção foi objeto de muita atenção nos estudos mais recentes sobre o marxismo. Habermas vê nela a inclinação filosófica de Marx — em oposição à sua prática substantiva — a reduzir as relações de produção ao próprio processo de trabalho, ignorando as dimensões culturais da organização econômica (1971). Para Althusser, como já foi observado, as mesmas passagens ilustram o hábil esquivamento de Marx em relação a uma antropologia tal como era corrente entre os economistas da época: a localização do processo econômico em um sujeito humano e em um domínio autônomo da "necessidade", em vez de localizá-lo na própria produção. Os dois comentários têm uma ligação entre si, e também apresentam uma transição para uma antropologia da economia diferente.

Althusser explica o esquivamento de Marx da velha antropologia da seguinte forma: primeiro, a estrutura da produção determina que produção vai para o consumo individual (em oposição ao consumo produtivo). Quanto à estrutura do consumo popular, é claro que há uma variação histórica. Além disso, depende, por um lado, da "demanda efetiva" isto é, do poder aquisitivo. O poder aquisitivo, por sua vez, depende da distribuição da renda, que é a retribuição paga à propriedade, enquanto a própria propriedade é a expressão legal das relações de produção. Porém, falando claramente, as relações de produção não responderão pela natureza do que é produzido, apenas pela demanda diferenciada por classe. Consequentemente, um segundo fator gerativo de necessidade entra na exposição de Althusser, ou seja, "*a natureza* dos produtos disponíveis, que são, em um momento dado, o resultado das capacidades técnicas de produção" (Althusser e Balibar, 1970 [1968], p.166). A partir daí, Althusser conclui que não havia motivo para se problematizar a relação sujeito-necessidade, na medida em que "tanto a natureza quanto a quantidade" do produto podem ser baseadas na própria produção. Mas, é claro, nada foi realmente especificado sobre o caráter da produção além da referência a diferenças históricas inexplicadas — a menos que a natureza do produto seja compreendida como correspondendo específica e mecanicamente às "capacidades técnicas" das forças produtivas. No último caso, encontramo-nos em uma plena antropologia da práxis, que é, na realidade, o que Habermas afirma que Marx atinge nos *Grundrisse*, com a subordinação das relações de produção no próprio processo de trabalho e, em consequência, da lógica cultural na instrumental.[16]

O que Habermas afirma é que, quando Marx elimina a cultura, ele o faz ignorando a determinação histórica das relações de produção, derivando, ao contrário, as relações da lógica técnica da situação de trabalho. Em parte, argumenta Habermas, essa subordinação das relações sociais em favor da natureza prática é um "equívoco terminológico", observado em importantes passagens dos *Grundrisse*: um conceito de produção tão amplo dá a Marx "a oportunidade de insistir em que a produção também produz a estrutura institucional na qual a produção tem lugar" (Habermas, 1971, p.238). Há, porém, um tipo particular de raciocínio oculto no "equívoco", e o interessante para nós é que ele recapitula exatamente o argumento que acabamos de diferenciar na subordinação do consumo à produção. As relações de produção são igualmente reduzidas à dependência das forças produtivas, ao se conferir um caráter natural às primeiras e histórico às segundas. E tudo depende, mais uma vez, do frasear pseudo-histórico dessa prioridade teórica. As relações de produção aparecem sob forma original, natural e incipiente, fora da qual são tomadas e moldadas, de uma nova forma, pelas forças produtivas. As relações são colocadas teoricamente como pré-econômicas; sua formulação específica está a cargo do processo de trabalho:

> No caso de se afirmar que, ao menos na medida em que a produção depende de uma certa distribuição dos instrumentos de produção, a distribuição nesse sentido precede a produção e constitui seu pré-requisito, pode-se retrucar que a produção possui, na verdade, suas condições de pré-requisito, que constitui fatores dela. Elas, a princípio, podem parecer possuidoras de uma origem natural, espontânea [Habermas afirma: "Aqui Marx está pensando, provavelmente, nas qualidades naturais da interação social, tais como sexo, idade, e relações de parentesco"]. Elas se transformam de naturais para históricas pelo próprio *processo de produção*, e se aparecem num perío-

16 Por exemplo, "existe alguma parte em nossa teoria de que a organização do trabalho está determinada pelos meios de produção que se confirme mais brilhantemente do que na indústria da carnificina humana [ou seja, o exército]?" (Marx e Engels, 7 de julho de 1866, em Marx e Engels, 1936, p.209; grifo meu; cf. Marx, 1933 [1845], p.28).

do como um pré-requisito natural da produção é porque *formaram*, em outros períodos, seu resultado histórico. Elas sofrem, dentro da própria esfera da produção, uma constante mudança. Por exemplo, a *aplicação do maquinismo* produz uma mudança na distribuição de instrumentos de produção e na distribuição dos produtos, e a moderna propriedade da terra, em larga escala, é tanto o resultado do comércio moderno e da indústria moderna quanto a aplicação desta última à agricultura, [Marx in McLellan, 1971a, p.30-1, grifo meu.]

Aqui, a técnica teórica de Marx consiste em tornar naturais as relações culturais de produção a fim de colocar a lógica natural da produção como o fato cultural (histórico) primário. A julgar por um processo similar nas teorias naturalistas da antropologia, esse parece ser o segredo principal da interpretação da práxis em todas as suas variedades. Em todo caso, o "âmago racional" do materialismo histórico é o trabalho.[17] O processo de trabalho, que serve de mediador entre a subjetividade ("necessidades") humana e o mundo objetivo, põe em cena uma facticidade inevitável da natureza e dos meios técnicos, uma base concreta sobre a qual o resto da arquitetura cultural está erigida. A objeção de Habermas é que, em argumentos como os apresentados na introdução aos *Grundrisse*, Marx faz da cultura como um todo uma consequência da natureza das coisas. O método gera o mundo humano a partir do interesse no controle técnico dos processos naturais, das necessidades imanentes sociais e práticas desse controle e das transformações do mundo objetivo efetuadas no decorrer dele.[18] Quaisquer que sejam as "metas", "imagens ideais" ou o mais que possa ser pressuposto, o processo de trabalho, apesar de tudo, compromete-se com uma razão mais forte que a imaginação e independente da vontade. Enquanto as necessidades materiais humanas são primárias, a lógica intrínseca da produtividade é fundamental e constitutiva, e a estrutura social se desenvolve a partir do processo de vida de indivíduos "como eles realmente são". Portanto, na análise final, como aparece em muitos dos comentários de princípio teórico mais explícitos de Marx, a lógica histórica é fran-

17 "A expressão concreta dessa atividade humana, ou seja, o processo de vida de indivíduos definidos, a partir do qual a estrutura social está continuamente se desenvolvendo é o trabalho, a criação de ferramentas da atividade humana que deixa seu impacto no mundo. Uma vez que Marx chama o trabalho de atributo específico do homem, ele concebe a História como um contínuo de modos de trabalho no correr das gerações. A preeminência da atividade econômica na análise de Marx não deriva da preeminência de valores econômicos materiais, mas da visão de Marx do homem como *Homo faber*" (Avineri, 1971, p.77).

18 Vejamos a crítica de Sartre à epistemologia de Marx: "Ainda assim, a teoria do conhecimento continua a ser o ponto fraco do marxismo. Quando Marx escreve: 'A concepção materialista do mundo implica simplesmente a concepção da natureza como ela é, sem qualquer contribuição externa', ele próprio se transforma em uma *observação objetiva* e pretende contemplar a natureza como ela é em absoluto. Tendo extirpado toda a subjetividade e se tendo assimilado à verdade objetiva pura, ele caminha em um mundo de objetos habitado por homens-objeto" (1963, p.32ss.).

camente tecnológica. O moinho movido à mão produz um tipo de sociedade, o moinho a vapor, outro:

> As relações sociais estão intimamente ligadas às forças produtivas. Ao adquirir novas forças produtivas, os homens mudam seu modo de produção, e ao mudar seu modo de produção, a maneira de ganhar seu sustento, os homens mudam suas relações sociais. O moinho à mão produz uma sociedade com um suserano; o moinho a vapor, a sociedade do capitalismo industrial. Os mesmos homens que estabelecem relações sociais em conformidade com sua produtividade material também produzem princípios, ideias e categorias de acordo com suas relações sociais. Portanto, as ideias e categorias são tão pouco eternas quanto as relações que elas expressam. Elas são produtos *históricos* e *transitórios*. [Marx, 1968 (1847), p.119.]

Ou de novo:

> Darwin interessou-nos pela história da Tecnologia da Natureza, isto é, pela formação dos órgãos das plantas e animais, que servem como instrumentos de produção para sustentar a vida. A história dos órgãos produtivos do homem, de órgãos que são a base material de toda organização social, não merece igual atenção? E essa história não seria mais fácil de ser compilada, visto que, como afirma Vico, a história humana difere da história natural no fato de que nós fizemos a primeira, mas não a segunda? A tecnologia revela o modo de o homem lidar com a natureza, o processo de produção pelo qual ele sustenta sua vida, e consequentemente também expõe o modo de formação das suas relações sociais e das concepções mentais que delas fluem. [1967 (1867), 1:372ss.]

Vejamos, mais uma vez, uma passagem de *A ideologia alemã* que merece muita atenção:

> O modo como os homens produzem seus meios de subsistência depende, antes de tudo, da própria natureza dos meios de subsistência de que dispõem e que têm de reproduzir. Esse modo de produção não deve ser considerado somente enquanto reprodução da existência física dos indivíduos. Trata-se, antes, de um determinado modo de atividade desses indivíduos, determinado modo de manifestar sua vida, determinado *modo de vida* dos mesmos. Os indivíduos são da maneira que manifestam sua vida. O que eles são coincide, por conseguinte, com sua produção, tanto com *o que* produzem quanto com o modo *como* produzem. O que os indivíduos são depende, portanto, das condições materiais da sua produção.
>
> Essa produção só aparece ao se multiplicar a população. E pressupõe, por sua vez, um intercâmbio entre os indivíduos. A forma desse intercâmbio é condicionada, por sua vez, pela produção. [Marx e Engels, p.31-2.][19]

---

19 A versão de Engels, em uma famosa carta a H. Starkenburg (25 de janeiro de 1894), é bem menos rica em nuanças: "O que entendemos por condições econômicas — que consideramos como base

Essa passagem de *A ideologia alemã* é outro texto-chave no qual os "dois momentos" do materialismo histórico estão de novo associados. Já evoquei esse texto — e no próximo capítulo voltarei a ele novamente — por sua clara afirmação de que a produção dos homens, como produção histórica, não é referível simplesmente às necessidades físicas (biológicas). Sendo esse o caso, acontece que o *que* os homens produzem e *como* eles produzem depende do esquema cultural dos homens e das coisas. O conteúdo e a modalidade da produção não provêm do que os homens e as coisas "realmente são", isto é, como se desassociados dessa atribuição cultural. As últimas frases do texto poderiam ser tomadas como uma ruptura lógica com as primeiras, pois onde Marx determinou primeiramente as coordenadas culturais da produção, a organização da produção como "modo de vida", no fim ele determina o modo de vida, incluindo a organização da produção, pelas coordenadas materiais. A "forma de intercâmbio", que inclui as relações de produção, é mais uma vez o resultado *sui generis* do processo de produção. Retornamos, portanto, à crítica de Habermas.

A crítica de Habermas é baseada na observação de que a formulação filosófica de Marx é inconsistente com as suas investigações históricas. Nestas últimas — em *O capital*, por exemplo — as relações de produção gozam de um status teórico distinto, e pelo menos tão poderoso quanto o das forças produtivas. Mas a reflexão abstrata de Marx confere uma importância singular às forças produtivas. Em *princípio* ele reduz "o ato autogerativo da espécie humana ao trabalho". O efeito é uma "atrofia positivista da epistemologia". A razão instrumental é emancipada às expensas da "interação simbólica" que ordena as relações de produção, e através delas age cognitivamente dentro do próprio processo de trabalho (Habermas, 1971, p.42). A objeção de Habermas é de que a cultura é deixada fora da filosofia:

> Através da análise [substantiva] do desenvolvimento das formações econômicas da sociedade, [Marx] adota um conceito do sistema de trabalho social que contém mais elementos que os admitidos na ideia de uma espécie que reproduz a si mesma através do trabalho social. A autoconstituição através do trabalho social é concebida *ao nível de categoria* como um processo de produção, e ação instrumental, trabalho no sentido

---

determinante da história da sociedade — são os métodos pelos quais os seres humanos de uma sociedade dada produzem seus meios de subsistência e trocam os produtos (na medida em que existe divisão de trabalho). Logo, está incluída nelas *toda a técnica* da produção e do transporte. Segundo nossa concepção, essa técnica determina igualmente o método de troca e, além disso, a distribuição dos produtos e, com ela, posteriormente, a dissolução da sociedade tribal, a divisão em classes, e portanto as relações entre senhor e servo, e com estas o Estado, a política, o direito etc. As condições econômicas também incluem a base geográfica sobre a qual atuam e os vestígios das etapas anteriores do desenvolvimento econômico que foram realmente transmitidos e que sobreviveram — quase sempre apenas por tradição ou por inércia; e também, é claro, o ambiente externo que cerca essa forma de sociedade" (em Marx e Engels, 1936, p.516-7).

de atividade material, ou tarefa que designa a dimensão na qual a história natural se move. Por outro lado, *ao nível de suas investigações materiais*, Marx sempre leva em conta a prática social, que inclui tanto tarefa quanto interação. Os processos da história natural são mediados pela atividade produtiva de indivíduos e pela organização de suas inter-relações. Essas relações estão sujeitas a normas que decidem, com a força de instituições, que responsabilidades e premiações, obrigações e encargos ao orçamento social serão distribuídos entre os membros. O meio no qual essas relações de sujeitos e grupos são normativamente reguladas é a tradição cultural. Ela forma a estrutura da comunicação linguística com base na qual os sujeitos interpretam tanto a natureza quanto eles mesmos em seu meio ambiente. [Habermas, 1971, p.52-3.]

Materialismo histórico e utilitarismo

Pode-se perguntar se Marx jamais abandonou — como afirmaram alguns — sua compreensão do homem como um "ser essencial", obrigado a evidenciar-se a si mesmo através da apropriação do mundo sensorial. Ou essa visão da natureza humana não era essencial ao naturalismo da teoria desenvolvida do materialismo? Nos *Manuscritos de Paris*, Marx realmente definiu sua posição — por oposição imediata ao idealismo e ao materialismo — como um "naturalismo" ou "humanismo". Portanto vale a pena investigar brevemente a ideia de homem que nasceu daí. Afinal, ela poderia ser outra continuidade, a mais sutil, existindo quase como uma presença fantasmagórica dentro do materialismo histórico posterior, que age porém aqui, como na sociedade ocidental em geral, como um poderoso "fantasma nos cérebros dos homens". A continuidade consistiria especificamente na racionalidade do utilitarismo, estabelecido primeiro como um arcabouço do discurso sobre a natureza humana, penetrando depois na análise da história — e logo na aparência objetiva da maximização de recursos, no ponto de interação da sociedade com a natureza, e na forma subjetiva da motivação materialista, revelada como a verdade da ideologia social. A continuidade é a economização burguesa.

Estou fazendo uma asserção muito ampla: que a espécie à qual o "ser em espécie" de Marx pertence é o *Homo economicus*. É, contudo uma variedade especial. A visão de Marx da condição humana nos *Manuscritos de Paris* parece antes uma "mentalidade de mercado" espiritualizada, combinando as necessidades humanas (de autorrealização) e a escassez natural (de meios objetivos) com a progressiva liberação do homem dessa condição sombria através da ação intencional — seu enriquecimento progressivo através do exercício cada vez mais efetivo de seus poderes apropriativos e do intercâmbio com outros homens. Mesmo a "alienação" das fases iniciais dessa carreira envolvem essa oposição dualista entre homem e sociedade característica de um funcionalismo burguês. Marx insistiu muitas vezes em que o indivíduo é o *ser social*; porém, seu conceito de alienação depende em grande parte da "antítese entre o homem e o seu ser social" (McLellan, 1971b, p.106). A alienação parece ser o lado reverso (proletário) da ideia de um homem empreendedor, em relação a cujo projeto subjetivo de satisfação a sociedade permanece como condição externa. Em qualquer caso, o comunismo é a consequência dessa luta, uma transcendência da alienação que, nos termos de Marx (1961 [1844], p.109), "produz o homem *rico*, profundamente dotado em todos os seus sentidos"; isto é, o homem capaz de perceber verdadeiramente e portanto de realizar sua própria essência pela apropriação da natureza essencial das coisas.[20] De modo inverso, o homem no estado original é um ser limitado, um "ser que sofre", uma criatura de necessidades e impulsos, apaixonadamente curvada sobre os objetos da sua existência:

> O *homem* é diretamente um ser natural. Como ser natural e como ser natural vivente, é provido, por um lado, das *forças naturais da vida*; é um ser natural *ativo*. Essas forças existem nele como tendências e habilidades, como *impulsos*. Por outro lado, como ser natural, físico, sensorial, objetivo, é uma criatura *que sofre*, condicionada e limitada como os animais e as plantas. Isto é, os objetos de seus impulsos existem fora dele, como objetos independentes dele; porém, esses *objetos* lhe são necessários: *objetos* essenciais, indispensáveis à manifestação e confirmação de suas forças essenciais ...
>
> Um ser não objetivo é uma *nulidade* — um *não-ser*... O homem, enquanto ser objetivo, sensorial, é pois um ser *que sofre*, e porque sente e sofre, um ser *apaixonado*. A paixão é a força essencial do homem, que se curva energicamente sobre o seu objeto. [Ibid., p.156-8.]

Para maior credibilidade do seu argumento, é importante observar que essa leitura do conceito de natureza humana de Marx como uma metáfora da racionalidade capitalista não é nem incomum nem idiossincrática. Se o conceito nem sempre esteve situado desta forma, a identificação desse paradigma necessidades-meios-fins é ainda uma descoberta comum de comentário recente. Várias passagens do excelente livro de Ollmann *Alienation* (1971) podem servir para exemplificar isso:

> Marx resume sua avaliação do homem como uma criatura natural e sensorial, referindo-se a ele como um ser "que sofre, limitado e condicionado". O homem sofre devido àquilo que suporta. De acordo com Marx, ser sensível significa necessariamente sofrer. O homem não pode obter tudo que necessita para realizar suas forças

20 Observem que a direção da cultura é, em um certo sentido, uma fuga do simbólico em direção aos sentidos, por conseguinte a unidade última da ciência humana e natural. O simbolismo aqui, como nos últimos trabalhos, é tratado com desconfiança como a distorção e a mistificação da realidade (por exemplo, na religião). Na medida em que o simbólico é uma ideia equivocada, supor que a cultura seja contingente à ideia seria um equívoco.

> naturais, visto que, de um modo ou de outro, ele requer o mundo todo. Haverá sempre uma mulher (ou homem), alimentos etc. não disponíveis, e, mesmo se por um momento, aquilo que for negado causará sofrimento ... Porque ele sofre aquilo que suporta, porque suportar é sofrer, o homem é considerado um ser apaixonado. A paixão é a qualidade que anima o esforço do indivíduo em obter seus objetos. Deste ponto de vista do sujeito que sente, a paixão é o próprio esforço.
>
> Finalmente, o homem é considerado um ser limitado devido às restrições que cercam, por todos os lados, seus desejos e atividades ... A disponibilidade de objetos na natureza e suas qualidades particulares restringem o homem em todas as tentativas de concretizar seus desejos; aqueles fatores regulam quando — e como — suas forças podem ser usadas. [Ibid., p.82.] Marx atribui ao homem certas forças, que ele divide em naturais e da espécie, e afirma que cada uma dessas forças está refletida na consciência por uma necessidade correspondente; o indivíduo sente necessidade de tudo aquilo que é necessário para realizar suas forças. Os objetos da natureza, incluindo os outros homens, fornecem a matéria através da qual essas forças são realizadas e, consequentemente, pela qual as necessidades são sentidas. A realização ocorre através da apropriação de objetos que estão de acordo, em tipo e nível de desenvolvimento, com essas próprias forças. "Apropriação" é a expressão mais geral de Marx para o fato de o homem incorporar a natureza quando entra em contato com ele mesmo. A atividade entra aí como meio principal pelo qual o homem se apropria de objetos e se torna, consequentemente, o meio efetivo entre o indivíduo e o mundo exterior. Marx vê essa atividade em três relações especiais com as forças do homem: primeiro, é o exemplo mais notável de sua operação combinada; segundo, estabelece novas possibilidades para a sua realização ao transformar a natureza e, por conseguinte, todas as limitações impostas pela natureza; e, terceiro, é o meio principal pelo qual seu próprio potencial, como força, se desenvolve. [Ibid., p.137-8; ver Kolakowski, 1969, p.38-60, para uma explicação muito semelhante dos *Manuscritos de Paris.*]

Marx nunca abandonou esse conceito de "necessidades", nem por conseguinte o conceito de produção como ação intencional no sentido de sua satisfação. Ao contrário, o materialismo histórico que vem depois depende da mesma determinação naturalista do trabalho como processo de satisfação de necessidades, assim como o valor de uso deve ser distinguido do valor de troca devido à sua correspondência direta com os desejos humanos. No mesmo sentido, em relação ao "interesse de classe", C. Wright Mills observou que "a visão de Marx de consciência de classe ... é tão utilitária e racionalista como qualquer coisa de Jeremy Bentham" (1962, p.115). Mas se Marx não exorcizou o arcabouço utilitário, nem se sentiu levado a defini-lo, foi precisamente para afirmar a natureza da vantagem material característica da ação humana no mundo — tanto quanto estou cônscio disso.[21]

---

21 Ollman também se ressentiu dessa omissão e foi obrigado a romper com sua "regra fundamental de permanecer dentro das categorias de Marx" a fim de poder explicar. Sua explicação foi encaminhada precisamente a esse ponto; o comportamento implícito à noção de trabalho de Marx, de "ativida-

A natureza da racionalidade econômica surge nas análises históricas de Marx como evidente em si mesma, como algo que provém diretamente da necessidade natural da produção. Se o conteúdo da produção foi uma questão sem resposta na economia de Marx, eis aqui uma resposta sem pergunta. Tudo depende porém da racionalidade da produção, da eficiência instrumental do processo de trabalho. Para tal, as condições materiais devem constituir-se acima dos desejos dos homens, com base na experiência prática na qual eles constroem sua existência social e intelectual. Caso a questão fosse colocada especificamente, em vez de ser assumida como ideia preconcebida de que a produção é a satisfação das necessidades humanas, todo o edifício teórico construído sobre a atividade material poderia ter sido replanejado. Existe realmente *uma* lógica do trabalho? Poder-se-ia responder através de um dos dois modelos naturalistas, nenhum deles satisfatório nem quanto à teoria nem quanto à história (cf. Sahlins, 1969). Ou é uma estratégia burguesa de maximização, tal como Marx parece pressupor, embora ninguém tenha discorrido melhor sobre sua relatividade social. Ou é um modelo ecológico de "sobrevivência" que, posto referir-se apenas a um funcionamento necessário mínimo, não deixa especificada a intensidade precisa do uso de recursos, sendo tudo acima do mínimo "adaptativo". Então, se não existe *uma* lógica do trabalho, pode haver uma lógica constitutiva *material* do trabalho? O problema é que a efetividade material, a praticabilidade, não existe em nenhum sentido absoluto, mas somente na medida e na forma projetadas por uma ordem cultural. Ao selecionar seus meios e seus fins materiais dentre todos os possíveis, bem como as relações nas quais são combinados, a sociedade estabelece as intenções e as intensidades produtivas, de uma maneira e medida apropriadas a todo o sistema estrutural. Aí permanece, como *lógica*, apenas o sistema significativo da cultura. O materialismo histórico investe essa lógica cultural como definição da necessidade material de todos.

Com esta crítica, retornamos à antropologia, ou particularmente àquela antropologia que concebeu a cultura como uma intervenção na natureza. Além disso, encontramo-nos agora em uma melhor posição para reintegrar nossa própria sociedade no mundo. Embora se possa dizer que o materialismo histórico é

---

de", era a racionalidade aquisitiva. "Marx vê o trabalho como 'racional' na medida em que o homem apreende a natureza do que ele quer para transformar e é capaz de direcionar seus movimentos coerentemente... Na linguagem comum, 'agir racionalmente' significa entender o 'porquê' e o 'motivo' do que alguém está fazendo e *proceder da maneira mais eficiente* ao fazê-lo... O próprio ato de escolha mostra a vontade como sendo um outro elemento da razão. Contudo, é no retrato que Marx faz da atividade de vida do homem como intencional que sua racionalidade é mais evidente...

Quando o indivíduo sente necessidades particulares e tenta *satisfazê-las da maneira mais eficiente possível*, ele sabe que esse processo mental pode ser rotulado de "raciocínio". Tal raciocínio, é claro, é efetuado dentro de limites cuidadosamente prescritos, determinados pelo estado dos seus poderes e da natureza" (Ollman, 1971; p.114-5; grifo meu; ver de novo Kolakowski, 1969, p.44).

relativo àquela sociedade, e ele parece colocar o Ocidente à parte do resto do mundo, ele também sugere que nosso próprio sistema não é menos baseado em significado que os outros. O próximo capítulo começa pela exploração de algumas dimensões semióticas da nossa economia, com uma abordagem dirigida a uma síntese mais geral, tanto teórica quanto humana.

4 LA PENSÉE BOURGEOISE
a sociedade ocidental enquanto cultura

> O campo da economia política, construído exclusivamente sobre os dois valores de troca e de uso, se desfaz e necessita ser inteiramente reanalisado sob a forma de uma *Economia política generalizada*, e que vai sugerir a produção do valor de troca simbólico [*valeur d'echange/signe*] como a mesma coisa e no mesmo movimento que a produção de bens materiais e do valor de troca econômico. Portanto, a análise da produção de símbolos e cultura não se mostra externa, ulterior, ou "superestrutural" em relação à produção material; ela se mostra como uma *revolução da própria economia política*, generalizada pela intervenção teórica e prática do valor de troca simbólico.
>
> BAUDRILLARD
> 1972, p.130

O materialismo histórico é verdadeiramente um autoconhecimento da sociedade burguesa — no entanto, um conhecimento, assim parece, dentro dos termos daquela sociedade. Ao tratar a produção como um processo natural-pragmático de satisfação de necessidades, corre o risco de uma aliança com a economia burguesa no trabalho de aumentar a alienação de pessoas e coisas para um poder cognitivo maior. Os dois se uniriam para esconder o sistema significativo na práxis pela explicação prática do sistema. Se esse esconder é permitido, ou introduzido clandestinamente como premissa, tudo aconteceria em uma antropologia marxista como acontece na economia ortodoxa, como se o analista fosse logrado pelo mesmo fetichismo da mercadoria que fascina os participantes no processo. Concebendo-se a criação e o movimento de bens somente a partir de suas quantidades pecuniárias (valor de troca), ignora-se o código cultural de propriedades concretas que governa a "utilidade" e assim continua incapaz de dar conta do que é de fato produzido. A explicação se satisfaz em recriar a autoilusão da sociedade para a qual se dirige, onde o sistema lógico dos objetos e relações sociais segue em um plano inconsciente, manifestado somente através de decisões de mercado baseadas no preço, deixando a impressão de que a produção não passa de um precipitado de uma racionalidade esclarecida. A estrutura da economia aparece como a consequência objetivizada do comportamento prático, em vez de uma organização social de coisas, pelos meios institucionais do mercado, mas de acordo com um projeto cultural de pessoas e bens.

O utilitarismo, entretanto, é a maneira pela qual a economia ocidental, na realidade toda a sociedade, se experimenta: a maneira como é vivida pelo sujeito participante, pensada pelo economista. Sob qualquer ponto de vista, o processo parece ser de maximização material: a famosa alocação de meios escassos entre fins alternativos para obter a maior satisfação possível — ou, como disse Veblen, obter alguma coisa contra nada às expensas de quem possa interessar. No lado produtivo, a vantagem material toma a forma de um valor pecuniário acrescido. Para o consumidor, é mais vagamente entendido como o retorno em "utilidade" da despesa monetária: mesmo aqui, porém, o apelo do produto está em sua pretensa superioridade funcional em relação a todas as possíveis alternativas (cf. Baudrillard, 1968). O carro último tipo — ou o refrigerador, o estilo de roupa, ou a marca de dentifrício — é, por causa de uma nova característica ou outra mais conveniente, melhor adaptado às necessidades da vida moderna, mais confortável, tem mais saúde, é mais *sexy*, mais durável, ou mais atraente que qualquer produto competidor.[1] Na concepção nativa, a economia é uma arena de ação pragmática. E a sociedade é o resultado formal. As principais relações de classe e políticas, assim como as concepções que os homens têm da natureza e de si mesmos, são geradas por essa busca racional de felicidade material. Assim, a ordem cultural é sedimentada a partir da influência recíproca de homens e grupos agindo diferentemente na lógica objetiva de suas situações materiais:

> Até que seus interesses destoantes criem
> A música apropriada de um estado bem-associado ...
> Assim Deus e a Natureza uniram a estrutura geral,
> E instaram o Amor-Próprio e o Social a que assim o fossem*
> [Alexander Pope, *Ensaio sobre o homem*]

Assim é o modo como aparece nossa sociedade burguesa, e sua mediana e comum sabedoria sociológica. Por outro lado, é também conhecimento comum

1 Naturalmente, em algum nível, sabemos que essas afirmações são fraudulentas, mas esse conhecimento é apenas uma prova a mais do mesmo princípio, isto é, do poder determinante do lucro. Tendo penetrado nos segredos da publicidade, tendo-lhe tirado toda substância e sentido, que mais resta a não ser o motivo do lucro por baixo de qualquer forma social? Assim, pela própria abstração e nudez na qual o descobrimos, seu poder é confirmado — ainda mais pela ilusão de termos sido capazes de determiná-lo atrás da máscara de falsos propósitos.

* *Till jarring interests of themselves create / The according music of a well-mixed state ... / Thus God and Natures linked the general frame, / And bade Self-love and Social be the same.* (N.T.)

antropológico o fato de que o esquema "racional" e "objetivo" de qualquer grupo humano nunca é o único possível. Mesmo em condições materiais muito semelhantes, as ordens e finalidades culturais podem ser muito diferentes. Porque as condições materiais, se indispensáveis, são potencialmente "objetivas" e "necessárias" de muitas maneiras diferentes, de acordo com a seleção cultural pelas quais elas se tornam "forças" efetivas. Claro que, em um certo sentido, a natureza é sempre suprema. Nenhuma sociedade pode viver de milagres, enganando-se com ilusões. Nenhuma sociedade pode deixar de prover meios para a continuação biológica da população ao determiná-la culturalmente — não pode negligenciar a obtenção de abrigo na construção de casas, ou de alimentação ao distinguir comestíveis de não comestíveis. No entanto, os homens não "sobrevivem" simplesmente. Eles sobrevivem de uma maneira específica. Eles se reproduzem como certos tipos de homens e mulheres, classes sociais e grupos, não como organismos biológicos ou agregados de organismos ("populações"). É verdade que, produzindo assim uma existência cultural, a sociedade precisa continuar dentro dos limites da necessidade físico-natural. Mas isso tem sido considerado axiomático pelo menos desde Boas, e nem mesmo a mais biológica das ecologias culturais pode pedir mais: "limites de viabilidade" são o modo de intervenção prática da natureza na cultura (cf. Rappaport, 1967). Dentro desses limites, qualquer grupo tem a possibilidade de muitas intenções econômicas "racionais", sem falar nas opções de estratégia de produção que podem ser concebidas a partir da diversidade de técnicas existentes, do exemplo das sociedades vizinhas, ou da negação de ambas.

A razão prática é uma explicação indeterminada da forma cultural; para ser mais que isso, teria que assumir o que pretende explicar — a forma cultural. Mas permitam-me um "nervosismo" justificável. Na medida em que isso se aplica ao materialismo histórico, é Marx quem aqui critica Marx através de uma antropologia posterior. O ponto principal dessas objeções já tinha sido previsto na compreensão de Marx da produção como sendo devotada não simplesmente à reprodução dos produtores, mas também às relações sociais sob as quais ela se dá. Além disso, o princípio é interior à obra de Marx de uma maneira ainda mais geral. Repito uma passagem seminal de *A ideologia alemã*: "Esse modo de produção não deve ser considerado como sendo simplesmente a reprodução da existência física de indivíduos. É uma forma definida de atividade desses indivíduos, uma forma definida de expressar suas vidas, um *modo de vida* definido por parte deles" (Marx e Engels, 1965, p.32). Assim, foi Marx quem ensinou que os homens nunca produzem absolutamente, isto é, como seres biológicos em um universo de necessidade física. Os homens produzem objetos para sujeitos *sociais* específicos, no processo de reprodução de sujeitos por objetos *sociais*.

Nem mesmo o capitalismo, apesar de sua organização ostensiva por e para a vantagem pragmática, pode escapar dessa constituição cultural de uma práxis aparentemente objetiva. Porque, como Marx também ensinou, toda produção, mesmo onde ela é governada pela forma-mercadoria e pelo valor de troca, continua como produção de valores de uso. Sem o consumo, o objeto não se completa como um produto: uma casa desocupada não é uma casa. Entretanto, o valor de uso não pode ser compreendido especificamente ao nível natural de "necessidades" e "desejos" — precisamente porque os homens não produzem simplesmente "habitação" ou "abrigo": eles produzem unidades de tipos definidos, como uma cabana de camponês ou o castelo de um nobre. Essa determinação de valores de uso, um tipo específico de construção habitacional como um tipo específico de lar, representa um processo contínuo de vida social na qual os homens reciprocamente definem os objetos em termos de si mesmos e definem-se em termos de objetos.

A produção, portanto, é algo maior e diferente de uma prática lógica de eficiência material. É uma intenção cultural. O processo material de existência física é organizado como um processo significativo do ser social — o qual é para os homens, uma vez que eles são sempre definidos culturalmente de maneiras determinadas, o único modo de sua existência. Se foi Saussure quem previu o desenvolvimento de uma semiologia geral devotada ao "papel dos signos da vida social", foi Marx quem supriu a *mise-en-scène*. Situando a sociedade na história, e a produção na sociedade, Marx estabeleceu a problemática de uma ciência antropológica ainda não nascida. A pergunta que fez contém sua própria resposta, na medida em que a pergunta é ela mesma a definição do símbolo: Como podemos dar conta da existência de pessoas e coisas que não podem ser reconhecidas na sua natureza física?

Já vimos que Marx, apesar disso, reservou a qualidade simbólica ao objeto em sua forma-mercadoria (fetichismo). Admitindo que os valores de uso claramente servem às necessidades humanas por suas propriedades evidentes, ele deixou de lado as relações significativas entre homens e objetos, que são essenciais para compreender a produção em qualquer forma histórica. Marx deixou a pergunta sem resposta: "Sobre o *sistema de necessidades e o sistema de trabalhos* — quando se lidará com eles?"

De maneira a situar uma resposta, a dar uma explicação cultural da produção, é crucial que se note que o significado social de um objeto, o que o faz útil a uma certa categoria de pessoas, é menos visível por suas propriedades físicas que pelo valor que pode ter na troca. O valor de uso não é menos simbólico ou menos arbitrário que o valor-mercadoria. Porque a "utilidade" não é uma qualidade do objeto, mas uma significação das qualidades objetivas. A razão pela qual os americanos determinam que a carne de cachorro não é comestível e a de boi o é, não é mais perceptível aos sentidos do que o preço da carne. Da mesma forma, o que determina que as calças são de uso masculino e as saias de uso feminino não tem necessariamente conexão com as características físicas ou com as relações que advêm dessas características. É por sua correlação em um sistema simbólico que as calças são produzidas para os homens e as saias para as mulheres, e não pela natureza do objeto em si nem por sua capacidade de satisfazer uma necessidade material — assim como é pelos valores culturais de homens e mulheres que os primeiros normalmente se incumbem dessa produção e as mulheres não. Nenhum objeto, nenhuma coisa é ou tem movimento na sociedade humana, exceto pela significação que os homens lhe atribuem.[2]

A produção é um momento funcional de uma estrutura cultural. Isso entendido, a racionalidade do mercado e da sociedade burguesa é vista sob outra luz. A famosa lógica da maximização é somente a aparência manifesta de uma outra Razão, frequentemente não notada e de um tipo inteiramente diferente. Também temos nossos antepassados. Não é como se não tivéssemos uma cultura, um código simbólico de objetos, em relação ao qual o mecanismo de oferta-demanda-preço, ostensivamente no comando, é em realidade servo. Consideremos a seguir o que os americanos produzem para satisfazer necessidades básicas de comida e vestuário.[3]

A preferência de comida e o tabu nos animais domésticos americanos

O objetivo destes comentários sobre os usos americanos de animais domésticos comuns será modesto: simplesmente para sugerir a presença de uma razão cultural em nossos hábitos alimentares, algumas das conexões significativas nas distin-

---

2 Sob certo aspecto, por ser menos limitado a uma situação específica, o valor de uso é mais arbitrário que o valor de troca, apesar de estar em associação mais rígida com as propriedades concretas do objeto. Marx estava correto em seu entendimento de valor da mercadoria como um significado diferencial estabelecido no discurso das coisas, isto é, o valor da mercadoria como o conceito (*le signifié*) de um dado objeto somente através das relações desenvolvidas no discurso comercial, e não pela referência a propriedades concretas. No último aspecto, o valor mercadoria é mais abstrato. Para entrar nessas relações determinantes, entretanto, o objeto deve ser um valor de uso, isto é, ter um significado convencional designado para suas propriedades objetivas, de maneira a dar-lhe "utilidade" para certas pessoas. Uma vez que esse significado é uma *avaliação* diferencial de propriedades, ele não pode ser entendido pelos sentidos; mas é sempre ligado ao perceptível — portanto, o valor de uso é o valor mais concreto. Por outro lado, o significado da utilidade pode ser invocado fora de qualquer ação específica, sendo tomado como significado do objeto como tal. Mas o valor de troca é determinável somente a partir da interação econômica das mercadorias, e diferentemente em cada situação. Está limitado e estipulado dentro do discurso das mercadorias; fora do contexto da troca, o objeto retoma o status de um valor de uso. Olhando assim, o valor de uso é o mais arbitrário; o valor de troca é um "deslocador" pragmático.

3 A discussão que se segue é somente um comentário marginal à análise mais ampla das noções de comestibilidade e das relações com animais domésticos desencadeada por Douglas (1966, 1971); Leach (1964) e Lévi-Strauss (1966). Ver também Barthes (1961), R. Valeri (1971), e, sobre certas correspondências entre categorias sociais e zoológicas, Bulmer (1967) e Tambiah (1969). A intenção aqui não é tanto a de contribuir para a análise semiótica quanto de enfatizar as implicações econômicas.

ções categóricas de comestibilidade entre cavalos, cachorros, porcos e bois. Entretanto, o ponto principal não é somente de interesse do consumo; a relação produtiva da sociedade americana com seu próprio meio ambiente e com o do mundo é estabelecida por avaliações específicas de comestibilidade e não comestibilidade, elas mesmas qualitativas e de maneira alguma justificáveis por vantagens biológicas, ecológicas ou econômicas. As consequências funcionais estendem-se desde a "adaptação" da agricultura até o comércio internacional e as relações políticas mundiais. A exploração do meio ambiente americano, a forma de relação com a terra dependem do modelo de uma refeição que inclui a carne como elemento central com o apoio periférico de carboidratos e legumes — enquanto que a centralidade da carne, que é também a indicação de sua "força", evoca o polo masculino de um código sexual da comida o qual deve originar-se na identificação indo-europeia do boi ou da riqueza crescente com a virilidade.[4] A indispensabilidade da carne como "força", e do filé como a síntese das carnes viris, permanece condição básica da dieta americana (observem-se as refeições das equipes de futebol americano). Daí também uma estrutura correspondente para a produção agrícola de ração, e em consequência uma articulação específica com o mercado mundial, que se modificaria da noite para o dia se comêssemos cachorros. Em comparação com esse cálculo significativo da preferência de comida, a oferta, a demanda e o preço justificam o interesse dos meios institucionais de um sistema que não inclui os custos de produção em seus próprios princípios de hierarquia. Os "custos de oportunidade" da nossa racionalidade econômica são uma formação secundária, uma expressão de relacionamentos já estabelecidos por outro tipo de pensamento, calculados *a posteriori* dentro dos limites de uma lógica de ordem significativa. O tabu sobre cavalos e cachorros, portanto, apresenta como inimaginável o consumo de animais cuja produção é praticamente possível e que nutricionalmente não devem ser desprezados. Certamente, deve ser possível criar *alguns* cavalos e cachorros para servirem de alimento, juntamente com porcos e bois. Há inclusive uma indústria enorme de criação de cavalos cuja carne é utilizada para alimento de cachorros. Mas a América é a terra do cão sagrado.

Um índio tradicional das planícies ou um havaiano (sem mencionar um hindu) ficaria desconcertado em ver como nós permitimos que os cachorros se reproduzam com tão severas restrições ao seu consumo. Eles vagam pelas ruas das maiores cidades americanas levando seus donos pela guia e depositando excrementos nas calçadas a seu bel-prazer. Todo um sistema de métodos de limpeza teve que ser utilizado para se desfazer da sujeira — a qual, no pensamento nativo,

4 Cf. Benveniste (1969, vol. 1) sobre *pasu vira* indo-europeu; por exemplo: "é como um elemento de riqueza móvel que deve ser tomado o *vira* ou *pasu vira* avéstico. Designa-se por esse termo o conjunto da propriedade privada móvel, homens e animais" (p.49). Ou ver a extensa discussão das palavras latinas *pecu, pecunia e peculium* (p.55ss.)

apesar do respeito que os cachorros merecem, é considerada "poluição". (Apesar disso, uma excursão a pé pelas ruas de Nova York faz uma caminhada pelos pastos bovinos do Meio-Oeste parecer um passeio idílico pelo campo.) Dentro das casas e apartamentos, os cães sobem nas cadeiras que foram feitas para seres humanos, dormem nas camas de pessoas, e sentam-se à mesa como bem querem à espera de sua porção da refeição da família. Tudo isso com a calma certeza de que nunca serão sacrificados por necessidade ou como oferta às divindades, nem mesmo comidos em caso de morte acidental. Em relação aos cavalos, os americanos têm alguma razão para suspeitar que eles sejam comestíveis. Há o boato de que os franceses comem cavalos. Mas a simples menção desse fato já é suficiente para evocar os sentimentos totêmicos de que os franceses estão para os americanos assim como as "rãs" estão para as pessoas.*

Em uma crise, as contradições do sistema se revelam. Durante a meteórica inflação nos custos da alimentação durante a primavera de 1973, o capitalismo não se destruiu — exatamente o contrário; mas as rachaduras no sistema da alimentação vieram à tona. Autoridades governamentais responsáveis sugeriram que as pessoas poderiam comprar os pesos de carne mais baratos, como rins, coração e vísceras — afinal de contas, são tão nutritivos quanto um hambúrguer. Para os americanos, essa sugestão específica faz Maria Antonieta parecer um exemplo de compaixão (figura 10). A razão para a repulsa parece pertencer à mesma lógica que recebeu com desagrado algumas tentativas de se substituir a carne bovina por carne de cavalo durante o mesmo período. O artigo abaixo é extraído do *Honolulu Advertiser*, de 15 de abril de 1973:

PROTESTO DOS APRECIADORES DE CAVALOS

Westbrook, Connecticut (UPI) — Aproximadamente 25 pessoas a cavalo e a pé fizeram ontem uma passeata em frente ao Mercado Carlson para protestar contra a venda, por aquela loja, de carne de cavalo como substituto barato da carne de boi.

"Eu acho que o abate de cavalos para o consumo humano neste país é uma desgraça", disse o organizador do protesto, Richard Gallagher. "Nós ainda não estamos no ponto, aqui nos Estados Unidos, em que sejamos forçados a matar cavalos para ter carne."

"Cavalos são para ser amados e cavalgados", disse Gallagher. "Em outras palavras, cavalos recebem afeto, enquanto que o gado de corte... eles nunca tiveram alguém afagando-os, escovando-os, ou algo assim. Comprar o cavalo de alguém e abatê-lo, eu não consigo aceitar."

* Os americanos referem-se aos franceses como *frogs*, ou seja, rãs. (N.T.)

O mercado começou a vender a carne de cavalo — " filé de carne de cavalo", "cavalobúrguer", "contrafilé equino" — na terça-feira, e o proprietário Kenneth Carlson disse que mais ou menos 20 mil libras foram vendidas na primeira semana.

A maioria dos açougueiros que vendem carne de cavalo comprou "animais velhos e sem utilidade" que seriam vendidos de qualquer maneira "para alimento de cachorro ou algo assim", disse Gallagher. Mas "agora eles estão levando também os cavalos jovens. Agora não podemos comprar esses cavalos porque os assassinos dão lances maiores que os nossos."

FIGURA 10 • Do *Honolulu Advertiser*, 2 de março de 1973

A razão principal postulada no sistema americano da carne é a relação das espécies com a sociedade humana. "Cavalos recebem afeto, enquanto o gado de corte ... eles nunca tiveram alguém afagando-os, escovando-os ou algo assim."[5]

5 "Supondo-se que um indivíduo acostumado a comer cachorros nos perguntasse a razão pela qual não comemos cachorros, só poderíamos responder que não é nosso costume; ele então estaria justificado se dissesse que os cachorros são tabu entre nós, tal como nós estamos justificados quando

Vamos examinar mais detalhadamente a série dos domésticos: bois-porcos-cavalos-cachorros. Todos estão, em alguma medida, integrados à sociedade americana, mas claramente com status diferentes, os quais correspondem aos graus de comestibilidade. A série é divisível, primeiro nas duas classes de comestíveis (bois-porcos) e não comestíveis (cavalos-cachorros), e, dentro de cada classe, entre categorias de carne mais e menos preferidas (bovina *versus* suína) e categorias mais e menos rigorosas de tabu (cachorros *versus* cavalos). A diferenciação parece estar na participação como sujeito ou objeto quando em companhia do homem. Além disso, a mesma lógica também diferencia os animais comestíveis em "carne" e os "órgãos" internos ou "vísceras". Adotando as palavras mágicas convencionais do estruturalismo, "tudo acontece como se" o sistema de alimento fosse todo flexionado por um princípio de metonímia, de tal forma que, tomado como um todo, compõe uma constante metáfora do canibalismo.

Cachorros e cavalos participam da sociedade americana na condição de sujeitos. Têm nomes próprios e realmente temos o hábito de conversar com eles, assim como não conversamos com porcos e bois.[6] Portanto, cachorros e cavalos são julgados não comestíveis porque, como disse a Rainha de Copas, "Não é fino mandar cortar alguém a quem você foi apresentado". Como co-habitantes domésticos, os cachorros são mais próximos do homem do que os cavalos, e seu consumo, portanto, é mais inimaginável: eles são "um membro da família". Tradicionalmente os cavalos têm, com as pessoas, uma relação mais de trabalho e mais servil; se os cachorros são como se fossem aparentados com o homem, os cavalos são como empregados e não aparentados. Daí o consumo de cavalos ser pelo menos concebível, embora não generalizado, enquanto que a noção de comer cachorros compreensivelmente evoca alguma repulsa do tabu do incesto.[7] Por outro lado, os

---

falamos sobre tabus entre povos primitivos. Se fôssemos fortemente pressionados para dar razões, provavelmente basearíamos nossa aversão em comer cachorros ou cavalos sobre a aparente impropriedade de comer animais que vivem conosco como nossos amigos" (Boas, 1965 [1938], p.207).

6 As práticas francesas e americanas de nominação parecem diferir aqui. As observações de Lévi-Strauss sobre os nomes que os franceses dão aos animais (1966, p.204ss.) só se aplicam parcialmente ao costume americano. Uma rápida inquirição etnográfica é suficiente para mostrar que os americanos são muito complexos a esse respeito. Entretanto, a regra geral é que com-nome/anônimo: não comível/comível. Os nomes de cachorros e cavalos (excluindo os cavalos de corrida) são algumas vezes "como nomes artísticos que formam uma série paralela com os nomes verdadeiros das pessoas, ou, em outras palavras, nomes metafóricos" (ibid., p.205) — por exemplo, *Duke, King, Scout, Trigger*. Mais frequentemente, entretanto, os nomes usados em inglês são termos descritivos, metamórficos, mas tirados do discurso: *Smokey, Paint, Blue, Snoopy, Sport* etc. Os franceses reservam tais nomes para o gado. Nosso gado é geralmente anônimo, exceto as vacas leiteiras, as quais frequentemente têm nomes humanos dissilábicos (*Bessie, Ruby, Patty, Rena* — nomes fornecidos por informantes). Os cavalos de trabalho — distintos dos cavalos de corrida — também têm nomes humanos. As diferenças entre sociedades que se relacionam nesses aspectos, como Lévi-Strauss (1973) indica, representam *découpages* culturais diferentes ou superposições do animal nas séries humanas.

7 Leach desenvolve essa posição em seu importante estudo sobre como as categorias de animais ingleses se ajustam em um conjunto sistemático de correspondências entre relações com pessoas e

animais comestíveis, como porcos e bois, geralmente têm o status de objetos para os sujeitos humanos, vivendo suas vidas à parte, nem como complemento direto nem como instrumento de trabalho das atividades humanas. Normalmente, portanto, eles são anônimos, ou, se têm nomes, como algumas vacas leiteiras, são para servir de referência na conversa dos homens. Entretanto, como animais de curral e comedores de restos de comida humana, os porcos estão mais próximos da sociedade humana que os bois (cf. Leach, 1964, p.50-1). Correspondentemente, peso por peso, a carne de porco tem menos prestígio que a carne bovina. A carne bovina é a comida de maior prestígio social, e consumida nas ocasiões sociais mais importantes. Um assado de carne de porco não é tão solene como um corte de primeira de carne de boi, nem parte alguma do porco se pode comparar a um filé de carne de boi.

A comestibilidade está inversamente relacionada com a humanidade. O mesmo se aplica às preferências e designações mais comuns das partes comestíveis do animal. Os americanos estabelecem uma distinção categórica entre as partes "internas" e "externas", o que representa para eles o mesmo princípio da relação com a humanidade, ampliado metaforicamente. A natureza orgânica da carne [*flesh*] (músculo e gordura) é disfarçada imediatamente, e é genericamente chamada de carne [*meat*] e daí em diante por convenções específicas tais como "filé", "costeleta", "lagarto", ou "cervelha"; enquanto que os órgãos internos são conhecidos como tal (ou "entranhas"), e mais especificamente como "coração", "língua", "rins" e assim por diante — exceto quando são eufemisticamente transformados no processo de preparação em produtos como *sweetbreads*.[8]* As partes internas e externas são respectivamente assimiladas e distinguidas de partes do corpo humano — no mesmo modelo que nós concebemos nosso "ser mais íntimo" como nosso "ser verdadeiro" — e as duas categorias são correspondentemente caracterizadas como mais ou menos apropriadas para o consumo humano. A distinção entre "interior" e "exterior", portanto, duplica no animal a diferenciação estabele-

---

relações com animais, de acordo com os graus de distância (1964, p.42-7 e apêndice). Leach afirma que o esquema tem ampla validade, embora não tenha universalidade; naturalmente que o estudo demandaria alguma mudança para povos (por exemplo) que comem cachorros domésticos. Os havaianos tratam com grande compaixão os cachorros que serão comidos, "e não infrequentemente, condescendem em alimentá-los com *Poi* (pó de taro) de suas próprias bocas" (Dampier, 1971, p.50). Os cachorros destinados ao consumo, entretanto, nunca podem comer carne (Corney, 1896 [1821], p.117). Não foi esclarecido se eles são comidos pela família que os criou ou se são como os porcos melanésios, que são muito bem tratados por seus donos, mas reservados para serem dados aos outros.

8 A taxonomia da carne é naturalmente muito mais complexa do que esses nomes comuns. O filé, por exemplo, tem grande vocabulário próprio, no qual ocorre alguma referência orgânica, embora normalmente com termos que não se aplicam ao corpo humano como lombo e *T-bone*. O fígado de vitela é uma exceção para toda esta discussão; desconheço o porquê.

* Nome dado ao timo ou pâncreas de vitela quando usado para alimentação humana. (N.T.)

cida entre espécies comestíveis e espécies tabu, o todo construindo uma lógica única em dois níveis com a implicação consistente da proibição do canibalismo.

É essa lógica simbólica que organiza a demanda. O valor social do filé ou alcatra, comparado com o da tripa ou língua, é o que estabelece a diferença em seu valor econômico. Do ponto de vista nutritivo, tal noção de "melhor" e "inferior" seria uma posição difícil de defender. Além disso, filé continua a ser o peso mais caro, apesar de a oferta absoluta de filé ser muito maior que a de língua; há muito mais filé em uma vaca do que língua. E, ainda mais, o esquema simbólico de comestibilidade se junta com aquele que organiza as relações de produção para precipitar, através da distribuição da renda e demanda, toda uma ordem totêmica, unindo em uma série paralela de diferenças o status das pessoas e o que elas comem. As pessoas mais pobres compram os pesos mais baratos, mais baratos porque socialmente são pesos de carne de qualidade inferior. Mas a pobreza é, antes de tudo, codificada étnica e racialmente. Pretos e brancos entram diferentemente no mercado de trabalho americano, sua participação determinada por uma odiosa distinção de "civilização" relativa. O preto é na sociedade americana como o selvagem entre nós, natureza objetiva na própria cultura. Entretanto, em virtude da consequente distribuição de renda, a "inferioridade" dos pretos também é percebida como uma profanação culinária. *Soul food** pode se tornar uma virtude. Mas somente como a negação de uma lógica geral na qual a degradação cultural é confirmada por preferências alimentares próximas do canibalismo, mesmo quando esse atributo metafórico da comida é confirmado pelo status daqueles que a preferem.

Não invocaria o "chamado totemismo" simplesmente em analogia casual com o *pensée sauvage*. É verdade que Lévi-Strauss escreve como se o totemismo se houvesse limitado, em nossa sociedade, a uns poucos locais marginais ou práticas ocasionais (1963a; 1966). E com razão — na medida em que o "operador totêmico", articulando diferenças na série cultural com diferenças na espécie natural, não é mais um elemento principal do sistema cultural. Mas deve-se questionar se não foi substituído por espécies e variedades de objetos manufaturados, os quais como categorias totêmicas têm o poder de fazer mesmo da demarcação de seus proprietários individuais um procedimento de classificação social. (Meu colega Milton Singer sugere que o que Freud disse sobre a diferenciação nacional pode muito bem englobar o capitalismo, ou seja, que é narcisismo a respeito de diferenças mínimas.) E, ainda mais fundamental será que os operadores totêmicos e os de produtos não têm a mesma base no código cultural de características naturais, a significação atribuída aos contrastes em forma, linha, cor e outras propriedades do objeto apresentadas pela natureza? O "desenvolvimento" que é efetuado pelo

* *Soul food* é o nome dado à cozinha do negro americano. (N.T.)

pensée burgeoise pode consistir principalmente na capacidade de duplicar e combinar tais variações à vontade, e dentro da própria sociedade. Mas nesse caso, a produção capitalista fica como uma expansão exponencial do mesmo tipo de pensamento, com troca e consumo sendo seu meio de comunicação.

Pois, como Baudrillard escreve a respeito, o próprio consumo é uma troca (de significados), um discurso — ao qual virtudes práticas, "utilidades", são agregadas somente *post facto*:

> Assim como é verdade da comunicação do discurso, também é verdade dos bens e produtos: o consumo é troca. Um consumidor nunca está isolado, como um orador. É nesse sentido que precisamos fazer uma total revolução na análise do consumo. Da mesma maneira que não há uma linguagem simplesmente por causa da necessidade individual de falar, mas antes de tudo a linguagem — não como um sistema absoluto, autônomo, mas como uma estrutura contemporânea de troca de significado, ao qual é articulada a interação individual da fala — no mesmo sentido, também não há consumo por causa de uma necessidade objetiva de consumir, uma intenção final do sujeito em relação ao objeto. Há uma produção social, um sistema de troca, de materiais diferenciados, de um código de significados e valores constituídos. A funcionalidade dos bens vem depois, se autoajustando, racionalizando e ao mesmo tempo reprimindo esses mecanismos estruturais fundamentais. [Baudrillard, 1972, p.76-7.][9]

O totemismo moderno não é negado por uma racionalidade de mercado. Ao contrário, é promovido precisamente na medida em que valor de troca e consumo dependem de decisões de "utilidade". Pois essas decisões giram em torno da significação social de contrastes concretos entre produtos. É por suas diferenças significativas em relação a outros bens que os objetos se tornam trocáveis: portanto, tornam-se valores de uso para algumas pessoas, que são correspondentemente diferenciadas de outros sujeitos. Ao mesmo tempo, como uma construção modular de elementos concretos combinados pela invenção humana, bens manufaturados singularmente prestam-se a esse tipo de discurso. Ao dar feitio ao produto, o homem não aliena seu trabalho simplesmente, congelado em forma objetiva, mas, pelas modificações físicas que efetua, ele sedimenta um pensamento. O objeto fica

---

9 Além disso, há para esta noção de comunicação uma base fundamental, estabelecida por Rousseau em seu debate com Hobbes: "Mas mesmo que fosse provado que essa cobiça ilimitada e indomável é verdadeira, e que ela se tivesse desenvolvido em todos os homens até o ponto suposto por nosso sofista, ainda assim não produziria aquela guerra universal de um contra todos, da qual Hobbes tenta traçar o odioso *tableau*. Esse desejo incontrolado de apropriar-se de todas as coisas é incompatível com o de destruir todos os semelhantes; tendo matado a todos, o vencedor teria somente a desventura de ficar sozinho no mundo, e não poderia desfrutar de nada, mesmo tendo tudo. A riqueza em si mesma: que benefício ela traz se não pode ser comunicada; e de que adiantaria um homem possuir o universo inteiro se fosse seu único habitante?" (Rousseau, 1964, 3:601).

como um conceito humano fora de si mesmo, como se fosse homem falando com homem usando as coisas como meio de comunicação. E a variação sistemática das características objetivas é capaz de servir, até mesmo melhor que as diferenças entre espécies naturais, como o meio de um vasto e dinâmico esquema de pensamento: porque, nos objetos manufaturados, muitas diferenças podem variar ao mesmo tempo, e por uma manipulação de aparência divina — quanto maior o controle técnico, mais precisa e diversificada é essa manipulação — e porque cada diferença assim desenvolvida pela intervenção humana com vistas à "utilidade" necessita ter uma significação e não somente aquelas características, existindo dentro da natureza por suas próprias razões, que se prestam a ser notadas culturalmente. O totemismo burguês, em outras palavras, é potencialmente mais elaborado que qualquer variedade "selvagem" (*sauvage*), não que tenha sido liberada de uma base material-natural, mas precisamente porque a natureza foi domesticada. Como Marx disse: "Os animais só produzem a si mesmos, enquanto que os homens reproduzem o todo da natureza."[10]

Ainda assim, se não é mera existência o que os homens produzem, mas um "*modo de vida* definido à sua maneira", essa reprodução do todo da natureza constitui uma objetificação do todo da cultura. Pelo arranjo sistemático das diferenças significativas atribuídas ao concreto, a ordem cultural se realiza também como uma ordem de bens. Os bens ficam como um código-objeto para a significação e avaliação de pessoas e ocasiões, funções e situações. Operando em uma lógica específica de correspondência entre contrastes materiais e sociais, a produção é portanto a reprodução da cultura em um sistema de objetos.

Naturalmente, se é levado a explorar os duplos significados de termos tais como "moda" e "fabricar": utilizo o sistema americano de vestuário como o exemplo principal.

Notas sobre o sistema de vestuário americano

Considerado como um todo, o sistema americano de vestuário corresponde a um esquema muito complexo de categorias culturais e de relações entre elas, um verdadeiro mapa — não é exagero dizer — do universo cultural.[11] A primeira

10 "Os objetos não constituem nem uma flora nem uma fauna. Todavia, dão a impressão de uma vegetação pujante e de uma floresta, onde o nosso homem selvagem dos tempos modernos mal consegue reencontrar os reflexos da civilização. Essa fauna e essa flora, que o homem produziu e que por sua vez voltam a cercá-lo e a investi-lo ... deve-se tentar descrevê-las ... sem se esquecer jamais de que, em sua magnificência e profusão, elas são o *produto de uma atividade humana*, e que são dominadas, não pelas leis ecológicas naturais, mas pela lei do valor de troca" (Baudrillard, 1978, p.19-20). [Em francês no original.]

11 A moda das roupas foi muitas vezes comentada por cientistas sociais e é por vezes objeto de pesquisas empíricas (Barthes, 1967; Richardson e Kroeber, 1940; Simmel, 1904; Stone, 1959). Mas há

tarefa será sugerir que o esquema opera à base de uma sintaxe geral: um conjunto de regras de declinação e combinação das classes de forma-vestuário de maneira a formular as categorias culturais. Em um estudo da moda como é veiculada através da publicidade em várias revistas francesas, Roland Barthes especificou só para os vestidos femininos aproximadamente 60 focos de significação. Cada local ou dimensão compreendia um raio de contrastes significativos: alguns por simples presença ou ausência, como as luvas; alguns tão diversificados como as séries indefinidas de cores (Barthes, 1967, p.114ss.).[12] É evidente que com uma sintaxe própria, com regras de combinação, uma série formidável de proposições poderia ser desenvolvida, manifestando as relações entre pessoas e situações no sistema cultural. É igualmente evidente que eu não poderia esperar fazer mais do que sugerir a presença dessa gramática, sem a pretensão de tê-la analisado.

Há nas roupas vários níveis de produção semântica. A vestimenta como um todo é uma manifestação, desenvolvida a partir da combinação específica de partes de roupas e em contraste com outras vestimentas completas. Aí também há a lógica das partes, cujos significados são desenvolvidos diferencialmente pela comparação nesse nível, à maneira de Saussure: por exemplo, o valor das calças compridas das mulheres é determinado simultaneamente pela oposição a outras vestimentas daquele tipo, como saias ou calças masculinas, bem como pelo contraste com outros exemplos da mesma classe (calças compridas femininas) diferem em cor, modelo, ou coisa que o valha. Meu interesse em discutir essa sintaxe será mais com o que é comunicado do que com uma descrição de todo o conjunto de regras. Será suficiente indicar que essa sintaxe cria uma base sistemática para o discurso cultural "modelado" a partir dela:

> "A maioria das pessoas usa algum signo e não sabe o que ele está significando. Escolha seu signo de acordo com sua plateia", disse Malloy... "um bom terno escuro, camisa branca e gravata conservadora são os melhores amigos do guarda-roupa de um rapaz

---

uma literatura mais rica que se pode utilizar com finalidades etnográficas: as reflexões diretas dos participantes no processo. Nossa discussão faz uso de trabalhos escritos de publicitários, pesquisadores de mercado, desenhistas, compradores, críticos e editores de moda, e livros preparados por professores de economia doméstica, desenho e estética. Além disso, a discussão não nega por si mesma a vantagem da observação e autorreflexão na situação específica onde o etnógrafo finalmente realiza a posição privilegiada de observador-participante, isto é, na sua própria aldeia. Não tenho a pretensão de ter esgotado quaisquer destes recursos — muito longe disso.

Para um tratamento do vestuário análogo ao apresentado aqui — o qual, entretanto, veio à minha atenção só depois que este capítulo estava no prelo —, ver Bogatyrev, 1971.

12 Apesar de Barthes estar interessado exclusivamente na retórica da moda enquanto escrita *(le vetêment écrit)*, mais do que com o sistema simbólico do objeto do vestuário como tal, grande parte de sua discussão é pertinente ao esforço presente, e tenho utilizado muito do conteúdo de seus estudos.

se ele está se candidatando a algum cargo em escritório de profissionais liberais ou no mundo dos negócios. Eles são símbolos de autoridade. É muito simples." ["Fashion Column", *Chicago Daily News*, 11 de janeiro de 1974.]

Mas há outro problema, um pouco mais difícil. Passemos um nível abaixo para as unidades constituintes do discurso para demonstrar como certos significados sociais são relacionados com contrastes físicos elementares no objeto de vestuário. Será também um movimento de reconciliação com o pensamento totêmico porque o princípio é quase o mesmo: uma série de diferenças concretas entre objetos da mesma classe aos quais correspondem distinções no sentido de alguma dimensão da ordem social — como a roupa distingue entre o operário [*blue-collar*] e o trabalhador de escritório [*white-collar*]; a saturação relativa ou o brilho da cor distingue o outono da primavera; ou, "um doce desalinho do vestido/inspira um aspecto travesso no vestir" (Herrick). Por esses meios, o conjunto de objetos manufaturados é capaz de cobrir toda a ordem cultural de uma sociedade que, ao mesmo tempo, vestiria e investiria. (Duas palavras que derivam de uma raiz comum — como Tylor disse de *kindred* [parentesco] e *kindness* [bondade] — expressando da maneira mais feliz um dos princípios fundamentais da vida social.)

O objetivo geral de tudo isso, devo enfatizar, é uma contribuição para a explicação cultural da produção. É com essa finalidade que exploro o código de propriedades dos objetos e suas combinações significativas. A ênfase no código significa também que no momento não devemos preocupar-nos com a forma como os indivíduos se vestem. Isso não é simplesmente privilegiar a *langue* sobre a *parole*. Como as pessoas se vestem é um problema semiótico muito mais complicado do que pode ser demonstrado aqui, incluindo como o faz a consciência ou autoconcepção específica do sujeito em um "contexto de situação" significativo específico. De novo, passo rapidamente pela questão vizinha do vestuário. No entanto, se todas essas limitações, ligadas ao sistema em ação, tornam esta análise lamentavelmente incompleta, elas têm a vantagem de focalizar com antecedência a posição que estamos defendendo e sem a qual toda análise posterior da ação corre o risco de recair em um pragmatismo vulgar: que a produção é a realização de um esquema simbólico.

Observemos, pois, o que é produzido no sistema do vestuário. Por várias características objetivas, um item do vestuário torna-se apropriado para o homem ou para a mulher, para a noite ou para o dia, para "usar em casa" ou "na rua", para adultos ou adolescentes. O que é produzido é, portanto, em primeiro lugar, tipos de tempo e de espaço que classificam situações ou atividades; e em segundo lugar, tipos de status aos quais todas as pessoas pertencem. Essas poderiam ser chamadas de "coordenadas nocionais" do vestuário, na medida em que demarcam noções básicas de tempo, lugar e pessoa como constituídos na ordem cultural. Daí ser esse esquema classificatório, o que é reproduzido no vestuário. No entanto, não é só isso. Não são simplesmente os limites, as divisões e subdivisões entre grupos etários ou classes sociais, por exemplo: por um simbolismo específico das diferenças no vestuário, o que é produzido são as diferenças significativas entre essas categorias. Ao manufaturar peças de vestuário de cortes, modelos ou cores diferentes para mulheres e para homens, reproduzimos a distinção entre feminilidade e masculinidade tal como é *conhecida* nessa sociedade. Isso é o que ocorre no processo pragmático-material da produção.

Mais especificamente, o que ocorre é uma diferenciação do espaço cultural como o que se dá entre cidade e campo, e, dentro da cidade, entre o centro e os bairros residenciais — e aí de novo entre cada um, como formador coletivo de uma esfera pública, e o domínio doméstico-familiar. Quando uma mulher vai às compras, ela normalmente "torna elegante" uma roupa doméstica, pelo menos com a adição periférica de algum elemento que ressalte, como por exemplo joias; e mais ainda se ela vai fazer compras no centro em vez de "na vizinhança". Inversamente, quando o homem volta à casa "depois de um dia de trabalho duro", ele simplifica uma roupa de rua de maneira a estar consistente com o "caseirismo" da esfera doméstica.[13] No outro extremo estão as distinções maiores do espaço nacional: por exemplo, a Costa Oeste e a Costa Leste, das quais são subáreas demarcadas a Califórnia e o Nordeste (cf. Rosencranz, 1972, p.263-4).

13 Cf. o "princípio de adaptação ao estado" de Crawley: "O vestuário expressa todo movimento social, assim como cada nível social. Também exprime o caráter familiar, municipal, provincial, regional, tribal e nacional. Ao mesmo tempo, o vestuário dá inteira liberdade de movimento ao indivíduo. Uma psicologia completa do assunto analisaria todos esses casos com referência ao princípio de adaptação" (Crawley, 1931, p.172). Algumas das transformações objetivas que acompanham a proporção fundamental de público/privado:impessoal/familiar são evocadas pela imagem estereotipada do bom burguês que retorna ao lar "depois de um dia de muito trabalho no escritório": uma cena banal na qual a situação social é demonstrada pelo homem sucessivamente tirando o chapéu, beijando a mulher, tirando o paletó, tirando a gravata (gestos exagerados), abrindo o colarinho da camisa (respira fundo), sentando em sua poltrona favorita, calçando os chinelos trazidos por um filho, esposa ou cachorro bem treinados, e finalmente suspirando de alívio. Todo um conjunto de afirmações sobre o contraste entre o "mundo familiar" e o "mundo maior" ocorre aí. No estudo sociológico de Stone sobre o vestuário em Vansburg, Virgínia, foi observado que cerca de 70% dos trabalhadores manuais e de escritório chegam ao trabalho com o que consideram roupa de trabalho; e aproximadamente 60% mudam de roupa antes de irem para casa. Mais de 90% de suas esposas trocam de roupa antes de irem às compras, e mais ou menos 75% mudam de roupa de novo quando voltam à casa (Stone, 1959, p.109-10). Lynes notou há algum tempo atrás que nos fins de semana, uma vez que a casa (do bairro de classe média afluente) se transformou na arena do faça-você-mesmo, a classe dos funcionários de escritório usa "roupas de trabalho" (por exemplo, *blue jeans*) na esfera doméstica — exceto nos "churrascos de fundo de quintal", caracterizados pelas roupas de cores vivas usadas nos feriados, "símbolo da revolta contra a conformidade imposta aos homens pela rotina diária dos negócios" (1957, p.69).

Também substancializamos no vestuário as demarcações culturais básicas de tempo — diário, semanal, sazonal. Temos roupas para a noite e roupas para o dia, "vestidinhos para fim de tarde" e roupas noturnas (pijamas). Cada uma referencia a natureza das atividades determinada por aqueles períodos de tempo, da mesma maneira que as roupas de domingo estão para as roupas de dia de semana como o sagrado está para o profano. Primavera e outono são marcados por cores concebidas para repetir as do ciclo da vegetação. (A cor exterior, entretanto, parece ser invertida para uso no verão e no inverno: verde e vermelho marcam o solstício de inverno [Natal], enquanto que o branco é tradicionalmente adequado entre o Memorial Day [30 de maio] e o Labor Day [primeira segunda-feira de setembro].)

Um tratamento similar poderia ser aplicado a classe, sexo e grupo etário da roupa. Todas essas categorias sociais têm marcas determinadas, variações características no nível do objeto. Na ideologia comum de produtores e consumidores, essa consubstancialidade entre sujeito e objeto é predicada como uma identidade de essências, de modo que a seda é feminina e as mulheres são "sedosas". "Fina como seda", "macia como seda", essa fazenda se define, por um lado, em oposição à masculinidade da lã e, por outro, à inferioridade do algodão (cf. Dichter, p.104ss.).[14] Mas essa coleção de estilos de Veblen entre o máximo do luxo e o máximo da feminilidade é provavelmente recoberta pela raça, pois para os pretos americanos o sexo masculino parece ser o sexo marcante, enquanto que para os brancos o sexo feminino é que deve ser decorado.[15] Por outro lado, a correlação entre a elegância do homem preto e a elegância da mulher branca em dimensões como a da textura será flexionada diferencialmente por classe, na medida em que

14 As variedades de algodão são diferenciadas por sexo de acordo com o peso e a rigidez. Donde o paradigma comum de quatro classes para os tecidos:

	masculino	feminino
fino	lã	seda
comum	brim	"algodão"
	pesado ⟵⟶	leve

fino ↕ grosso

Em um livro sobre técnica de publicidade, Stephen Baker (1961, sem paginação) apresenta fotografias de uma mesma mulher vestida com quatro tecidos diferentes. Ele comenta: "Os tecidos têm conotação sexual. A lã é o menos feminino dos quatro tecidos ... ele faz a mulher parecer executiva, urbana, sofisticada. O linho tem uma imagem mista. Se é branco, sugere pureza. É mais feminino que a lã, mas tem pouco de sedutor. O linho é associado com alegria pura e saudável. A delicadeza (e leveza) da renda a torna um tecido feminino. Rica em padrões, a renda transmite um ar de elegância, uma certa distância e uma suave feminilidade. A seda é o mais sensual de todos os tecidos. Ela brilha e reflete o jogo de luz. É muito macia e adere ao corpo de uma mulher. Essa característica faz a seda (ou cetim) realçar as qualidades sedutoras daquela que a usa."

15 Cf. Schwartz (1958) sobre o vestuário entre os negros americanos. Uma observação desse estudo empírico que parece bastante generalizável é que o "motivo menos significativo a marcar a seleção e uso de certas peças do vestuário é a proteção contra os elementos" (p.27).

raça e classe se sobrepõem. É um lugar-comum da sociologia caseira que cores mortas e contrastes mínimos são típicos da classe alta do Sistema enquanto que as cores vivas e os contrastes fortes são típicas da "massa" (Birren, 1956). Por outro lado, a sobriedade sedosa da mulher branca da classe alta é substituída, na roupa de sua filha, pelas texturas da juventude; o que nos traz de volta à lã como diferenciação de juventude e masculinidade em face da mulher adulta pelos atributos de atividade/passividade (cerimonial).[16]

Gênero e grupo etário servem para ilustrar outra propriedade da gramática: alguns mecanismos de abertura do conjunto para fazê-lo mais complexo sem entretanto promover uma revisão, em princípio. Mesmo em expansão, o sistema parece confirmar a frase de Sapir segundo a qual a moda é o costume com a aparência de uma ruptura com o costume. Novas espécies e subespécies são permutadas, por exemplo, em uma síntese combinatória de oposições existentes. Para os figurinistas, a distinção original entre bebês e crianças em idade escolar foi recentemente dividida em "bebês", "crianças que engatinham", "crianças em idade pré-escolar" e "crianças em idade escolar"; os adolescentes, da mesma forma, não são mais o que eram, mas "pré-adolescentes", "subadolescentes" e "adolescentes" (Rosencranz, 1972, p.203). Da mesma maneira, várias categorias de homossexua-

16 Um estudo empírico do vestuário preferido pelas mulheres de meia-idade e mulheres universitárias de classe mais alta revela contrastes do seguinte tipo (N. Tylor, citado em Rosencranz, 1972, p.214-5):

	jovens universitárias	*mulheres de meia-idade*
roupa	vestido de lã cinza-escuro e casaco; lenço com desenhos abstratos cinza, preto e vermelho	conjunto de seda preta
sapatos	preto, grosso, pesado	escarpin preto de seda com laço
meias	levemente acinzentadas	pretas transparentes
bolsa	pelica preta	seda preta
pulseira	prata com pérolas	ouro
broche	–	diamante
anel	pérola	pérola e diamante

A partir da informação acima e da discussão precedente, provavelmente se poderiam fazer algumas suposições sobre a produção: por exemplo, que (mantendo-se iguais as demais variáveis, e elas são muitas) a quantidade de seda preta produzida é correlata com o número de mulheres brancas de meia-idade e da classe alta na população — que já é em si mesma um produto da organização total da sociedade (incluindo sobretudo a produção). A proposição é ao mesmo tempo banal e totalmente desprovida de provas. É difícil constatar na natureza das coisas que a seda tenha alguma afinidade com as mulheres brancas de meia-idade, embora essa afinidade esteja presente na cultura das coisas.

lidade podem ser desdobradas por combinações específicas do vestuário masculino e feminino, ao ponto em que agora temos seis ou mais sexos de vestimenta, mais ou menos, visivelmente distinguíveis. Mas na linha entre adolescente e adulto, um segundo tipo de permutação está atualmente em evidência: a adaptação de uma distinção existente em outra parte do sistema, um tipo de transferência metafórica, para significar uma troca de conteúdo em uma oposição tradicional. A ideia corrente de uma "revolução adolescente" sem dúvida predispôs à mudança, mas desde a guerra do Vietnã o conflito com as autoridades constituídas (ou seja, os adultos) tem sido um discurso político, e assim também na vestimenta pelo contraste adolescente/adulto:trabalhador/capitalista, com a juventude se apropriando dos *blue jeans* e camisas de trabalho das classes menos privilegiadas da sociedade. Talvez nada pudesse provar melhor a ausência de utilidade prática na roupa, uma vez que o trabalho é uma das últimas coisas que essa juventude tem em mente. Mas o exemplo serve também para revelar a qualidade singular da sociedade capitalista: não que ela deixe de trabalhar com um código simbólico, mas que o código trabalha como um conjunto aberto, respondendo a eventos que comanda e assimila ao mesmo tempo para produzir versões mais amplas de si mesmo.

Entre parênteses: essa visão da produção como a substancialização de uma lógica cultural deveria impedir-nos de falar ingenuamente da geração de demanda pela oferta, como se o produto social fosse a conspiração de uns poucos "tomadores de decisão", capazes de impor uma ideologia da moda através dos enganos da publicidade. Na frase de Marx: "O próprio educador necessita ser educado. Não é que a *parole* do produtor se torne a nossa *langue*." Nem deveríamos cair na mistificação inversa da produção capitalista como uma resposta aos desejos do consumidor: "Nós sempre tentamos nos adaptar", diz o chefe de relações públicas da companhia que mais ganhou com a recente expansão da venda de *blue jeans*.[17] Mas então quem é dominante, o produtor ou o consumidor? Deveria ser possível sobrepor-se a todas essas representações subjetivas para uma descrição institucional da produção capitalista como um processo cultural. Evidentemente, essa produção é organizada para explorar todas as possíveis diferenciações sociais através de uma motivada diferenciação de bens. Ela se desenvolve de acordo com uma lógica significativa do concreto, de significação das diferenças objetivas, desenvol-

---

17 O que não quer dizer que esse não seja o modo genuíno de aparência aos participantes no processo: "Não creio que alguma vez tenha pensado que chegaria a este ponto", diz Haas, que juntamente com seu irmão Peter, o presidente da companhia (Lévi-Strauss), foi o responsável pela atual estrutura de Lévi-Strauss. "Basicamente, o que tentamos fazer é satisfazer as necessidades da sociedade."

"O consumidor ainda determina o que ele quer", diz Bud Johns, o diretor de relações públicas da companhia. "Sempre tentamos adaptar-nos." ("*Blue jeans*: Uniforme para um mundo informal", *Chicago Tribune*, 5 de maio de 1975.)

vendo portanto signos apropriados para as distinções sociais emergentes. Tal lógica pode muito bem explicar a especialização de roupas por diferenças de idade, ou a transferência metafórica do *blue jeans* — especialmente se for observado que a integração icônica entre as distinções sociais e de objeto é um processo dialético. O produto que chega ao seu mercado de destino constitui uma objetificação de uma categoria social, e assim ajuda a constituir esta última na sociedade; em contrapartida, a diferenciação da categoria aprofunda os recortes sociais do sistema de bens. O capitalismo não é pura racionalidade. É uma forma definida de ordem cultural; ou uma ordem cultural agindo de forma particular. Fechar parênteses.

Passo a outro tipo de variação da vestimenta, correspondente à divisão do trabalho considerada de maneira ampla, para sugerir a presença de regras sistemáticas para a categorização social da forma de vestir. Primeiro, entretanto, necessitamos estabelecer a classificação ao nível social. Em sua discussão do mundo da moda, Barthes distingue duas maneiras alternadas pelas quais a significação social da vestimenta é concebida (1967, p.249ss.). Elas são, na realidade, duas modalidades de discurso social, o ativo e o passivo: fazer e ser, *faire e être*, atividade e identidade. Adaptando a distinção aos propósitos presentes, pode-se dizer que o primeiro tem a ver com funções; ele ordena a vestimenta de acordo com o tipo de atividade, como por exemplo "esporte" ou "trabalho manual". O segundo diz respeito ao status ocupacional e vestimenta característica do trabalhador, do fazendeiro, da garçonete, do médico, do soldado. Adiante, em um gráfico de funções supersimplificado e generalizante (figura 11), abrevio uma discussão considerável e pulo mais de uma mediação.

O pressuposto principal é o da validade da distinção de Veblen entre cerimônia e trabalho nas categorias americanas de atividade e vestuário. A chave para todo o gráfico é esse princípio. Em cada oposição, a função marcada ou cerimonial está à esquerda, e a não marcada ou própria do trabalho, à direita, com o todo formando portanto um conjunto de diferenciações da distinção principal entre trabalho e lazer (cf. Veblen, 1934 [1899]). Se essa suposição é aceita como mais ou menos etnograficamente correta e as suas consequências igualmente elaboradas através de classes e subclasses de uma maneira rigorosa, duas regularidades notáveis do sistema do vestuário se apresentam. A primeira pode ser chamada de *regra de correspondência cerimonial*. Refere-se à diferenciação análoga de roupa em quaisquer de duas classes funcionais ordenadas similarmente na oposição entre cerimônia e trabalho. Consideremos, por exemplo, as "roupas festivas" usadas por homens em ocasiões especiais (*fête*), talvez culminando com um *smoking* para eventos muito ritualizados (por exemplo, casamentos, festas de gala) ou, um pouco menos formal, o terno escuro de corte impecável. Observe-se então que essas roupas lembram os ternos "conservadores" usados por executivos, de certa forma correspondendo às respectivas diferenças entre roupa esporte para o lazer e

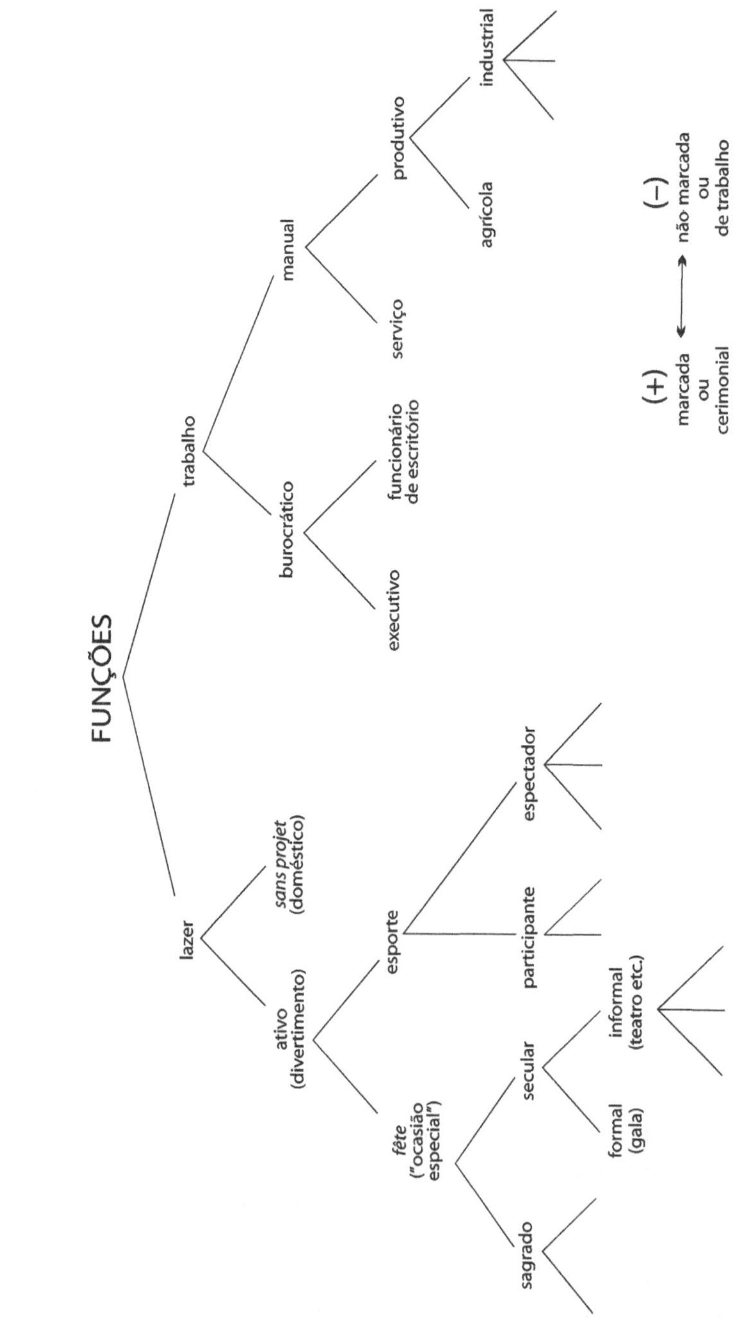

FIGURA 11 • Esquema de funções significadas no vestuário americano.

roupa de escritório para o trabalho. As duas últimas — por causa de sua relativa "informalidade", esquemas de cor mais permissíveis, e assim por diante — se parecem entre si; realmente, na medida em que um jovem funcionário de escritório pode ser diferenciado do alto executivo por seu "casaco esporte". No entanto, exatamente as mesmas diferenças caracterizam, de um modo geral, a oposição entre as roupas mais formais de diversão e a roupa relativamente mais simples permitida quando "se está em casa sem fazer nada" (*sans projet*). Ou, mais uma vez, é a diferença entre os *blue jeans* ou macacões de um trabalhador industrial e os uniformes mais bem-feitos da garçonete, do entregador, e outros trabalhadores que prestam serviços. Essa oposição específica também reaparece no lazer, nas roupas de esporte para caçadas ou esqui, as quais são como uniformes, mesmo sendo diferentes das "roupas simples" dos espectadores.[18] É portanto uma regra da analogia nas oposições de cerimônia/trabalho, seja qual for o nível em que elas apareçam no sistema. Os termos de qualquer oposição correspondem aos termos de qualquer outra, de tal forma que as roupas marcadas (cerimoniais) de quaisquer de duas classes se parecem entre si por uma diferenciação análoga em relação às roupas não marcadas (próprias do trabalho) de suas respectivas classes. Ou, mais formalmente:

(1) $M_x/\overline{m}_x \cong M_y/\overline{m}_y$ — onde se diz que a oposição (/) do marcado (M) e não M marcado ($\overline{m}$) em qualquer classe (x) corresponde ($\cong$) a $M/\overline{M}$ em qualquer outra classe (y).

Além das similitudes nas diferenças, há também diferenças nas semelhanças — um *smoking* é mais "elaborado" que um terno, assim como roupas domésticas (especialmente as que se usam à noite) são mais "informais" que roupas de trabalho, o que leva a uma segunda regra: *a regra do exagero cerimonial.* A regra é que, por um lado, a roupa marcada em uma oposição mais cerimonial é ela mesma mais cerimonial que seu par em alguma oposição de trabalho: assim como os uniformes para esportes são mais coloridos e de modelos mais elaborados que o uniforme da garçonete ou do leiteiro. Por outro lado, a roupa não marcada da oposição cerimonial é ainda menos própria ao trabalho do que o seu par do lado do trabalho: assim como a roupa do espectador é mais "informal" que a roupa do trabalhador industrial. O mesmo pode ser dito sobre a oposição entre *fête* e esporte dentro da categoria "diversão", comparável à do executivo e secretário na categoria empresarial, mesmo sendo o último par ao mesmo tempo mais cerimonial (o terno do executivo) e menos próprio do trabalho (funcionário administrativo) do que, mais uma vez, a prestação de serviço *versus* o trabalho industrial. A

18 Ou veja-se o seguinte exemplo de estilização em relação à hierarquia cerimonial observada por Jacinski em uma fábrica: "Calças e camisas de cor cáqui sem gravata para inspetores, calças e camisas esporte para líderes; calças, camisas brancas e gravatas para assistentes de chefe de seção; e o mesmo, mais um paletó, para o chefe de seção." (Citado em Ryan, 1966, p.66.)

regra, portanto, é que a oposição estipulada dentro de uma classe própria do trabalho é exagerada pela oposição correspondente em uma classe mais cerimonial. O exagero ocorre nas duas direções: a roupa cerimonial é mais cerimonial em seu polo marcado, menos própria do trabalho em seu polo não marcado. Formalmente:

(2) $\underline{M}x^1 > \underline{M}y^2 :: \underline{M}x^1 < \underline{M}y^2$, onde expoentes (1, 2, 3, ...n) representam um fator da função do trabalho e > e < representam formalidade relativa.

Ou, pelo diagrama (figura 12):

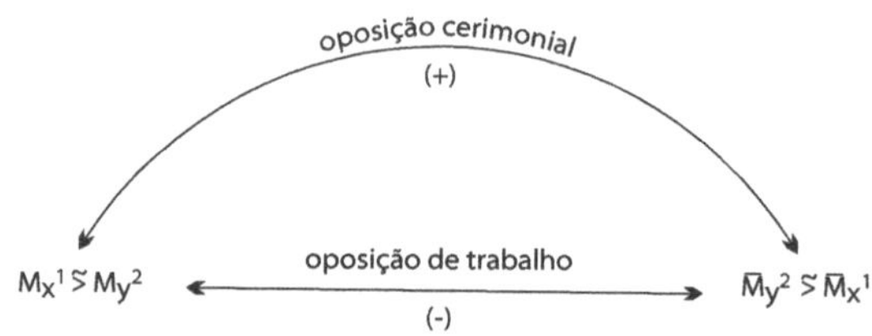

FIGURA 12 • **Regra do exagero cerimonial**

Vou poupar ao leitor uma discussão correspondente da modalidade do "ser", a qual, como responde a uma proliferação da especialização da ocupação é ainda mais variável que o sistema de funções.[19] Mas parece legítimo fazer uma pausa neste ponto para explicar que exigências se apresentam para exercícios do tipo que acabamos de fazer. O objetivo geral é responder a uma pergunta feita inicialmente por Marx, mas que eu saiba sem resposta na sua ou em qualquer outra economia: Que tipo de explicação teórica pode ser dada para a produção como um *modo de vida*? Proponho aqui um exemplo do início de tal explicação cultural: exemplo porque está preocupado somente com o sistema do vestuário na América moderna; início porque até agora tem estado preocupado principalmente com a sintaxe geral, classes sociais do objeto da roupa, e algumas regras de sua bifurcação social. Mas é necessário ser ainda mais cuidadoso. A pretensão da regra da correspondência cerimonial é somente a de que ela sugere tal sintaxe. Para maiores pretensões,

19 Sobre a diferenciação ocupacional do vestuário, ver, por exemplo, Ryan, 1966, p.62; Horn, 1968. Um dos informantes de Vansburg de Stone fez os seguintes comentários sobre as mudanças trazidas pela recente especialização na agricultura: "Há alguns anos, você podia identificar qualquer fazendeiro. Eles usavam macacões de brim o tempo todo. Agora são fazendeiros especializados e suas roupas também mudaram. Bem, alguns ainda usam brim. Os fazendeiros de gado leiteiro têm um uniforme. Aqueles que negociam com aves têm uniformes brancos. Os que trabalham com gado de corte vestem saias de mulher e calça de veludo piquê — no campo, têm de vestir algo mais pesado. É completamente diferente de 30 anos atrás" (Stone, 1959, p.120-1).

a discussão teria que determinar os tipos de detalhes de roupas aos quais as regras se aplicam — detalhes de cor, contraste de cor, corte e modelo, tipo e harmonia de peças do vestuário, tipos de acessórios, tipos de textura — e os modos de suas combinações. Seria um projeto muito amplo; este é somente um exemplo da sugestão de um início.

No mesmo sentido, discutiria o processo simbólico no nível mais baixo dos seus elementos componentes e dos seus significados específicos. O que tenho em mente é determinar os contrastes distintivos mínimos nas características dos objetos (como linha, cor, ou textura) que significam diferença de significado social. Não reivindico aqui novidade alguma nesta tentativa, ou superioridade em virtude de uma aparente sistemática aplicada às observações feitas por outros:

> Tanto quanto eu saiba, os macacões são uma roupa nativa deste país ... pelo menos a roupa padrão ou clássica ... do trabalhador rural do sul dos Estados Unidos: são seu uniforme, o símbolo e a proclamação de sua condição de camponês ... a base, o que eles são, pode ser mais bem-vista quando ainda são novos; antes de perderem a forma, a cor e a textura; e antes que as costuras brancas tenham perdido seu brilho ... A alça que passa pelos rins lembra um arreio de trabalho, como também as tiras atravessadas do suspensório e os botões de lata.
>
> E nos bolsos funcionais do peito, um arreio modificado para uso de um animal de tal inteligência que sabe usar ferramentas ... Um macacão novo tem entre suas belezas a de uma impressão: é o mapa de um trabalhador.
>
> As camisas também; de corte folgadas e costuradas com linhas grossas; com grandes bolsos quadrados e botões de metal: a fazenda dura, que não absorve o suor quando é nova, o colarinho largo de tão novo e de ângulo aberto em pontas debaixo da orelha. [James Ages, *Let Us Now Praise Famous Men* (1941, p.165-7).]

São essas unidades significativas elementares — os bolsos quadrados, a fazenda dura, as tiras cruzadas — que serão discutidas. Há em um nível mais alto um léxico das unidades produzíveis: tipos de fazenda como a seda ou a lã, tipos de roupas como camisas e blusas: produtos que entram no traje completo e normalmente contribuem com várias concepções para o todo. Mas essas já são construções complexas cuja importância signficativa é firmada em detalhes componentes da forma. Em um trabalho que ridiculariza o conceito de que nossas roupas sejam "modernas" ou "civilizadas" em algum sentido, Rudolfsky escreve:

> Qualquer pedaço de fazenda pode ser sexualizado simplesmente ao ser cortado em uma forma precisa. A forma resultante pode determinar o sexo real ...
>
> O transpasse de uma blusa, de um casaco ou de um paletó determina o sexo do artigo. Ao abotoar uma roupa do lado direito, ela se torna apropriada somente para homens e terminantemente imprópria para mulheres. Não importa quais sejam as explicações exóticas do folclore, o lado direito do corpo sempre foi masculino e o lado esquerdo feminino; essa orientação tem sobrevivido, apesar de sua irracionalidade (Rudolfsky, 1947, p.126-7).

Pode-se facilmente apresentar uma quantidade de características elementares semelhantes que diferenciam o gênero das roupas. As mangas dos homens, por exemplo, são carateristicamente mais talhadas que as das mulheres e cobrem todo o braço em comparação com os comprimentos três-quartos (ou menos) que mostram a extremidade inferior — contraste que é exatamente repetido nos membros inferiores com as calças e saias.[20] A fazenda masculina é relativamente grosseira e dura, normalmente mais pesada, a feminina é macia e fina; com exceção do branco, que é neutro, as cores masculinas são mais escuras, as femininas claras ou pastel. A linha nas roupas masculinas é quadrada, com ângulos e cantos; as femininas enfatizam as curvas, os arredondados, o harmonioso, a fluidez. Tais elementos da linha, textura e outros são os componentes mínimos, os contrastes objetivos que demonstram significado social.

Evito chamá-los de "vestemas", mas se necessário podem ser considerados UCEs — "unidades componentes elementares" e como um trocadilho com uma expressão de McLuhan que diz que "a conformidade com uma moda literalmente confere aceitação a um estilo", proponho considerar somente três classes de unidades elementares: textura, linha e cor.

A textura primeiro, principalmente para ilustrar que significação é desenvolvida a partir de contrastes binários entre os significantes. A textura opera semanticamente em uma quantidade de oposições objetivas — pesado/leve, áspero/liso, duro/macio — várias delas pertinentes simultaneamente a diversas fazendas. Marilyn Horn, em um texto subtitulado "Um estudo interdisciplinar da vestimenta" (1968, p.245), compila uma boa lista de dualidades de textura pressupondo cada par como os dois polos de uma gradação contínua de variações. Eu tenderia a fazer restrições a alguns dos pares. mas devemos aceitar Horn como especialista e informante. De qualquer modo, a fazenda pode ser:

opaca	brilhante
áspera	lisa
desigual	plana
granulosa	escorregadia
grosseira	fina
volumosa	diáfana
pesada	leve
compacta	porosa

20 Como tem sido frequentemente observado, há uma assimetria no gênero de quase todos os objetos, incluindo os do vestuário: são as coisas femininas que são marcadas e exclusivas; os objetos masculinos, mesmo algo como lâminas de barbear ou barbeadores elétricos, são frequentemente usados por mulheres ou existem em versões femininas. Sobre o gênero dos objetos, ver Levy, 1968; Baker, 1961.

eriçada	fofa
firme	mole
rija	flexível
dura	macia
firme	esponjosa
inelástica	elástica
quente	fria
não aderente	aderente

O pressuposto é de que tais diferenças objetivas são imediatamente observáveis e socialmente significantes (ver nota 14) .Qualquer pedaço de fazenda, portanto, é uma combinação particular de várias qualidades de textura. Na medida em que cada qualidade tem algum significado em distinção ao seu oposto objetivo, a textura comunica um conjunto paratáxico de proposições em relação à idade, atividade, classe, tempo, lugar e outras dimensões da ordem cultural.

As linhas estruturais no corte ou no modelo da roupa formam uma classe análoga de contrastes significativos. A significação parece estar relacionada com pelo menos três características da linha: direção, forma e ritmo. A *direção* refere-se à orientação em relação ao chão: portanto, vertical, horizontal e oblíquo mediador, sendo esse último divisível em esquerda (para baixo, da esquerda para a direita) e direita (para cima, de esquerda para a direita). (Figura 13).

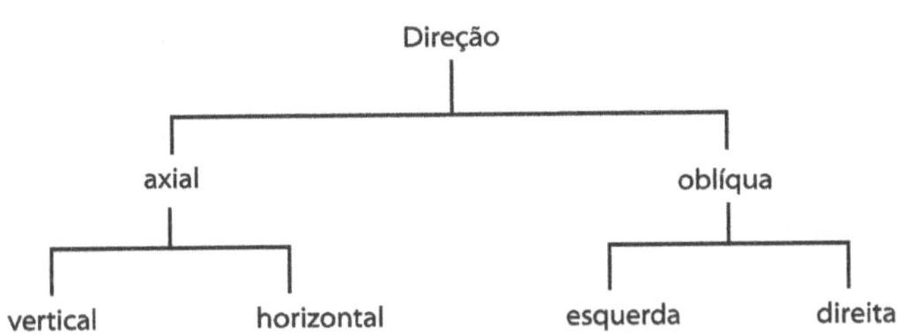

FIGURA 13 • Direção na linha

Observe-se que já é um pequeno paradigma de construção cultural do significado o fato de uma linha oblíqua indo para baixo, da direita para a esquerda, ser considerada pelos europeus como se inclinando "para cima", enquanto que uma linha indo para baixo, partindo da esquerda, inclina-se "para baixo". A distinção "para cima"/"para baixo" é totalmente arbitrária, ainda que algumas vezes implicitamente aceita ao nível experimental (por exemplo, Poffenberger e Barrows,

1924). Supondo-se que as linhas são "lidas" da esquerda para a direita, a distinção torna-as a objetificação potencial de qualquer relação social graduada concebida de forma semelhante em termos de "para cima" e "para baixo", "mais alto" e "mais baixo".[21] A segunda dimensão da linha, a *forma,* refere-se a suas propriedades como reta ou curva, angular ou em zigue-zague. O *ritmo* é a periodicidade da curva ou ângulo: uma série indefinida normalmente traduzida como movimento ou velocidade que vai do "lento" ou "ondulante" até o "rapidamente oscilante", mas que também pode incluir uma variação significativa de amplitude.

Com o auxílio de alguma psicologia e apreciação estética sobre o significado da linha, é possível apresentar avaliações culturais de certos contrastes da linha. A psicologia experimental pode ser sugestiva: tipicamente planejada para determinar o valor expressivo ou afetivo das linhas, o procedimento testa a relação com o sujeito individual em vez da relação entre representações objetivas e sociais. Apesar disso, as reações de sensação, pelo menos indiretamente, sugerem interpretações culturais. Portanto, para maior reflexão, anexo um exemplo antigo de experiência com "o valor sensível da linha", o estudo de Poffenberger e Barrows já citado, informando a frequência de respostas de 500 entrevistados de bom nível cultural a um conjunto de linhas diferentes (1924). As linhas diferiam em forma como curvas ou angulares; nenhuma linha reta foi incluída. Para o ritmo, tanto a periodicidade como a amplitude estavam operando simultaneamente; enquanto a direção só incluía a horizontal e duas oblíquas. Não havia a orientação vertical. Pediu-se aos entrevistados que atribuíssem valores às linhas, de uma lista de 13 adjetivos, como "triste", "tranquila", "preguiçosa". Os resultados principais estão sumarizados no quadro 1 (p.193).

Resultados desse tipo são acentuados por outro gênero de informação, como é provido por esteticistas treinados, cujas descrições da significação do concreto muitas vezes alcançam especificamente dimensões culturais. Em um texto fascinante, *The Art of Color and Design*, Maitland Graves (1951), por exemplo, faz vários comentários, como os abaixo sobre a linha: "A linha levemente curvada ou ondulante é frouxa e flexível. Por causa da transição harmônica na troca de direção, ela tem uma continuidade que flui." O "movimento lento e preguiçoso", continua Graves, é "passivo", "gentil", "macio", "voluptuoso", e "feminino" (p.202). A linha reta, em contraste, "sugere rigidez e precisão. Ela é positiva, direta, tensa, rija, inflexível, dura, rude". Pode-se então acrescentar — talvez sem tirar vantagem indevida da condição de informante — que a linha reta é, por comparação,

21 Essa construção cultural de uma linha como "ascendente para a direita", que um japonês conceberia exatamente da maneira inversa, é um indicador pequeno, mas interessante de que a ação, incluindo a linguagem, existe em um mundo já simbolizado e interagindo não discursivamente com o código convencional da ação.

Quadro 1
Os sentimentos e suas linhas apropriadas

	Forma		Ritmo			Direção			
	Curva	Ângulo	Lento	Médio	Rápido	Horizontal	Acima	Abaixo	
1. Triste	86.3	14.3	86.8	6.9	6.9	12.1	4.2	84.3	Curva descendente lenta
2. Tranquila	97.2	3.0	81.5	7.2	8.5	90.2	5.8	4.2	Curva horizontal lenta
3. Preguiçosa	74.0	26.1	72.3	19.9	7.9	38.7	9.9	51.5	Curva descendente lenta
4. Alegre	79.7	20.4	11.5	54.4	34.2	16.4	79.5	4.2	Curva ascendente média
5. Agitada	17.4	82.8	4.5	39.1	56.6	23.1	68.8	8.3	Ângulo ascendente rápido
6. Furiosa	10.7	89.2	9.7	44.0	46.2	16.4	62.8	20.7	Ângulo ascendente rápido ou médio
7. Morta	53.0	46.2	70.3	6.3	22.6	46.6	2.2	50.4	Curva ou ângulo horizontal ou descendente
8. Folgazã	76.0	23.7	9.8	51.8	38.1	28.2	65.0	6.5	Curva ascendente média
9. Fraca	69.2	30.6	53.6	14.0	32.2	31.6	8.0	60.2	Curva descendente lenta
10. Suave	89.6	10.3	51.7	22.2	26.0	73.7	15.5	10.7	Curva horizontal lenta
11. Rude	7.1	92.9	11.8	62.5	25.7	40.1	30.6	29.3	Curva horizontal média
12. Séria	35.5	64.2	50.5	28.2	21.0	64.4	19.1	16.2	Ângulo horizontal lento
13. Possante	15.3	85.4	27.8	52.7	19.9	37.9	55.5	7.0	Ângulo ascendente médio

Fonte: Poffenberger e Barrows, 1924.

masculina. Graves faz uma comparação análoga entre a vertical e a horizontal, com conotações adicionais como força e autoridade. Aqui, tudo depende da relação com um chão, e como Graves descreve, muito ingenuamente, com *o chão*.

A linha horizontal: "está em harmonia com a força da gravidade, isto é, em descanso. Ela é quieta, passiva, calma, sugere repouso ... A linha vertical sugere postura, equilíbrio e apoio forte e firme. As linhas verticais ... são severas e austeras; elas simbolizam a correção, a honestidade ou a integridade, a dignidade, a aspiração e a exaltação" (ibid., p.210).

Ora, como se chega da característica de objeto da UCE (por exemplo, reto/curvo) à sua significação cultural (masculino/feminino)? É necessário ter cuidado com a simples armadilha naturalística. O significado não é um ícone evidente em si mesmo, imanente ao signo; o processo mental é algo mais que uma associação de semelhanças presentes nos sentidos. É quase desnecessário observar que em média os homens são mais retos que as mulheres (o fato de que muitos homens são mais arredondados que muitas mulheres pode ser desconsiderado). O problema é infinitamente mais interessante e sutil e, quando se pensa sobre ele, vê-se que foi colocado incorretamente na questão inicial. *No que diz respeito à produção*, é desnecessário "chegar" ao gênero cultural a partir da forma geométrica, assim como o é do significado a partir do significante, pois desde o início cada um desses é alternadamente o significado do outro. Na sociedade tal como é constituída, "arredondada" e "macia" são a definição de mulher, assim como "feminina" é a definição da linha. Gênero e linha: cada um é a significação do outro e um está para o outro como o signo físico cujo significado está sendo determinado. Desse ponto de vista, a diferença entre homens e mulheres também é "objetiva", uma distinção do tipo concreto-perceptivo em relação ao qual noções de objeto como "reto" e "curvo", "duro" e "macio", "rígido" e "flexível" fazem o papel de conceito. Como entendemos a diferença na linha como sendo uma distinção de sexo, também entendemos a distinção de sexo em termos da linha.

Mas, além disso, um segundo momento de reflexão sobre a linguagem sugere que muito pode ser dito sobre grande número de distinções sociais: elas são caracteristicamente expressas em termos geométricos. Nosso mundo social é apresentado como um enorme mundo-objeto — e vice-versa. A morte é um "declínio" para o "fim" da imobilidade e da prostração; de modo que, no experimento de Poffenberger, a linha horizontal "lenta" ou a curva "descendente" está "morta". Mas, da mesma forma, o status é uma "posição" entre os homens, compreendida em termos de "mais alto" ou "mais baixo", como um comando é algo ante o qual nos "inclinamos" ou nos "dobramos". Algumas pessoas são "retas"; outras são "tortuosas". Algumas são até mesmo "transviadas". Algumas são "fortes" (fisicamente), outras são "fracas". "Força" é também um atributo da autoridade constituída. Nós falamos "direta" ou "indiretamente". Agimos "rígida" ou "flexivelmente". Temos parentes "próximos" e parentes "distantes"; em alguns nos "apoiamos" e para outros somos "apoio". Seria fácil seguir indefinidamente, mas vou tornar a discussão "curta" para firmar meu "ponto" de vista. O ponto principal é que o mundo social é comumente representado pelo chamado objetivo, o que, precisamente por ser figurativo, funciona como a ideia. Consequentemente, quando chega a hora de manufaturar um produto, em um conjunto de roupas que objetifica a relação reto/curvo:masculino/feminino, nenhum privilégio pode ser dado à atribuição de gênero à forma sobre a atribuição da forma ao gênero. A correspondência já existe completa, antes e fora daquele momento quando "qualquer pedaço de fazenda pode ser sexualizado simplesmente ao cortá-lo em uma forma precisa" (Rudolfsky). Como uma realização particular daquela correspondência, o tecido é um fato social total, ao mesmo tempo material e conceitual, que, sem costura, entrelaça o significado espacial do sexo com o significado sexual do espaço.

A produção, então, é a prática de uma lógica muito mais penetrante do concreto, lógica que é produzida como uma apropriação simbólica da natureza. Não se trata simplesmente de espécies que são "boas para pensar". A famosa afirmação de Lévi-Strauss é aplicável a todos os tipos de coisas e relações que ocorrem normalmente. O todo da natureza é o objeto potencial da práxis simbólica, cuja trama, bastante parecida com a Razão de Hegel, consiste no seguinte: põe a serviço de suas próprias intenções aquelas relações entre coisas que existem por suas próprias qualidades. A diferença entre a linha vertical e a horizontal pode trazer com ela uma "resistência" e "submissão", comumente experimentadas, a uma "força" bem conhecida. Dar a conveniência de um contraste proporcionado pela natureza para uma distinção presente na cultura — por exemplo, entre autoridade e subordinação. Tampouco nos devemos iludir com a aparente objetividade do signo, o qual não passa do resultado de um processo dialético em que o fato natural foi primeiro dominado culturalmente de maneira a ser reaplicado naturalmente. A natureza rigidamente separada do homem, como disse Marx, não existe para o homem. As noções de "força", "resistência", e outras semelhantes já são avaliações, representações culturais relativas do processo natural. Contrário às nossas perspectivas correntes, esse tipo de metáfora não vai realmente do concreto para o abstrato, da natureza para a cultura. Isso suporia que o poder de classificação da linguagem falhasse misteriosamente no momento da experiência "real", que ela só pudesse emitir um novo nome, como degeneração em um sinal. Podemos estar certos de que a "força" era uma relação espiritual antes de se tornar um fato objetivo. E, correspondentemente, a apropriação material da natureza que nós chamamos de "produção" é uma decorrência da sua apropriação simbólica.

O princípio de Saussure, portanto, não é violado, quaisquer que sejam as semelhanças aparentes entre signo-objeto e referente cultural. Mais que uma reflexão, o signo é uma concepção de diferenças objetivas. A arbitrariedade, portanto, retém uma dupla garantia histórica. O fato de características da natureza serem aproveitadas pela cultura para suas próprias intenções continua sendo uma determinação relativa; aquele contraste particular da linha para representar gênero não é o único possível. Inversamente, o conteúdo específico de qualquer contraste particular ao nível do objeto não é dado através da diferença: se a linha para cima representa honestidade, masculinidade ou autoridade, e que tipo de autoridade, nada disso pode ser dito fora de determinado sistema cultural. No entanto, ao mesmo tempo, a apropriação histórica de contrastes concretos precisa levar para a ordem da cultura pelo menos duas *condições da natureza*, se é que pretende funcionar como discurso social. Primeiro: a seleção de uma dada oposição material — como reto/curvo:masculino/feminino — deve ser *verdadeira*: a pena para uma contradição entre os contrastes perceptíveis do objeto e as relações significadas é a falta de sentido e, em última instância, o silêncio. Quando em uso o signo é relativamente motivado, se o faz de acordo com um certo esquema cultural. Segundo: a condição da semelhança perceptível, ela mesma relativa e indeterminada (simplesmente como uma condição de não contradição) questiona a incorporação dentro do sistema simbólico de estruturas naturais específicas: as da própria percepção. Essa é uma atividade de apropriação e exploração, o emprego de contrastes e relações sensíveis como um código semiótico. No caso, quando a cor, por exemplo, é atrelada ao trabalho simbólico — desde que nem a extensão nem o conteúdo específico do simbolismo da cor seja determinado — as relações que subsistem entre significados culturais corresponderão formalmente às relações entre matizes estabelecidos na percepção.

A esta altura, não mais estamos preocupados em demonstrar que os contrastes da cor funcionam como componentes elementares de significação na produção. Há provas abundantes disso, não somente para a roupa, mas para mobília da casa, automóveis, e todo tipo de bens. A classe dos operadores da cor é complexa, fazendo uso de distinções de matizes (incluindo neutros), saturação, valor (brilho) e as várias maneiras pelas quais elas são combinadas em padrões multicoloridos:[22] O problema de interesse presente é descobrir se há uma estrutura comum às relações entre os significados da cor e a percepção de diferenças de cores. Tal estrutura não teria significado específico, sendo simplesmente uma *combinatoire* formal de oposições e compatibilidades. Sua presença, para alguns, confirmaria as limitações impostas ao sistema simbólico pela natureza da percepção (ou da mente). Colocando-o, porém, de maneira mais positiva e talvez mais proveitosa, a

22 Cf. Arnheim, 1974; Birren, 1956; Wexner, 1954; Kintner, 1940; Murray e Deabler, 1957; Graves, 1951; Sargent, 1923; Baker, 1961, entre outros, e os textos sobre vestuário citados anteriormente por Ryan, Rosencranz e Horn.

combinatoire confirmaria o emprego de estruturas já presentes na mente no projeto social da produção simbólica.[23]

Tomemos como exemplo (já muito citado) o sinal de trânsito: uma oposição entre vermelho e verde mediada pelo amarelo. Para Leach (1970, p.16-21), essa segmentação do espectro, operada pela mente, é fundamentalmente icônica, motivada experimentalmente por uma associação do vermelho com o sangue, "o que certamente remete aos tempos paleolíticos" (p.19). Vem desse "fato natural" a significação do vermelho como perigo. Por outro lado, entretanto, o sinal de tráfego parece arbitrário, uma vez que a seleção do verde para contraste é uma convenção aprendida — outras cores (azul, preto, branco, amarelo) também poderiam ser selecionadas para contraste com o vermelho. Finalmente, a análise baseia-se também na noção fisicista da cor como parte de um espectro em que o amarelo seria um ponto intermediário entre o vermelho e o verde. Portanto, postos juntos por princípios inconsistentes, cada um desses postulados também é inadequado em si; e o efeito total ofusca a estrutura natural do sistema de símbolo e a relação entre aquela estrutura e a alocação de significado.

Em suma: o primeiro argumento, sobre a naturalidade do vermelho como perigo, tenta reduzir o processo simbólico a uma nomenclatura de significados imanentes à experiência. Não é apenas que a explicação viole os cânones saussurianos do valor como uma relação de diferenciação em um sistema de signos; da mesma forma, ela desconsidera que o "sangue" significado pelo vermelho não seria sangue realmente, mas o significado (cultural) do sangue. Daí a relação icônica motivada que Leach pressupõe — *como é verdade para todos os signos* — ser um momento interno e dependente dos valores simbólicos preexistentes (V. Valeri, 1970).[24] O segundo argumento de Leach em relação à seleção arbitrária do

23 Ver mais adiante o uso cultural das estruturas mentais. Esse tipo de fraseado tem algumas vantagens sobre o apelo habitual a estruturas inatas, que tende a ser reducionista, mesmo sendo estático, e uma determinação negativa por limites naturais. A implicação do fraseado alternativo é de reter a primazia do cultural sobre o mental, enquanto sugere alguma noção de mediação entre os dois. Presupõe alguma conexão funcional — a penetração da estrutura mental tornando-a apropriada para a comunicação simbólica — e algumas possibilidades dinâmicas, pelo menos no sentido de que o projeto simbólico está livre para desenvolver, de uma maneira variada, diversas potencialidades da estrutura mental. Pode-se resumir toda a questão deslocando-se levemente a teoria clássica de Durkheim segundo a qual as representações são gerais na medida em que são coletivas (sociais), e não coletivas na medida em que são gerais (mentais).

24 A generalidade do fato de que o comportamento do signo humano (motivado) é sempre uma formação secundária do simbolizar (não motivado) pode ser discutida tomando por base que a própria *découpage* dos significantes do objeto pressupõe o processo de avaliação, daí a posição e o conteúdo do signo-objeto em uma ordem significativa sobre a qual se exerce a motivação. Daí decorre que os conceitos tanto do signo-objeto quanto do seu significado, aqui vermelho e sangue-perigo, provavelmente "ultrapassarão" (Barthes) a motivação formal que os une de maneira que a tentativa de prover uma explicação através de uma semelhança icônica nunca será empiricamente satisfatória. Portanto, na sociedade ocidental, o vermelho não é sempre negativo ou indicativo de perigo, como

verde para contraste com o vermelho ignora as evidentes relações de atração e oposição entre vermelho e verde como cores complementares, ao nível da percepção e da concepção — um aspecto a que retornaremos dentro em pouco. O último dos postulados de Leach pressupõe que a experiência comum da cor toma a forma de um espectro refratado, mas isso é muito raro na natureza em comparação com as cores dos objetos, onde o azul, como ponto médio entre o vermelho e o verde, seria tão bom quanto o amarelo. Moral: a análise deveria visar somente as correspondências entre a estrutura dos significados simbólicos e a estrutura da percepção, evitando no caminho as armadilhas ideológicas paralelas do fisicismo e do associacionismo. Pois o primeiro não é a maneira como o mundo se apresenta à mente, nem o segundo a maneira como é representado. A demarcação de correspondências corretas entre o perceptivo e o significativo mostraria não a delimitação da cultura pela natureza, mas a apropriação da natureza pela cultura.

O que vem abaixo é simplesmente uma sugestão de tal análise, partindo da observação de que as relações entre as cores do sinal de trânsito parecem ser duplicadas em outros domínios simbólicos da cultura ocidental. Isso permite logicamente que o princípio do sinal seja generalizado da maneira que se segue: o vermelho é oposto ao verde em significado, enquanto que o amarelo é um ponto médio na medida em que é como o vermelho em oposição ao verde e também como o verde em oposição ao vermelho. O amarelo, para um exemplo simples, compartilha com o vermelho a significação de perigo na bandeira de quarentena, o que também o une com o "verde doentio", em oposição ao vigor e energia do vermelho.[25] Ou, para tomar os domínios correlatos da idade e da sexualidade: comparado com a sexualidade e a virilidade do vermelho, o verde e o amarelo são formas de relativa impotência, apesar de estarem nos polos opostos da imaturidade e da maturidade, entre uma juventude inexperiente e uma idade avançada, que

---

Leach coloca. O vermelho também tem implicações de saúde, força, virilidade ou marcada sexualidade, e *fête* (*Red letter day*. A expressão: qualifica um evento ou situação memoravelmente alegre. [E tem origem na rubrica vermelha que indicava as festas nos calendários religiosos. N.T.]) Os vários significados têm um valor comum marcado ou "que avança", especialmente se os compararmos com os sentidos do branco e do verde, o que é um corolário de diferenças na percepção da distância dos objetos que refletem comprimentos maiores de onda. Pela combinação de proximidade relativa (efeito de aberração cromática) e de altos níveis de saturação alcançados pelos vermelhos sobre uma grande variedade de ciclos e de valores de brilho, esse matiz é a mais "penetrante" das cores. O vermelho, na realidade, é a cor maior (cf. Graves, 1951; Gregory, 1966; Bidwell, 1899; Southall, 1937). É essa característica contrastiva do vermelho que o faz ter valor especial no código.

25 De acordo com o *Oxford English Dictionary*, o verde usado em referência à pele humana implica um "matiz pálido, doentio ou bilioso, indicativo de medo, ciúme, mau humor ou doença"; enquanto que o vermelho, quando se refere a lábios ou rosto, indica "uma cor natural e saudável". Na discussão que se segue, utilizo-me de várias autoridades em significado da cor, citadas na nota 22, e também de dicionários de gíria e uso da língua, principalmente Mathews, 1951, Partridge, 1967, e Wentworth e Flexner, 1967. (Ver também Spengler, 1956, 1:242ss.)

já correu seu curso — "meu modo de vida/Está murchando, a folha amarela". No entanto, nas paixões, amarelo e verde se tangenciam novamente em significados de ciúme e inveja. Entretanto, como cor "quente", o amarelo —amarelo vivo — se junta ao vermelho e laranja como "positivo e agressivo, inquieto ou estimulante" (Graves, 1951, p.401), o oposto dos verdes e azuis, mais frios, que são "transcendentes", "espirituais" e "não sensuais" (Spengler, 1956, p.246). O vermelho é coragem e guerra; o verde (com o azul) passivo, aquiescente, pacífico; o amarelo, como covardia, é o pretexto de um, mas a realidade do outro. E notem como o sistema se expande a ponto de incluir o azul de uma maneira particular. Assim como o verde está para o vermelho, o amarelo é o contrário do azul: deprimido (*the blues*)* onde o amarelo é vivo; leal e genuíno (*the true blues*),** onde o amarelo é falso e covarde. De vez em quando,*** o azul tem um significado comparável ao do amarelo. Como vimos, entretanto, o azul tem similaridades com o verde em oposição aos quentes vermelho e amarelo; por outro lado, a constância do azul distingue-o da imprudência do verde novo e jovem;[26] e realmente, onde o verde é o que nasce, o azul é o eterno e imortal. Da mesma maneira, o azul é ao mesmo tempo semelhante e distinto do vermelho: nobre (sangue azul) e rei na época da monarquia, azul e vermelho em outra época se tornam o partido da ordem e da revolução. O vermelho é a cor dos santos e mártires no cristianismo e o azul, correlativamente, da fé e da piedade; mas o vermelho é também a marca dos pecadores — porém aí, *the blues*, no passado, era uma referência mais específica aos "diabos azuis". Em suma, pode-se estabelecer um conjunto de relações entre o vermelho, o verde, o amarelo e o azul (figura 14), do seguinte tipo:

O aspecto que vou firmar é o de que o diagrama serve também para a percepção, se as relações de intermediação semântica (±) entre as cores adjacentes forem tomadas como compatibilidade ou presença simultânea em cores de objetos e as oposições semânticas (–) forem tomadas como complementaridade. Essa estrutura pode ser construída ao nível do perceptível a partir de algumas proposições elementares, bem conhecidas da ciência da cor e da estética. Primeiro, os quatro matizes em questão (juntamente com os neutros preto e branco) são peculiarmente apropriados para a função semântica porque eles sozinhos são

26 O *Oxford English Dictionary* cita Chaucer: "Para coisas novas seu desejo está sempre vivo/em vez de azul, você deveria ser toda verde."

* *The blues* — estilo de jazz caracterizado pelo tempo lento, de caráter melancólico. (N.T.)

** *The true blues* — indica alguém inquestionavelmente leal. A expressão tem origem no século XVII, quando os presbiterianos escoceses adotaram a cor azul como símbolo, em oposição ao vermelho dos realistas. (N.T.)

*** De vez em quando — usado no texto original como *once in a blue moon*. A expressão é utilizada pelo autor para firmar a posição dos diferentes significados do azul na língua inglesa. (N.T.)

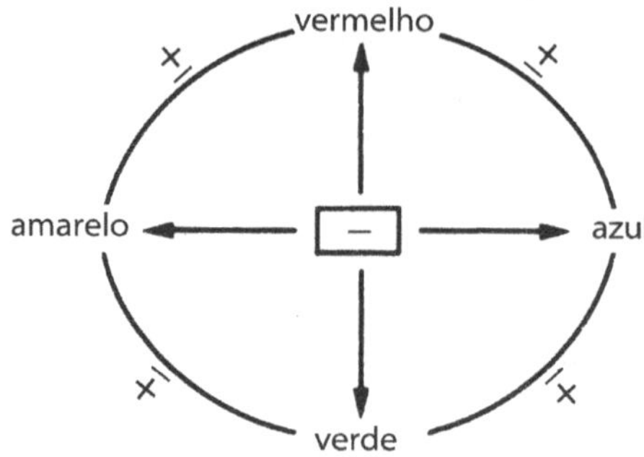

FIGURA 14 • **Relações do significado da cor**

perceptivelmente únicos, não se pode decompô-los em outros matizes. Falo especificamente da visão, que é um assunto totalmente diferente da mistura de pigmentos. No que diz respeito à percepção, nenhum outro matiz pode ser visto nos valores que normalmente chamamos de "azul", "vermelho", "amarelo" e "verde" (Hurvich e Jameson, 1957; Hering, 1964 [1920); Linksz, 1964; Pokorny e Smith 1972).[27] Entretanto, onde esses quatro são perceptivelmente únicos, todos os outros matizes são vistos como alguma mistura de dois deles; o laranja é percebido como um composto de vermelho e amarelo, o roxo, de azul e vermelho, e assim por diante. Por conseguinte, vermelho, verde, amarelo e azul são considerados os matizes "primários" ou "primeiros" da percepção na literatura científica — e na literatura estética, algumas vezes as cores "primitivas". A última afirmação faz uma boa conexão com a conclusão de Berline Kay (1969), segundo a qual, depois do branco e do preto, esses quatro são os primeiros "termos de cor básica" a emergir nas línguas naturais, e que as posições deles no espectro (em um diagrama de saturação máxima) são semelhantes em várias culturas.[28] Uma segunda observa-

---

27 Também observem que somente quatro matizes do espectro — um azul de aproximadamente 475nm, um verde de cerca de 505nm, um amarelo de cerca de 578nm e um vermelho dos seguintes 495nm — permanecem constantes na aparência da cor, apesar das mudanças em intensidade.

28 Há algum paradoxo na conclusão de que os termos "básicos" da cor deveriam ter referentes espectrais similares em culturas diferentes. O paradoxo consiste em que, afinal de contas, esses não são os termos "básicos" da cor de qualquer linguagem, mas conceitos abstratos de cor, independentes de qualquer objeto em particular. Em um nível mais "básico", há em toda parte uma miríade de termos de cor reconhecíveis pelas suas formas-objeto (como amarelo-limão, verde-mar etc.; cf. Conklin, 1955). Por que então um conceito que é claramente uma formação secundária deveria ter uma "base" específica e aparentemente universal? Essa discussão sugere uma resposta: esses matizes, exatamente porque têm as qualidades perceptuais de distinção, de complementaridade etc., em alguns locais — qualidades essas que os fazem ter contrastes significativos — são os que mais se prestam para o uso semântico em rituais, produção, determinação de valor de troca etc. Na prática, as cores são códigos semióticos. Exatamente por se prestarem a essa significação, somente alguns

ção pertinente é que cada uma das quatro cores "primitivas" só se mistura visualmente com duas das outras três, mas nunca com a terceira. O azul pode aparecer em combinação com o vermelho ou com o verde (para fazer, por exemplo, roxo ou ciano), como também pode o amarelo; mas nunca se vê um azul amarelado ou um amarelo azulado. Da mesma forma, o vermelho e o verde são individualmente compatíveis em percepção com o azul e o amarelo, entretanto não um com o outro: não há verdes avermelhados ou vermelhos esverdeados. (Ver as fontes sobre percepção da cor já citadas, assim como Hering, 1964 [1920]; Hurvich e Jameson, 1957.) Terceira observação: há um bom senso perceptivo bem como fisiológico em conceber essas relações de cores como "compatibilidades" e "oposições". Onde os membros de cada díade complementar (azul-amarelo e vermelho-verde) separadamente vão sintetizar-se com os membros da outra díade, os próprios matizes complementares não somente se opõem, mas evocam um ao outro em um padrão clássico de negação e correlação.[29] O verde é banido da sensação do vermelho, e vai aparecer como a pós-imagem do vermelho ou o efeito dado pelo vermelho a um fundo neutro — uma relação recíproca e também verdadeira do azul e do amarelo. Cada par de complementos, além disso, é ligado na percepção pelo contraste com a outra díade. Debaixo de crescente intensidade, o azul e o amarelo aumentam em brilho mais rapidamente do que o verde e o vermelho; os últimos retêm seus valores por mais tempo debaixo de intensidade decrescente (efeito Bezold-Brucke). Ou, se o tamanho do estímulo é reduzido, a habilidade de separar o azul do amarelo se deteriora progressivamente em comparação com o verde e o vermelho. A ligação é confirmada patologicamente pela existência de distintas síndromes de daltonismo vermelho-verde e amarelo-azul. Todos esses fatos perceptivos, finalmente, têm terreno na fisiologia da visão da cor, especificamente o mecanismo "processo de oposição" da transmissão do olho ao cérebro — um conhecimento inicialmente desenvolvido para o homem, mas recentemente corroborado por dados eletrofisiológicos obtidos em macacos e peixes. A evidência é que a transmissão da sensação de cor (diferente da fotorrecepção retinal) é organizada como uma tríade de processos binários: vermelho-verde, azul-amarelo e preto-branco. Cada um desses processos dispara impulsos para o cérebro de uma manei-

---

preceitos da cor são caracterizados como "básicos", isto é, aqueles que, por suas características e relações distintivas, podem funcionar como significantes em sistemas informacionais. Ver Sahlins, 1976.

29 Linksz escreve: "O vermelho e o verde são uma díade de cores que se opõem da mesma forma que o amarelo e o azul. Qualquer membro de uma das díades cancela o outro, antagoniza o outro ou — como Stelling descreveu (1880) — destrói o outro" (1964, p.2). Mas esse antagonismo também tem um aspecto de reforço recíproco, como Goether observou há muito tempo: "O vermelho e o verde (ou o amarelo e o azul), como ele disse, exigem-se ao mesmo tempo, promovem-se um ao outro, apoiam-se um no outro" (ibid.).

ra privada através de células que respondem a um dos pares complementares, mas excluem o outro; por exemplo, o processo vermelho-verde é ativado ou como +vermelho –verde ou como –vermelho +verde (ver Pokorny e Smith, 1972; Hurvich e Jameson, 1957) .

Em suma, o sistema perceptivo de matizes primitivos pode ser descrito da seguinte maneira: é composto de duas díades de cores opostas, vermelho-verde e amarelo-azul, e quatro díades de cores compatíveis, vermelho-amarelo, vermelho-azul, verde-azul e verde-amarelo. Isso é exatamente o mesmo sistema demonstrado no diagrama anterior de relações semânticas (figura 14). A proposta é de que tal correspondência entre estruturas simbólicas e perceptivas representa uma mobilização das estruturas perceptivas no projeto das estruturas simbólicas.

Em sua dimensão econômica, esse projeto consiste na reprodução da sociedade em um sistema de objetos não simplesmente úteis, mas significativos, cuja utilidade realmente consiste em uma significação. O sistema do vestuário em particular repete na sociedade ocidental as funções do chamado totemismo. Uma materialização suntuária das principais coordenadas de pessoa e ocasião torna-se um vasto esquema de comunicação — de maneira a servir como uma linguagem de vida do dia a dia entre aqueles que podem não ter tido relação de conhecimento anterior.[30] "Mera aparência" deve ser uma das mais importantes formas de manifestação simbólica na civilização ocidental. Porque é através de aparências que a civilização transforma a contradição básica de sua construção em um milagre de existência: uma coesa sociedade de estranhos. Nesse caso, sua coesão depende de uma *coerência* de tipo específico: da possibilidade da apreensão dos outros, de suas condições sociais, e desse modo de suas relações com alguém "à primeira vista". Essa dependência da visão ajuda a explicar, por um lado, por que as dimensões simbólicas, apesar disso, não são óbvias. O código trabalha a um nível inconsciente, concepção dentro da própria percepção. É precisamente o tipo de pensamento geralmente conhecido como "selvagem" — pensamento que "não distingue o momento da observação do da interpretação, tanto quanto, ao observá-los, primeiro se registram os signos do interlocutor e então se tenta compreendê-los; quando ele fala, os signos exprimidos carregam consigo seus significados" (Lévi-Strauss, 1966, p.223). Por outro lado, essa dependência "do olhar" sugere a presença, na vida econômica e social, de uma lógica completamente estranha à "racionalidade" convencional. Pois essa racionalidade é tempo transcorrido, uma compa-

30 "Um complexo processo mental é desencadeado mesmo na mais rápida das percepções visuais, e em um espaço de tempo muito curto, talvez 30 segundos [*sic*], resultando em julgamento de sexo, idade, tamanho, nacionalidade, profissão e casta social do estranho, além de algumas estimativas sobre seu temperamento, ascendência, simpatia, elegância e até mesmo sua lealdade" (G. Allport, citado em Horn, 1968, p.109; cf. Linton, 1936, p.416).

ração e pelo menos uma outra olhada mais além, e um exame das alternativas. A relação entre essas lógicas é que a primeira, a simbólica, define e classifica as alternativas pela "escolha", entre as quais a racionalidade, esquecida de sua própria base cultural, gosta de se considerar como constitutiva.

5 CONCLUSÃO
a utilidade e a ordem cultural

Neste capítulo, desenvolvo algumas das implicações do capítulo anterior — a incursão na economia capitalista como sistema cultural — examinando-a no contexto das discussões teóricas já apresentadas. O sumário enfrenta seguidamente o problema geral das interpretações simbólicas pragmáticas da cultura e a indagação (estabelecida no início da pesquisa e sem resposta até agora) sobre as particularidades que distinguem a cultura ocidental. As várias sugestões e proposições programáticas aqui desenvolvidas representam as conclusões iniciais e mais evidentes do ensaio como um todo.

Uma questão evidente — tanto para a sociedade burguesa como para a chamada primitiva — é que os aspectos materiais não são separados dos sociais de maneira satisfatória; como se os primeiros se referissem à satisfação de necessidades pela exploração da natureza e os últimos aos problemas da relação entre os homens. Tendo feito essa diferenciação marcante dos componentes culturais — desassociando a ordem cultural em subsistemas de propósitos diferentes — somos forçados a viver para sempre com as suas consequências intelectuais. Isto é, cada "subsistema" é sujeitado inicialmente a um tipo de análise diferente, em termos de propriedades materiais e sociais, respectivamente, e em seguida interpretado por uma teleo-lógica diferente: por um lado, a articulação com a natureza a serviço de um interesse prático; por outro, a manutenção da ordem entre pessoas e grupos. Nesse caso, ficaríamos com um problema que na realidade tem obcecado a antropologia desde o início — como explicar as relações funcionais entre aspectos que de início se imaginou serem distintos. Pode-se considerar que, em grande parte, a antropologia é um esforço constante no sentido de sintetizar uma segmentação original do seu objeto, uma diferenciação analítica de domínios culturais estabelecidos sem a reflexão necessária, se é que claramente feita tendo nossa própria sociedade como modelo. Mas o projeto estava condenado desde o início, porque o primeiro ato tinha consistido em ignorar a unidade e particularidade da cultura como uma estrutura simbólica, impondo uma razão a partir de dentro sobre as relações com uma natureza exterior. O erro foi desistir dessa razão em benefício de várias funções práticas e então ser forçado a decidir como um conjunto de condições se reflete nas relações devotadas a outro conjunto — as econômicas às sociais, as sociais às ideacionais, as ideacionais às econômicas. Mas acontece que a retotalização não é efetuada simplesmente ao se considerarem os bens materiais, por exemplo, no contexto das relações sociais. A unidade da ordem cultural é constituída por um terceiro e comum termo: o significado. E é esse sistema significativo que define toda funcionalidade; isto é, de acordo com a estrutura específica e as finalidades da ordem cultural. Daí, decorre que nenhuma explicação funcional por si só é suficiente, já que o valor funcional é sempre relativo a um esquema cultural.

Como um corolário específico, nenhuma forma cultural pode ser interpretada a partir de um grupo de "forças materiais", como se o cultural fosse a variável dependente de uma inevitável lógica prática. A explicação positivista de certas práticas culturais como efeitos necessários de alguma circunstância material, seja para uma técnica específica de produção, seja para um grau de produtividade ou diversidade produtiva, ou para uma insuficiência de proteínas ou escassez de adubo — qualquer proposta científica desse tipo seria falsa. Isso não quer dizer que sejamos forçados a adotar uma alternativa idealista, imaginando que a cultura caminha sobre o ar rarefeito dos símbolos. Não é que as forças e limitações materiais sejam deixadas de lado ou que elas não produzam efeitos reais na ordem cultural. É que a natureza dos efeitos não pode ser interpretada a partir da natureza das forças porque os efeitos materiais dependem de sua localização cultural. A própria forma de existência social da força material é determinada por sua integração no sistema cultural. A força pode então ser significante — mas a significação é, precisamente, uma qualidade simbólica. Ao mesmo tempo, esse esquema simbólico não é em si mesmo o modo de expressão de uma lógica instrumental, porque de fato não há outra lógica no sentido de uma ordem significativa, a não ser aquela imposta pela cultura sobre o processo instrumental.

O problema do materialismo histórico — o mesmo problema de todas as teorias naturalísticas da cultura — é que ele aceita o interesse prático como condição intrínseca e autoexplicativa, inerente à produção e portanto inevitável à cultura. Para Marx, como já vimos, no momento da produção estão em jogo duas lógicas. A interação entre o trabalho, técnicas e recursos se dá de imediato pelas leis da natureza e pelas intenções da cultura, ou seja, pelas quantidades e qualidades objetivas e pelos objetos quantitativos e qualitativos. Mas na problemática da práxis, a lógica simbólica é subordinada à instrumental dentro da produção, e portanto através da sociedade. Como, na produção, a razão é um interesse prático, a satisfação das necessidades do homem, ela é parte do processo natural que ela mesma desencadeia. Em última análise, a cultura é organizada pela natureza material das coisas e não pode, através de suas diferenças conceituais ou sociológicas transcender a estrutura de realidade manifesta na produção.

À primeira vista, o confronto entre as lógicas cultural e material parece desigual. O processo material é factual e "independente da vontade do homem". O simbólico é inventado e portanto flexível. Um é fixado pela natureza, o outro é arbitrário por definição. O pensamento não se pode submeter senão à soberania absoluta do mundo físico. Mas o erro está em que não há lógica material separada do interesse prático e o interesse prático do homem na produção é simbolicamente instaurado. As finalidades assim como as modalidades de produção vêm do lado cultural: os meios materiais da organização cultural assim como a organização dos meios materiais. Pudemos ver que nada em sua capacidade de satisfazer necessidades materiais (biológicas) explica por que as calças são produzidas para os homens e as saias para as mulheres, ou por que não comemos cães e no entanto a carne do traseiro do novilho é insuperavelmente própria à satisfação da necessidade de comer. E as relações de produção — a divisão do trabalho por categorias e capacidades culturalmente definidas — tampouco são dedutíveis de categorias e capacidades materialmente determinadas da população. É impreciso falar do confronto de *duas* lógicas na produção; a lógica pertence unicamente à concepção, a qual tem diante de si uma força rudimentar carente de significado ou conteúdo social. Em geral, a situação da cultura é como a que em Rousseau se opunha a Grotius e Hobbes — assim como a Calígula — a respeito das instituições políticas. A força é um atributo físico ao qual os homens devem submeter-se se não têm alternativa. Mas a pergunta a ser feita é: que faz da submissão um dever? Dizer que o Poder faz o Direito, observou Rousseau, é confundir a causa com o efeito. Da mesma forma, as forças materiais na produção não possuem uma ordem cultural, mas meramente um conjunto de possibilidades e limitações físicas seletivamente organizadas pelo sistema cultural e integradas, no que toca aos seus efeitos pela mesma lógica que lhes deu causa.

As forças materiais por si só não têm vida. Seus movimentos específicos e consequências determinadas só podem ser estipulados agregando-as progressivamente às coordenadas da ordem cultural. Decomponham as forças produtivas apenas em suas especificações materiais. Imaginem uma tecnologia industrial, uma população humana e um meio ambiente. Desse modo, nada é dito sobre as propriedades específicas das mercadorias que serão produzidas ou sobre o índice de produtividade ou as relações sob as quais o processo ocorrerá. Uma tecnologia industrial por si só não determina se será comandada por homens ou mulheres, de noite ou de dia, por assalariados ou cooperativistas, na terça-feira ou no domingo, visando lucro ou só a subsistência; a serviço da segurança nacional ou da gula particular; para produzir cães alimentados na mão ou gado de curral; para poluir rios e infectar a atmosfera ou para se deixar lentamente corroer como a máquina de costura Singer majestosamente exposta em frente à casa de um chefe africano.

Se imaginarmos um certo índice de produtividade, como o que é dado pelas relações totais de produção, algo mais pode ser dito sobre a jornada de trabalho, o caráter de cooperação e a divisão de trabalho, incluindo uma divisão hierárquica entre funções administrativas e manuais. Mas se a cooperação é necessária, não há indicação alguma de que deva excluir as mulheres; se há uma jornada de trabalho, não há indicação de que deva se dar durante os dias úteis em vez dos fins de semana; se há um gerente e um operário, nada indica que o primeiro tenha características de um empresário ou seu agente e o operário as características de um assalariado. Some-se a isso a propriedade privada e produção de valor de troca e a hierarquia torna-se então burguesia e proletariado. Façam-se as distinções culturais de sexo, etnia e raça: o burguês empresário certamente será um homem WASP e o operário, também do sexo masculino, será um negro ou um polonês. E assim por diante. As forças materiais se instauram sob a égide da cultura.

Será que deixamos de lado o jogo das forças puramente naturais, das necessidades biológicas e da seleção natural? A ecologia, como já notamos e todos parecem concordar, vem à cena cultural como um conjunto de condições-limites, um limiar de tolerância na exploração do meio ambiente ou a satisfação de requisitos biológicos além dos quais o sistema, como é constituído, não pode funcionar mais — é a "contrasseleção". No entanto, nos estudos ecológicos, é pouco enfatizado o fato de que, antes de poder haver uma seleção natural, tem de haver uma seleção cultural: a dos fatos naturais relevantes. A seleção não é um simples processo natural. Ela se origina em uma estrutura cultural, a qual, por suas próprias características e finalidades, define o contexto do meio ambiente específico a ela. Essa estrutura cultural decide, por assim dizer, a forma efetiva e a intensidade das forças seletivas. Até mesmo em estudos biológicos, como observa Monod, essa determinação pelo organismo adaptante é frequentemente confundida como um fato puramente ambiental:

> Outra dificuldade para se aceitar a teoria seletiva é caracterizada pelo fato de, frequentemente, se supor que ela atribua toda a responsabilidade pela seleção às condições do ambiente externo. Essa é uma concepção completamente errada, pois as pressões seletivas exercidas pelas condições externas sobre os organismos não são, de maneira alguma desconectadas dos desempenhos teleonômicos (ou seja, reguladores internos) característicos das espécies. Diferentes organismos habitando o mesmo nicho ecológico interagem de maneiras muito diferentes e específicas com as condições externas (entre as quais temos que incluir os outros organismos). As interações específicas que o próprio organismo "escolhe", pelo menos em parte, determinam a natureza e orientação da pressão seletiva que o organismo suporta. [Monod, 1972 (1970), p.125-6.]

Ao mesmo tempo, na medida em que o meio ambiente é determinado por uma ordem cultural, é importante ser preciso sobre o caráter do determinismo que é atribuído às condições seletivas. A "adaptação" é invocada para explicar as propriedades, a persistência, ou com menor ênfase, o modo de funcionamento de uma forma cultural. Mas a vantagem seletiva é a estipulação de um funcionamento positivo mínimo: qualquer coisa dentro dos limites naturais, qualquer coisa que não sujeite as pessoas ou o sistema à destruição material é vantajosa sob o ponto de vista da adaptação, da mesma forma que uma vantagem significativa mínima entre espécies ou sociedades determina qual delas vence em uma luta por recursos. Além disso, é indiferente à natureza se o funcionamento positivo é ótimo, mínimo ou um meio-termo entre os dois extremos. A natureza só governa o que diz respeito à existência, não à forma específica. Examinando de outro ângulo, a seleção como um "limite de viabilidade" é uma determinação negativa que estipula somente o que não pode ser feito, mas consente indiscriminadamente (selecionando) tudo que for possível. Na medida em que as propriedades definidas da ordem cultural são concebidas, as leis da natureza são indeterminadas. Por sua factualidade e objetividade, as leis da natureza estão para a ordem da cultura assim como o abstrato está para o concreto: como o reino da possibilidade está para o reino da necessidade, as potencialidades para a realização, a sobrevivência para o ser concreto.

Isso porque a natureza está para a cultura como o constituído está para o constituinte. A cultura não é meramente a expressão da natureza sob outra forma. Antes pelo contrário, a ação da natureza se desdobra nos termos da cultura, isto é, sob uma forma que não é mais a sua própria, mas sim incorporada como significado. O que não consiste em uma mera tradução. O fato natural assume nova forma de existência como fato simbolizado; seu desenvolvimento e suas consequências culturais são governados já agora pela relação entre sua dimensão significativa e outros significados, em vez da relação entre sua dimensão natural e outros fatos. Tudo isso, é claro, dentro dos limites materiais. Mas se a natureza "rigidamente separada do homem não existe para o homem" (Marx), então a natureza que realmente existe renunciou à sua própria razão na combinação. Desde o momento da síntese cultural, a ação da natureza é mediada por um esquema conceitual "através de cuja operação forma e matéria, nenhuma das duas existindo independentemente, se realizam como estruturas, isto é, como entidades igualmente empíricas e inteligíveis" (Lévi-Strauss). Sendo esse o destino da natureza culturalizada, a natureza tal como existe em si mesma é só a matéria-prima oferecida por Deus, esperando que lhe sejam dados forma e conteúdo significativos pela mente do homem. É como o bloco de mármore para a estátua terminada; e é claro que a genialidade do escultor — da mesma forma que o desenvolvimento técnico da cultura — consiste em explorar as linhas de difração do bloco de mármore de acordo com seus objetivos. Assim como o mármore é um material rebelde (há certas coisas que não se podem fazer com ele), assim o são os fatos da natureza e a ação de seleção. Mas é o escultor quem decide se a estátua será a de um cavaleiro montado contemplando suas vitórias (e quantas das patas do cavalo não tocarão a base da estátua) ou se será um Moisés contemplando os pecados de seu povo. E se se objetar que é a composição do mármore que determina a forma da estátua, não nos esqueçamos de que o bloco de mármore em questão foi escolhido entre tantos outros porque o escultor viu nele a imagem latente de seu próprio projeto.

Muito frequentemente também se supõe que, se as sociedades "primitivas" não são organizadas por uma racionalidade material rigorosa, ao menos nós o somos. No que diz respeito à sociedade ocidental, pelo menos estamos a salvo graças aos postulados utilitaristas do interesse prático; elaborados inicialmente pela ciência econômica e daí em diante aplicados a todos os domínios de nossa ação social. Fiz uma breve análise da alimentação e do vestuário nos Estados Unidos como um desafio a esse saber convencional. Os objetos e pessoas da produção capitalista estão unidos em um sistema de avaliações simbólicas. Mas se a nossa própria economia não burla a condição humana, se o capitalismo também é um processo simbólico, onde está a singularidade das "civilizações" ocidentais?

Talvez em nada mais a não ser nessa ilusão de que não seja assim — de que a economia e a sociedade são construídas pragmaticamente. No entanto, a situação não é assim tão simples, pois mesmo a ilusão tem bases materiais. Não se poderia deixar de notar em nosso breve esboço sobre o sistema de vestuário americano que muitas das principais distinções simbólicas do objeto de vestuário seguem a organização da produção. Se as roupas de fim de semana diferem das dos dias úteis, as noturnas das diurnas, as roupas de homem das de mulher, as roupas para o operário das roupas para o empresário — a diferença em todos os casos é marcada pelas relações econômicas. Pode-se dizer que se a produção reflete o esquema geral da sociedade, ela não está senão se olhando no espelho. Mas seria dizer a mesma coisa, e de uma forma que não descarta o entendimento já estabelecido de nosso próprio sistema e permite a comparação com os outros, observar que na cultura ocidental a economia é o *locus* principal da produção simbólica. Para nós, a produção de mercadorias é ao mesmo tempo o modo privilegiado da produção simbólica e de sua transmissão. A singularidade da sociedade burguesa não está no fato de o sistema econômico escapar à determinação simbólica, mas em que o simbolismo econômico é estruturalmente determinante.

O que estou sugerindo é outra maneira de pensar o projeto cultural, deixando de lado a divisão já dada em sistemas componentes intencionais: economia, sociedade, ideologia, ou infraestrutura e superestrutura, cada um composto de diferentes tipos de relações e objetivos, com o todo arrumado hierarquicamente em função de pressupostos analíticos de dominância e necessidade funcionais. Em vez disso, devemos desenvolver uma perspectiva que reflita a longa experiência antropológica da diversidade das ênfases culturais, tornada mais precisa pelo também longo entendimento de que essas ênfases representam integrações institucionais diferentes do esquema simbólico. Aqui, a economia parece dominante, todas as outras atividades refletindo em suas próprias categorias as modalidades das relações de produção; lá, tudo parece "banhado na luz celestial" das concepções religiosas. Em outras palavras, o esquema cultural é variadamente flexionado por um ponto dominante de produção simbólica, que fornece o código principal das outras relações e atividades. Pode-se então falar de um *locus* institucional privilegiado do processo simbólico, de onde emana um quadro classificatório imposto a toda a cultura. Falando ainda nesse alto nível de abstração, a peculiaridade da cultura ocidental é a institucionalização do processo na produção de mercadorias e enquanto produção de mercadorias, em comparação com o mundo "primitivo" onde o *locus* da diferenciação simbólica permanece nas relações sociais, principalmente nas de parentesco, mantendo-se as outras esferas de atividade ordenadas pelas distinções operacionais do parentesco. Temos que lidar menos com a dominância funcional e mais com a estrutural — com estruturas diferentes de integração simbólica. E a essa enorme diferença de padrão correspondem diferenças de atuação simbólica: entre um código aberto e em expansão que responda a eventos que ele mesmo criou por permutação contínua, e um código aparentemente estático que parece não conhecer os acontecimentos, mas apenas seus próprios preconceitos. A distinção grosseira é entre sociedades "quentes" e "frias", desenvolvimento e subdesenvolvimento, sociedades "com" e "sem" história — e da mesma forma entre sociedades grandes e pequenas, em crescimento e contidas, colonizantes e colonizadas.

Enfatizo que a comparação é grosseira, a escolha de um contraste polar, sem intenção alguma de propor uma tipologia das culturas do mundo. Mesmo a esse nível de comparação, negligencia-se a categoria ampla das civilizações arcaicas "mornas" (cf. de Heusch, 1971), com um foco simbólico dominante no setor religioso-estatal, que penetra de maneira decisiva na economia e no interior camponês-agricultor. Nem há aqui qualquer referência às sociedades socialistas contemporâneas. Permitam-me simplesmente o contraste amplo entre ocidental e "tribal", que pode ser útil a uma classificação mais refinada e, acima de tudo, à autoconsciência da sociedade capitalista.

O que estou tentando estabelecer é uma diferença entre sociedade burguesa e sociedade primitiva na natureza e produtividade do processo simbólico que seja contrapartida de uma variação no padrão institucional. Em relação a isto, repete-se o já conhecido, pois a qualidade característica da civilização ocidental ao nível de estrutura institucional já foi detectada pelo menos desde Marx, e a da sociedade primitiva pelo menos desde o advento da antropologia. A primeira é caracterizada pela separação estrutural de esferas funcionais — econômica, sociopolítica, ideológica — organizadas diferentemente em sistemas de objetivos específicos por tipos distintos de relações sociais (Mercado, Estado, Igreja etc.). Uma vez que os objetivos e relações de cada subsistema são distintos, cada um deles tem certa lógica interna e uma relativa autonomia. Mas como todos estão subordinados às condições da economia, isso dá credibilidade ao tipo de teoria reflexionista que percebe na superestrutura as diferenças (especialmente de classe) estabelecidas na produção e na troca. Na sociedade primitiva, a ação econômica, política e ritual é organizada pela estrutura generalizada de parentesco. Donde os antropólogos, especialmente os antropólogos sociais ingleses, terem tendido a postular uma modalidade diferente de dominância estrutural para esse tipo de sociedade, vendo na política, nos ritos ou na economia o reflexo das relações entre pessoas e grupos e as exigências de manutenção dessas relações. Não estou querendo dizer que essas observações sejam incorretas. Ao contrário, elas são essenciais, e nenhuma análise estruturalista ou simbolista pode se permitir ignorar as diferenças no padrão institucional. Pois correspondem a diferentes modos de produção simbólica, contrastando tanto no meio objetivo como na capacidade dinâmica.

As duas ordens culturais promovem certas relações institucionais a uma posição de dominância, tornando-as o *locus* a partir do qual o quadro simbólico se precipita e o código é objetificado. Na sociedade burguesa, a produção material é o lugar dominante da produção simbólica; na sociedade primitiva, são as relações sociais (de parentesco). No Ocidente, as relações de produção constituem uma classificação que é reiterada através de todo o esquema cultural, na medida em que as distinções de pessoas, tempo, espaço e ocasião desenvolvidas na produção são comunicadas ao parentesco, à política e a tudo mais, apesar das descontinuidades na qualidade institucional. Ao mesmo tempo, como a acumulação de valor de troca se dá enquanto valor de uso, a produção capitalista desenvolve um código simbólico, expresso através das diferenças significativas entre produtos, que serve ao esquema geral de classificação social. E essa integração econômica do todo, a transmissão do quadro e do código, da diferenciação social e do contraste objetivo, tudo isso é assegurado pelo mecanismo de mercado — pois qualquer pessoa necessita comprar e vender para viver, mas só pode agir desse modo na medida em que suas relações com a produção assim o permitam.

Comecemos por uma explicação das diferenças culturais que leve em consideração o tipo de código, já que assim acompanhamos e resumimos nossas discussões anteriores. Iniciamos então com uma similitude fundamental: a produção capitalista é, como qualquer outro sistema econômico, uma especificação cultural, e não uma mera atividade natural e material, pois, como é o meio para um modo de vida total, ela é necessariamente produção de significação simbólica. No entanto, como ela se apresenta ao produtor como uma procura de ganhos pecuniários e ao consumidor como uma aquisição de bens "úteis", o caráter simbólico básico do processo fica totalmente às escondidas dos participantes — e também dos economistas em geral, na medida em que a estrutura significativa da demanda é um "dado" exógeno em suas análises. A diferenciação do valor simbólico é mistificada como apropriação de valor de troca. Mas desmistificar não é suficiente: a posição antropológica é que no sistema burguês não há realmente diferenciação entre os dois, pois a lógica da produção é uma lógica diferencial de significados culturais.

O raciocínio é simples e não viola qualquer interpretação convencional do processo capitalista. A acumulação do valor de troca é sempre a criação do valor de uso. Os bens precisam ser vendidos, o que é o mesmo que dizer que precisam ter uma "utilidade" preferida — real ou imaginada — mas sempre imaginável. Em um artigo intitulado "Símbolos através dos quais nós compramos", S.J. Levy diz: "O asno de Buridan morreu de fome exatamente entre duas pilhas de apetitoso capim; ele não teria tido esse problema se uma das pilhas tivesse sido mais asinina" (1968, p.56).[1] A produção visando o lucro é a produção de uma diferença simbolicamente significativa. No caso do mercado de consumo, é a produção de uma distinção social apropriada através de um contraste concreto no objeto. Isso está implícito na aparente ambiguidade do termo "valor", que pode referir-se ao preço de alguma coisa, ao seu significado (como o conceito diferencial de uma palavra), ou de uma maneira geral como tudo aquilo de que as pessoas gostam por motivos morais ou monetários. Os antropólogos conhecem bem essa ambiguidade, mesmo que nem sempre estejam conscientes dela, uma vez que muitos a adotam para ilustrar a universalidade do comportamento econômico racional, até mesmo onde o mercado de troca está especificamente ausente. As pessoas, entretanto, economizam suas riquezas; só que elas estão interessadas em outros "valores" além dos materiais — a fraternidade, por exemplo.

Mas essa mesma associação é feita por Saussure de maneira mais eficaz, em uma passagem que merece, no estudo da economia ocidental, o lugar que é dado na economia antropológica ao famoso texto do sábio Maori — Tamati Ranapiri — sobre o *hau* da dádiva (Mauss, 1966 [1923-4]).[2] Assim como os comentários de Ranapiri revelaram que para os Maori uma construção ritual tem como contrapartida uma troca material, assim o texto de Saussure, ao usar o valor de troca para ilustrar o valor conceitual do signo, deve sugerir a um desapercebido mundo ocidental que sua ostensiva busca do material é mediada pelo simbólico.

> Todos os valores são aparentemente governados pelo mesmo princípio paradoxal. Eles são sempre compostos de:

---

1 Compare-se o conceito de "utilidade" do economista com a noção geral do signo em C.S. Peirce como "algo que se substitui para alguém por alguma coisa em algum sentido ou qualidade" (1932, cap.2 p.228).

2 Ver a interpretação em Sahlins (1972). Aproveito a oportunidade para repetir aqui uma observação independente de Gayle Rubin e Lawrence Adelson: a de que o referente comum da limitação do *hau* na troca ritual e material é que o único presente que é ao mesmo tempo fértil e precisa ser "reciprocado" são as mulheres. Além do mais, a estrutura de transação é de "troca generalizada", uma estrutura fundamental em muitas sociedades da Polinésia.

> 1) algo *dissimilar* que pode ser trocado por algo cujo valor está por ser determinado; e
> 2) coisas *similares* que podem ser comparadas com a coisa cujo valor está por ser determinado. Esses dois fatores são necessários para a existência do valor. Para determinar o valor de uma peça de cinco francos deve-se necessariamente saber: (1) se ela pode ser trocada por uma quantidade fixa de coisa diferente, por exemplo, pão; (2) se ela pode ser comparada com um valor similar do mesmo sistema, por exemplo, uma peça de um franco, ou com moedas de outro sistema (dólar etc.). Da mesma maneira, uma palavra pode ser trocada por algo diferente, uma ideia. Além disso, pode ser comparada com algo da mesma natureza, outra palavra. Seu valor não se define portanto na mera afirmação de que pode ser "trocada" por algum conceito, ou seja, que tem essa ou aquela significação: precisa-se compará-la com valores semelhantes, com outras palavras que lhes estejam em oposição. Seu conteúdo só é realmente definido contra tudo que existe fora dela ... Então, em vez de ideias preexistentes, encontramos, em todos os exemplos anteriores, *valores* que emanam do sistema. Quando se diz deles que correspondem a conceitos, supõe-se que esses conceitos sejam puramente diferenciais e definidos não por seu conteúdo positivo, mas por suas relações em oposição com outros termos no sistema. Sua característica mais marcante está em ser tudo que os outros não são. [Saussure, 1966 (1915), p.115, 117.]

Nesse sentido obtém-se valor de troca pela produção de objetos que não são os mesmos que outros, objetos que têm um significado diferencial na sociedade tal como está organizada: Cadillacs em vez de Chevrolets, ternos em vez de macacões, bifes em vez de vísceras. A produção racional visando o lucro se move junto com a produção de símbolos. E sua aceleração, como na abertura de novos mercados de consumo, é exatamente a mesma abertura do cenário simbólico através da permutação de sua lógica porque (1) para serem trocados por alguma outra coisa (dinheiro), os bens necessitam (2) contrastar em uma ou outra propriedade específica com todos os outros bens da mesma espécie geral. A peculiaridade desse totemismo burguês talvez não seja mais do que sua *sauvagerie*. Pois graças ao desenvolvimento da produção industrial de mercado, isto é, à dominância institucional dada à economia, a relação tradicional funcional entre o conjunto cultural e o conjunto natural, hoje em dia, apresenta-se invertida: em vez de servir à diferenciação da sociedade pela diferenciação de objetos, toda distinção concebível da sociedade é posta a serviço de outra divisão de objetos. Fetichismo e totemismo; as criações mais refinadas da mente civilizada.

A segunda característica indicativa da dominância econômica: as relações de produção compõem o principal quadro classificatório da sociedade ocidental. Mauss escreveu sobre o *hau* como se a troca de coisas fosse, de acordo com as concepções Maori, a troca de pessoas. Marx, a respeito do nosso próprio pensamento, observou o oposto: o vínculo das pessoas é uma relação entre coisas (cf. White, 1959b, p.242-5). Se, como é frequentemente observado a respeito da troca "primitiva", toda transação tem um coeficiente social, um relacionamento entre os participantes de um ou outro tipo que regula os termos materiais de sua interação, no nosso caso parece verdade que toda transação tem um termo material que alimenta importantes dimensões do relacionamento social. Mesmo fora das transações comerciais, no que é às vezes chamado de "vida" em vez de "trabalho" — nas associações de bairro, grupos de igreja, clube, ou no pôquer semanal — também aí entra um elemento econômico decisivo: um reflexo, direto ou indireto, mas sempre essencial das relações de produção. E note-se que não é somente a renda que está em jogo, mas uma determinação de tempo e uma especificação de espaço que também são determinadas pela estrutura da produção. Mais ainda, nenhuma instituição, não importa se dirigida por outros princípios ou orientada com outros propósitos, é imune a essa estruturação pelas forças econômicas. O mundo doméstido é tão determinado pela negação do mundo da rotina de trabalho como pelas concepções intrínsecas de parentesco. Sua organização interna, como é sabido de todos, varia de acordo com a classe econômica, e as relações entre o marido e a esposa estão sempre pejadas pela distinção econômica entre o "ganha-pão" e a "dependente". No padrão tribal, os vários momentos funcionais, incluindo a produção, são decisivamente determinados pela relação de parentesco, tanto que a classificação apropriada a qualquer atividade particular representa alguma transposição do esquema operativo do parentesco. O dinheiro é para o Ocidente o que o parentesco é para os demais. É o nexo que assimila todas as outras relações à posição na produção. "A sede de dinheiro, ou desejo de riqueza" disse Marx, "necessariamente traz consigo o declínio e queda das comunidades antigas. Daí ser a antítese delas. Ela mesma é a comunidade (*Gemeinwesen*), e não pode tolerar que qualquer outra esteja acima dela" (1973 [1837-58], p.223).

Assim procede a economia, como *locus* institucional dominante: produz não somente objetos para sujeitos apropriados, como sujeitos para objetos apropriados. Ela joga uma classificação sobre toda a superestrutura cultural, ordenando as distinções de outros setores através da oposição de seus próprios setores — exatamente como ela usa essas distinções para seus próprios propósitos (lucro). Ela produz o que pode ser chamado de "sinapses simbólicas".[3] Conjunções de oposições de planos culturais distintos que então tomam a forma de diferenciações homólogas — como trabalho/descanso: dia útil/fim de semana; ou área comercial/bairro residencial: impersonalismo/familiaridade. Algumas dessas proporções são construídas por analogia como a combinação para vestuário entre adolescente/adulto: trabalhador/capitalista. Mas se elas incorporam processos lógicos e são usadas para pen-

3 Essas sinapses são o produto lógico do que James Boon chamou de "valores de ação", em um trabalho (1972) que pretende isolar o momento real — poderíamos chamá-lo de "momento de Traviata", seguindo o seu excelente exemplo — da unidade de significados de códigos formalmente distintos.

sar o mundo cultural (e portanto estar dentro dele), ainda assim não podem ser consideradas desmotivadas, como produto de um interesse meramente especulativo. Elas pressupõem — talvez somente de maneira inconsciente — conexões que já estão presentes na vida social, que já existam na práxis social.

Esse último aspecto é importante de duas maneiras. A primeira já tínhamos observado no contexto da sociedade tribal, mas é válido repeti-la no caso do pensamento concreto "civilizado"; o interesse pelas correspondências conceituais como trabalhador/capitalista: jovem/adulto não é de maneira alguma um idealismo. Seu reconhecimento por antropólogos ou economistas, assim como sua existência na sociedade, reflete uma experiência real daquela sociedade, quando não é o único tipo de experiência social real, isto é, aquela mediada simbolicamente. O antropólogo não as inventou, pelo menos não no sentido de que as pessoas as tivessem criado e decidido viver de acordo com elas. Elas são verdadeira armadura da ordem cultural, e o antropólogo, ao lhes dar uma ordem coerente com a experiência, não faz mais que descobrir aquela ordem. Ao fazer isso — e aí está a segunda implicação — ele age mais ou menos como um pesquisador de mercado, um agente publicitário ou um desenhista de moda por menos lisonjeira que seja a comparação. Esses mercenários do símbolo não criam *de novo*. No sistema nervoso da economia americana, a função deles é a sináptica. É função deles ser sensível às correspondências latentes na ordem cultural cuja conjunção em um produto-símbolo possa significar sucesso mercantil (figura 15).

Ou talvez, mais frequentemente, sua função seja a de responder à constante reformulação das relações simbólicas dentro da vida social nacional. Essa mudança advém, por um lado, de constante revisão do quadro econômico, de mudanças na estrutura de produção que impõem novas coordenadas em outras relações sociais. Essa revisão do quadro, está claro, reflete o poder de uma produtividade industrial — dada a distribuição de renda baseada nas relações de produção — para saturar a correspondência simbólica por um produto apropriado e o consequente movimento do capital em direção a uma nova diferenciação do valor simbólico na busca de um maior valor de troca. Por outro lado, a reformulação das correspondências simbólicas pode ser iniciada pela direção oposta: desde eventos que ocorrem nas esferas superestruturais — guerras, um novo movimento radical, um aumento no índice de divórcio, a volta à religião — a ponto de modificar o contexto da produção. Isso parece-nos uma espécie de clima cultural, assim como nos parece que os desenhistas tiram suas ideias do nada. Mas o especialista em moda não faz sua coleção com uma peça de fazenda; como o famoso *bricoleur* de Lévi-Strauss, ele usa vários pedaços e retalhos, marcados pela sua significação em uma existência anterior, para criar um objeto que funcione, isto é, que venda — o que é o mesmo que dizer que sintetiza objetivamente uma relação entre categorias culturais. Aí reside sua vendabilidade.

Chegamos pois a uma característica que realmente distingue a civilização ocidental: ela responde transformacionalmente aos acontecimentos e incorpora

FIGURA 15 • O sexo dos objetos na publicidade. Orientação para publicitários em *Visual Persuasion*, de Stephen Baker (1961).

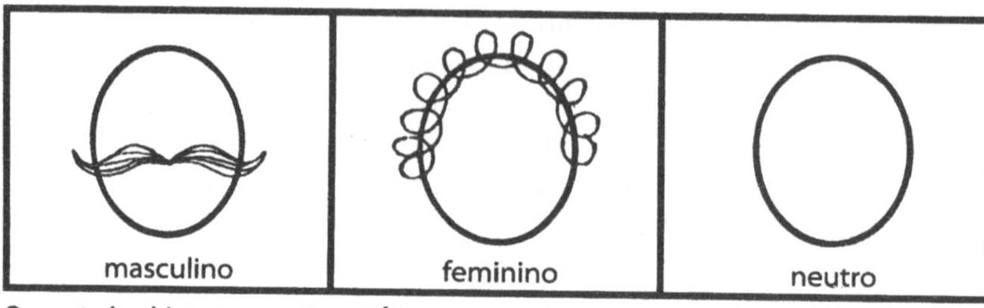

Quase todo objeto tem um "sexo". É importante ter isso em mente quando se estiver escolhendo símbolos para uma ilustração.

A textura irregular da batata ajuda a caracterizá-la como algo masculino. Um tomate, macio e bonito, tornou-se símbolo de feminilidade. Uma maçã não tem sexo (cresce em árvores "masculinas", mas na Bíblia serviu como símbolo de sedução feminina).

Árvores (e texturas de madeira) exalam masculinidade. A delicadeza das flores (e o fato de as meninas gostarem de flores) determina seu lugar no domínio feminino. O capim, por outro lado, não pertence a um gênero definido.

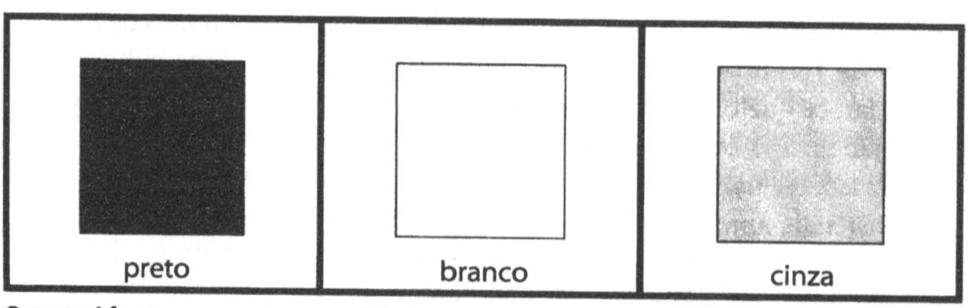

O preto é forte e opaco. Essas qualidades fazem-no parecer mais masculino que feminino. A translucidez do branco (e suas qualidades virginais) lhe dá uma aparência de donzela. O cinza está entre os dois, portanto é neutro.

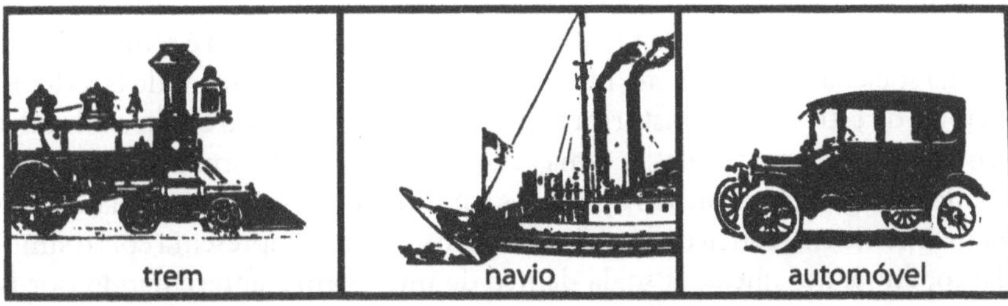

Um trem é "ele". Sugere poder, aventura, energia. Um navio, por ser esguio e gracioso, é feminino. O carro era mais masculino que feminino, mas no mundo moderno se está rapidamente tornando bissexual.

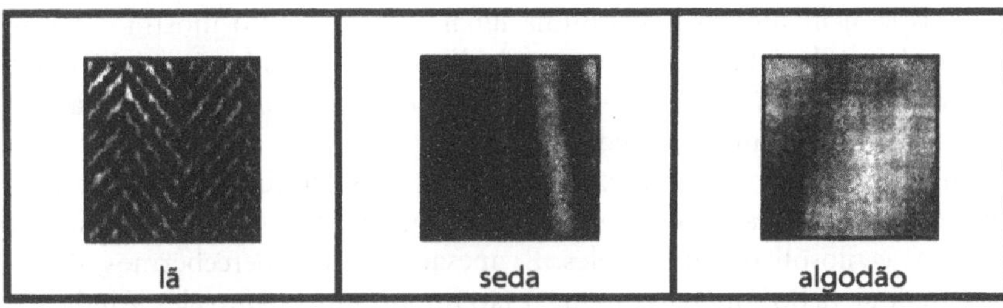

A lã (textura tipo *tweed*) é mais associada com a confecção de ternos de homens do que com a de vestidos de senhoras. A seda tem uma conotação totalmente diferente, sua maciez e flexibilidade a tornam "feminina". O algodão pode ser de qualquer um dos gêneros.

Um cachorro é em geral "macho". O gato – um animal reconhecidamente calculista – é uma "fêmea". Tanto a aparência como a personalidade dessas criaturas lhes determinam o sexo. Um cavalo pode ser "macho" ou "fêmea", dependendo da anatomia.

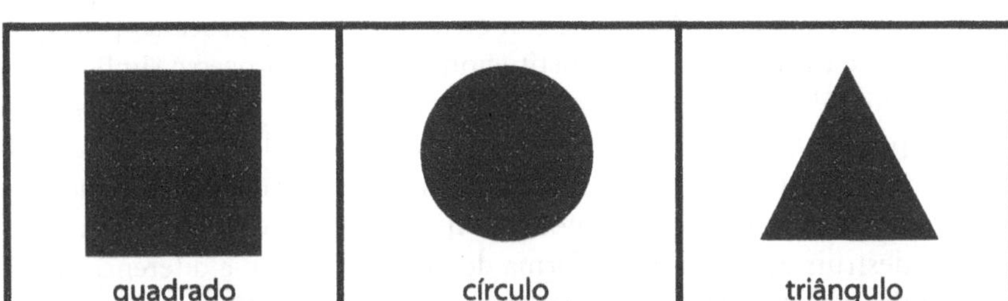

As bordas abruptas e angulares de objetos quadrados (como foi mostrado anteriormente) sugerem um temperamento masculino, enquanto a forma redonda do círculo indica a suavidade de uma mulher. O triângulo fica indeciso.

as perturbações históricas como permutações estruturais de acordo com um código geral de significação. Entretanto, é importante enfatizar que essa é uma diferença quantitativa dentro de uma identidade qualitativa. A história é sempre estruturada pela sociedade; há somente modos mais ou menos dinâmicos de fazê-lo. E os princípios de estruturação histórica não diferem tanto em tipo como em local. Os povos tribais são capazes das mesmas transposições e reformulações do código simbólico, da geração de novas oposições a partir das velhas — só que lá isso se dá principalmente entre sociedades e de uma maneira que se apresenta como simples variação, enquanto que aqui se dá dentro de um sistema, apresentando por isso um crescimento combinado ("desenvolvimento"). Lá, a história acontece na interseção das sociedades, de tal forma que toda a área de uma cultura pode apresentar tanto na base como na superestrutura um conjunto maravilhoso de variações — "todas semelhantes, mas nenhuma igual, cujo conjunto mostra o caminho para uma lei oculta". Para nós, em virtude de um modo institucional diferente do processo simbólico, a história é feita basicamente da mesma maneira, mas com a complicação de uma única sociedade.

Entretanto, ao confiar na razão simbólica, nossa cultura não é radicalmente diferente da elaborada pelo "pensamento selvagem". Nós somos tão lógicos, significativos e filosóficos quanto eles. E, apesar de não o percebermos, damos à lógica qualitativa do concreto um lugar tão importante quanto eles. Ainda assim, falamos como se nos tivéssemos libertado de concepções culturais constrangedoras, como se nossa cultura fosse construída a partir das atividades e experiências "reais" de indivíduos voltados para seus interesses práticos. A alienação final é uma espécie de desestruturação. Marx escreveu que uma sociedade primitiva não poderia existir a não ser disfarçando para si mesma as bases reais daquela existência, como através de formas de ilusões religiosas. Mas a observação talvez se aplique mais à sociedade burguesa. Tudo no capitalismo conspira para esconder a ordem simbólica do sistema, especialmente aquelas teorias acadêmicas de práxis pelas quais nos concebemos e ao resto do mundo. Uma teoria de práxis baseada em interesses pragmáticos e condições "objetivas" é a forma secundária de uma ilusão cultural, e seu fruto elaborado, empírico e estatístico, a investigação "ética" de nossas ciências sociais, a titilação intelectual de uma mistificação "êmica".

O que, finalmente, distingue a civilização ocidental é o modo da produção simbólica, esse disfarce na forma de um crescente PNB do processo pelo qual o valor simbólico é criado. Mas essa institucionalização do processo simbólico só o faz mais elaborado, assim como menos sujeito a controle e mais perigoso. Mais elaborado porque encoraja todas as capacidades humanas de manipulação simbólica dentro de uma mesma ordem social, gerando a partir daí um enorme crescimento cultural. E mais perigoso porque, no interesse desse crescimento, não hesita em destruir qualquer outra forma de humanidade cuja diferença consista em haver descoberto não somente outros códigos de existência, mas meios de chegar a um fim que ainda nos escapa: o controle pela sociedade do controle da sociedade sobre a natureza.

Bibliografia

AGEE, James e Walker Evans, 1941. *Let Us Now Praise Famous Men.* Boston: Houghton Mifflin.

ALTHUSSER, Louis, 1969. *Montesquieu: La politique et l'histoire.* Paris: PUF.

_____, 1970 [1965]. *For Marx*, Nova York: Random House/Vintage Books.

_____ e Etienne Balibar, 1970 [1968]. *Reading Capital.* Nova York: Pantheon Books.

ARNHEIM, Rudolf, 1974. *Art and Visual Perception.* Berkeley: University of California Press.

AVINERI, Shlomo, 1971. *The Social and Political Thought of Karl Marx.* Cambridge: Cambridge UP.

BAKER, Stephen, 1961. *Visual Persuasion.* Nova York: McGraw-Hill.

BARTHES, Roland, 1961. "Pour une psycho-sociologie de l'alimentation contemporaine". *Annales*, p. 977-86.

_____, 1967. *Système de la mode.* Paris: Seuil.

_____, 1970. [1964]. *Elements of Semiology.* Publicado como *Writing Degree Zero and Elements of Semiology.* Boston: Beacon Press.

BATESON, Gregory, 1958. *Naven.* 2ª ed. Stanford: Stanford UP.

_____, 1972. *Steps to an Ecology of Mind.* Nova York: Ballantine.

BAUDRILLARD, Jean, 1968. *Le système des objets.* Paris: Denoël-Gonthier.

_____, 1970. *La société de consommation.* Paris: S.G.P.P.

_____, 1972. *Pour une critique de l'économie politique du signe.* Paris: Gallimard.

BAUMAN, Zygmunt, 1973. *Culture as praxis.* Londres: Routledge and Kegan Paul.

BENEDICT, Ruth, 1961 [1934]. *Patterns of Culture*, Boston: Houghton Mifflin.

BENVENISTE, Emile, 1969. *Le vocabulaire des institutions indoeuropéenes. Vol.1: Economie, parenté, societé.* Paris: Edition de Minuit.

_____, 1971. *Problems in General Linguistics*, Coral Gables: University of Miami Press.

BERGER, Peter L. e Thomas Luckman, 1967. *The Social Construction of Reality.* Graden City: Doubleday/Anchor Books.

BERLIN, Brent e Paul Kay, 1969. *Basic Color Terms.* Berkeley: University of California Press.

BERNSTEIN, Richard J., 1971. *Praxis and Action.* Filadélfia: University of Pennsylvania Press.

BIDWELL, Shelford, 1899. *Curiosities of Light and Sight.* Londres: Swan Sonnenschein.

BIERSACK, Aletta, 1974. "Matrilineality in patrilineal systems: The Tongan case". Tese de doutorado em antropologia, Universidade de Michigan.

BIRREN, Faber, 1956. *Selling Color to People.* Nova York: University Books.

_____, 1961. *Color Psychology and Color Therapy.* Nova York: University Books.

BOAS, Franz, 1965 [1938]. *The Mind of Primitive Man.* Nova York: Free Press.

_____, 1966a [1911]. *Introduction to Handbook of American Indian Languages.* Publicado com J.W. Powell, *Indian Linguistic Families of American North of Mexico*, (org. por Preston Holder). Lincoln: University of Nebraska Press.

_____, 1966b [1940]. *Race, Language and Culture.* Nova York: Free Press.

BOGATYREV, Peter, 1971 [1937]. *The Functions of Folk Costume in Moravian Slovakia.* Mouton: Haia.

BOHANNAN, Paul, 1955. "Some principles of exchange and investment among the Tiv". *American Anthropologist* 57, p.60-70.

BOON, James, 1972. "Further operations of 'culture' in anthropology: A synthesis of and for debate", *Social Science Quarterly* 52, p.221-52.

BOON. James. A. e David M. Schneider, 1974. "Kinship vis-à-vis myth: Contrasts in Lévi-Strauss approaches to cross-cultural comparison", *American Anthropologist* 76, p.794-817.

BOTT, Elizabeth, 1972. "Psychoanalysis and ceremony and a rejoinder to Edmund Leach", in *The Interpretation of Ritual* (org. por J.S. La Fontaine. Londres: Tavistock.

BOURDIEU, Pierre, 1971. "La maison Kabyle ou le monde renversé", in *Echanges et communications. Mélanges offerts à Lévi-Strauss* (org. por P. Maranda e J. Pouillon). Paris: Mouton.

BRAIDWOOD, Robert J., 1957. "Prehistoric Man" 3ª ed. Chicago Natural History Museum Popular Series. *Anthropology* n.37.

BULMER, R., 1967. "Why is the cassowary not a bird? A problem of zoological taxonomy among the Karan of the New Guinea highlands", *Man* s.n., 2, p.5-25.

CASSIRER, Ernst, 1933. "Le langage et la construction du monde des objets", *Journal de Psychologie Normale et Pathologique* 30, p.18-44.

_____, 1951 [1932]. *The Philosophy of the Enlightenment.* Princeton: Princeton UP.

CHARBONNIER, G., 1969. *Conversations with Lévi-Strauss.* Londres: Jonathan Cape.

COLLINS, Paul W. e Andrew P. Vayda, 1969. "Functional analysis and its aims", *Australian and New Zealand Journal of Sociology* 5, p.153-6.

CONKLIN, Harold C., 1955. "Hanunóo color categories", *Southwestern Journal of Anthropology* 4, p.339-44.

COOK, Scott, 1974. "'Structural substantivism': A critical review of Marshall Sahins", *Stone Age Economics Comparative Studies in Society and History* 16, p.355-79.

CORNEY, Peter, 1896 [1821]. *Voyages in the Northern Pacific.* Honolulu: Thos. G. Thrum.

CORNFORTH, Maurice, 1971 [1963]. *The Theory of Knowledge*, 3ª ed. Nova York: International Publishers.

CRAWLEY, Ernest, 1931. *Dress, Drinks, and Drums.* Londres, Methuen.

CUNNINGHAM, Clark E., 1973. "Order in the Atoni house", in *Righ and Left* (org. por R. Needham). Chicago: University of Chicago Press.

DAMPIER, Robert, 1971. *To the Sandwich Islands on the H.M.S. Blonde.* Honolulu: University of Hawaii Press.

DEANE, Rev. W., 1921. *Fijian Society.* Londres: Macmillan.

DICHTER, Ernest, 1959. *The Strategy of Desire.* Garden City/Nova York: Doubleday.

DORNSTREICH, Mark O. e George E.B. Morren, 1974. "Does New Guinea cannibalism have nutritional value?", *Human Ecology* 2(1), p.1-2.

DOROSZEWSKI, W., 1933. "Quelques remarques sur les rapports de la sociologie et de la linguistique: Durkheim et F. de Saussure", *Journal de Psychologie* 30, p.82-91.

DOUGLAS, Mary, 1966. *Purity and Danger.* Londres: Routledge and Kegan Paul.

_____, 1971. "Deciphering a meal", in *Myth, Symbol and Culture* (org. por Clifford Geertz). Nova York: Norton.

_____, 1973a. "Self-evidence", *Proceedings of the Royal Anthropological Institute of Great Britain and Ireland for 1972*, p.27-43.

_____, 1973b. *Rules and Meanings.* Harmondsworth/Middlesex: Penguin Books.

_____, 1973c. *Natural Symbols.* Nova York: Random House/Vintage Books.

DUMONT, Louis, 1965. "The modern conception of the individual: Notes on its genesis", *Contributions to Indian Sociology* 8, p.13-61.

_____, 1970 [1966]. *Homo Hierarchicus.* Chicago: University of Chicago Press.

DURKHEIM. Emile, 1886. "Revue générale: Les études de science sociales", *Revue Philosophique de La France et de l'Étranger* 22, p.61-80.

_____, 1887. "La science positive de la morale en Allemagne", *Revue Philosophique de La France et de l'Étranger* 24, p.33-58,113-42, 275-84.

_____, 1912. *Les formes élémentaires de la vie religieuse.* Paris: Alcan.

_____, 1947 [1912]. *The Elementary Forms of the R eligious Life.* Glencoe, Illinois: Free Press.

_____, 1949 [1893]. *The Division of Labor in Society.* Glencoe, Illinois: Free Press.

_____, 1950a [1895]. *The Rules of the Sociological Method.* Glencoe, Illinois: Free Press.

_____, 1950b [1895]. *Les regles de la méthode sociologique.* Paris: PUF.

_____, 1951. *Sociologie et philosophie.* Paris: PUF.

_____, 1960 [1914]. "The dualism of human nature and its social conditions", in *Emile Durkheim* (org. por Kurt H. Wolff). Columbus: Ohio State UP.

_____, 1965. *Montesquieu and Rousseau.* Ann Arbor: University of Michigan Press/Paperbacks.

_____ e Marcel Mauss, 1963 [1901-2]. *Primitive Classification.* Londres: Cohen and West.

ENGELS, Frederick, 1940 [1927]. *Dialectics of Nature.* Nova York: International Publishers. (Escrito na maior parte entre 1872 e 1882)

_____, 1972 [1891]. *The Origin of the Family, Private Property and the State* (org. por Eleanor Burke Leacock). Nova York: International Publishers.

EPISTEMON, 1968. *Ces idées qui ont ébranlé la France.* Paris: Fayard.

EVANS-PRITCHARD, E.E., 1937. *Witchcraft: Oracles and Magic among the Azande.* Oxford: Clarendon Press.

_____, 1940. *The Nuer.* Oxford: Clarendon Press.

_____, 1954. *Social Anthropology.* Glencoe, Illinois: Free Press.

FIRTH, Raymond, 1963. *Elements of Social Organization.* Boston: Beacon Press.

_____, 1965. *Primitive Polynesian Economy*, 2ª ed. Londres: Routledge and Kegan Paul.

_____, 1972. "The sceptical anthropologist: Social anthropology and Marxist views on society", *Proceedings of the British Academy* 18, p.3-39.

FORTES, Meyer, 1945. *The Dynamics of Clanship among the Tallensi.* Londres: Oxford UP.

_____, 1949. *The Web of Kinship among the Tallensi.* Londres: Oxford UP.

_____, 1957. "Malinowski and the study of kinship", in *Man and Culture* (org. por R. Firth). Nova York: Humanities Press.

_____, 1969. *Kinship and the Social Order.* Chicago: Aldine.

FOX, Robin, 1967. *Kinship and Marriage.* Harmondsworth/Middlesex: Penguin Books.

FRIEDMAN, Jonathan, 1974. "Marxism, structuralism, and vulgar materialism", *Man* s.n., p.444-69.

FURET, François, 1967. "A report on the French Left: from Marxism to structuralism", *Dissent* (mar-abr), p.20-33.

GABORIAU, Marc, 1970 [1963]. "Structural anthropology and history", in *Structuralism: A Reader* (org. por Michael Lane). Londres: Jonathan Cape.

GARAUDY, Roger, 1965. "Structuralisme et 'Mort de l'homme'", *Pensée* 135 (out), p.107-24.

GEERTZ, Clifford, 1973. *The Interpretation of Cultures.* Nova York: Basic Books.

GIFFORD, Edward,1924. "Tongan myths and tales", Bernice P. Bishop Museum Bulletin 8.

_____, 1929. "Tongan society", Bernice P. Bishop Museum Bulletin 61.

GILSON, Richard P., 1963. "Samoan descent groups", *Journal of the Polynesian Society* 72, p.372-7.

GODELIER. Maurice, 1972 [1966]. *Rationality and Irrationality in Economics.* Londres: NLB.

_____, 1973. *Horizon, trajets marxistes en anthropologie.* Paris: Maspero.

GRAVES, Maitland, 1951. *The Art of Color and Design.* Nova York: McGraw-Hill.

GREGORY, R.L., 1966. *Eye and Brain.* Nova York: McGraw-Hill.

GREIMAS, A.J., 1966. "Structure et histoire", *Les Temps Modernes* 246 (nov), p.815-27.

GROVES, Murrav, 1963. "The nature of Fijian society", *Journal of the Polynesian Society* 72, p.272-91.

HABERMAS, Jurgen, 1971. *Knowledge and Human Interests.* Boston: Beacon Press.

HARRIS, Marvin, 1968. *The Rise of Anthropological Theory.* Nova York: Crowell.

HART, Keith, 1974. "The development of patrilineal institutions in an open economy: Tallensi. 1900-1970", *Proceedings of the Internal Congress of Economic Anthropology*, Florença.

HENSON, Hilary, 1974. *British Social Anthropologists and Language.* Oxford: Clarendon Press.

HERING, Ewald, 1964 [1920]. *Outlines of a Theory of the Light Sense.* Cambridge: Harvard UP.

HEUSCH, Luc de, 1971. *Pourquoi l'épouser?.* Paris; Gallimard.

HOCART, A.M., 1915. "Chieftainship and the sister's son in the Pacific", *American Anthropologist* 17, p.641-6.

_____, 1929. "Lau Island, Fiji", *Bernice P. Bishop Museum Bulletin* 62.

_____, 1952. *The Northern States of Fiji.* Londres: Royal Anthropological Institute *Occasional Publication* n.111.

_____, 1970 [1936]. *Kings and Councillors: An essay in the comparative anatomy of human society* (org. por Rodney Needham). Chicago: University of Chicago Press.

HORN, Marilyn J., 1968. *The Second Skin: An Interdisciplinary Study of Clothing*. Boston: Houghton Mifflin.

HUNTTMAN, Judith W., 1971. "Concepts of kinship and categories of kinsmen in the Tokelau Islands", *Journal of the Polynesian Society* 80, p.317-54.

HURVICH, Leo M.,1960. "The opponent-process scheme", in *Mechanisms of Color Discrimination* (org. por Y. Gallfret). Nova York: Pergamon Press.

_____ e Dorothea Jameson, 1957. "An opponent-process theory of color vision", *Psychological Review* 4, p.384-404.

JAMESON, Frederic, 1972. *The Prison House of Language*. Princeton: Princeton UP.

JARRÉ, Raymond, 1946. "Marriage et naissance chez les Fidjiens de Kadavu", *Journal de la Société des Océanistes* 2(2), p.79-92.

JARVIE, I.C., 1969 [1967]. *The Revolution in Anthropology*. Chicago: Regnery.

KAEPPLER, Adrienne L., 1971. "Rank in Tonga", *Ethnology* 10, p.174-93.

KAMAKAU, Samuel M., 1964. "Ka Po'e Kahiko: The people of old", *Bernice P. Bishop Museum Special Publication* 51.

KELLY, Raymond C., 1968. "Demographic pressure and descent group structure in the New Guinea highlands", *Oceania* 39, p.36-63.

KINTER, Minnie, 1940. "Color trends in daytime dresses. 1935-39", tese de mestrado, Home Economics and Household Administration, Universidade de Chicago.

KOLAKOWSKI, Leszek, 1969. *Toward a Marxist Humanism*. Nova York: Grove Press.

KRADER, Lawrence (org.), 1972. *Introduction to the Ethnological Notebooks of Karl Marx*. Assen: Van Gorcum.

_____, 1973a. "Karl Marx as ethnologist". *Transactions of the New York Academy of Sciences* ser. 2.35 (4), p.304-13.

_____, 1973b. "The works of Marx and Engels in ethnology compared", *International Review of Social History* 18, p.223-75.

KROEBER, A.L., 1948. *Anthropology*. Nova York: Harcourt Brace.

KUPER, Adam, 1973. *Anthropologists and Anthropology: The British school. 1922-1972*. Nova York: Pica Press.

LANGER, Susanne, 1957. *Philosophy in a New Key*. 3ª ed. Cambridge: Harvard UP.

LEACH, E.R., 1951. "The structural implications of matrilineal crosscousin marriage", *Journal of the Royal Anthropological Institute* 81, p.23-55.

_____, 1954. *Political Systems of Highland Burma*. Cambridge: Harvard UP.

_____, 1957. "The epistemological background to Malinowski's empiricism", in *Man and Culture* (org. por R. Firth). Nova York: Humanities Press.

_____, 1960. "The Sinhalese of the dry zone of northern Ceylon", in *Social Structure in Southeast Asia* (org. por G.P. Murdock). Viking Fund Publications in Anthropology 29. Chicago: Quadrangle Books.

_____, 1964. "Anthropological aspects of language: animal categories and verbal abuse", in *New Directions in the Study of Language* (org. por Eric H. Lenneberg). Cambridge: MIT Press.

_____, 1966. "Rethinking anthropology", *London School of Economics Monographs on Social Anthropology* 22.

_____, 1970. *Claude Lévi-Strauss*. Nova York: Viking.

_____, 1972. "The structure of symbolism", in *The Interpretation of Ritual* (org. por J.S. La Fontaine). Londres: Tavistock.

LEE, Richard B. e Irven DeVore (orgs.), 1968. *Man, the Hunter*. Chicago: Aldine.

LENIN, V.I., 1972 [1920]. *Materialism and Empirio-Criticism*. Peking: Foreign Languages Press.

LESTER, R.H., 1939-40. "Betrothal and marriage customs of MbauFiji", *Oceania* 10, p.273-85.

LÉVI-STRAUSS, Claude, 1963a. *Totemism*. Boston: Beacon Press.

_____, 1963b. *Structural Anthropology*. Nova York: Basic Books.

_____, 1965. *Tristes Tropiques*. Nova York: Atheneum.

_____, 1966. *The Savage Mind*. Chicago: University of Chicago Press.

_____, 1969 [1967]. *The Elementary Structure of Kinship*, ed. rev. Londres: Eyre and Spottiswoode.

_____, 1971. *L'homme nu*. Paris: Plon.

_____, 1972. "Structuralism and ecology", *Barnard Alumnae* (primavera 1972), p.63ss.

_____, 1973. "Religion, langue et histoire. A propos d'un texte inédit de Ferdinand de Saussure", in *Méthodologie de l'histoire et des sciences humaines (Mélanges en l'honneur de Fernand Braudel)*. Paris: Privat.

Levy, Sidney, 1968. "Symbols by which we buy", in *Consumer Behavior* (org. por James F. Engel). Homewood, Illinois: Irwin.

LINKSZ, Arthur, 1952. *Physiology of the Eye*. Vol.2: Vision. Nova York: Grune and Stratton.

_____, 1964. *An Essay on Color Vision and Clinical Colorvision Tests*. Nova York: Grune and Stratton.

LINTON, Ralph, 1936. *The Study of Man*. Nova York: Appleton-Century.

LIVERGOOD, Norman D., 1967. *Activity in Marx's Philosophy*. Haia: Martinus Hijhoff.

LUKÁCS, Georg, 1971. *History and Class Consciousness*. Cambridge: MIT Press.

LUKES, Steven, 1972. *Emile Durkheim: His Life and Work*. Nova York: Harper and Row.

LYNES, Russel, 1957. *A Surfeit of Honey*. Nova York: Harper.

LYONS, John, 1968. *Introduction to Theoretical Linguistics*. Cambridge: Cambridge UP.

MABUCHI, Toichi, 1960. "Two types of kinship rituais among Malayo-Polynesian peoples" *Proceeding of the IXth International Congress for the History of Religions*, p.51-61. Tóquio: Maruzen.

_____, 1964. "Spiritual predominance of the sister", in *Ryukyan Culture and Society* (org. por Alan H. Smith). Honolulu: University of Hawaii Press.

MCLELLAN, David, 1970. *Marx before Marxism*. Nova York: Harper and Row/Harper Torchbooks.

_____, 1971a. *Marx's Grundrisse*. Londres: Macmillan.

_____, 1971b. *The Thought of Karl Marx*. Nova York: Harper and Row.

MACPHERSON, Crawford Brough, 1962. *The Political Theory of Possessive Individualism*. Oxford: Clarendon Press.

_____, 1973. *Democratic Theory: Essays in Retrieval*. Oxford: Clarendon Press.

MALINOWSKI, Bronislow, 1912. "The economic aspect of the Intichiuma ceremonies", *Festkrift tillegnad Edvard Westermarck*. Helsingfors: J. Smalji.

_____, 1921. "The primitive economics of the Trobriand Islanders", *Economic Journal* 31, p.1-16.

_____, 1930. "Kinship", *Man* 30(17), p.19-20.

_____, 1931. "Culture", *Encyclopedia of the Social Sciences* 6, p.621-46.

_____, 1949 [1923]. "The problem of meaning in primitive languages", *Supplement to The Meaning of Meaning* (org. por C.K. Ogden e A.I. Richards). Londres: Routledge and Kegan Paul.

_____, 1950 [1922]. *Argonauts of the Western Pacific.* Londres: Routledge and Kegan Paul.

_____, 1954. *Magic, Science and Religion.* Garden City/Nova York: Doubleday/Anchor Books.

_____, 1960 [1944]. *A Scientific Theory of Culture and Other Essays.* Nova York: Oxford UP.

_____, 1964 [1936]. "The dilemma of contemporary linguistics", in *Language in Culture and Society* (org. por Dell Hymes). Nova York: Harper and Row.

_____, 1965 [1935]. *Coral Gardens and Their Magic.* 2 vols. Bloomington: Indiana UP.

_____, 1966 [1926]. *Crime and Custom in Savage Society.* Londres: Routledge and Kegan Paul.

_____, 1967. *A Diary in the Strict Sense of the Term.* Nova York: Harcourt Brace and World.

MALO, David, 1951. "Hawaiian antiquities", *Bernice P. Bishop Museum Special Publication* n.2.

MARIE, Alain, 1972. "Parente, échange matrimonial et réciprocité", *L'Homme* 12(3), p.5-46; 12(4), p.5-36.

MARX, Karl, 1904 [1859]. *A Contribution to the Critique of Political Economy.* Chicago: Kerr.

_____, s.d. [1869]. *The Eighteenth Brumaire of Louis Bonaparte.* Moscou: Foreign Languages Publishing House.

_____, 1933 [1849]. *Wage-Labor and Capital.* Nova York: International Publishers.

_____, 1961 [1844]. *Economic and Philosophical Manuscripts of 1844.* Moscou: Foreign Languages Publishing House.

_____, 1964. *Pre-capitalist Economic Formations* (org. por E.J. Hobsbawm). Londres: Lawrence and Wishart.

_____, 1967 [1867,1893,1894]. *Capital.* 3 vols. Nova York: International Publishers.

_____, 1968 [1847]. *Misère de la philosophie.* Paris: Editions Sociales.

_____, 1972. *The Ethnological Notebooks of Karl Marx* (org. por L. Krader). Assen: Van Gorcum.

_____, 1973 [1857-58]. *Grundrisse.* Harmondsworth, Middlesex: Penguin Books

MARX, Karl e Friedrich Engels, 1936. *Correspondence: 1846-1895.* Nova York: International Publishers.

_____, 1965. *The German Ideology.* Londres: Lawrence and Wishart.

MATHEWS, Mitford M., 1951. *Dictionary of Americanisms.* 2 vols. Chicago: University of Chicago Press.

MAUSS, Marcel, 1966 [1923-24]. "Essai sur le don", in *Sociologie et Anthropologie.* Paris: PUF.

MAXWELL, James Clerk, 1970 [1872]. "On colorvision", in *Sources of Color Science* (org. por David L. MacAdam). Cambridge: MIT Press.

MEAD, Margaret, 1930. "The social organization of Manu'a", *Bernice P. Bishop Museum Bulletin* 76.

MÉSZÁROS, Istvan, 1972. *Marx's Theory of Alienation*. Nova York: Harper and Row/Harper Torchbooks.

MILLS, C. Wright, 1962. *The Marxists*. Nova York: Dell.

MILNER, G.B., 1952. "A study of two Fijian texts", *Bulletin of the School of Oriental and African Studies* 14(2), p.346-77 (Universidade de Londres).

MONOD, Jacques, 1972 [1970]. *Chance and Necessity*. Nova York: Random House/Vintage Books.

MONTESQUIEU, Barão de, 1966 [1748]. *The Spirit of the Laws*. Nova York: Hafner.

MORGAN, Lewis Henry, 1868. *The American Beaver and his Works*. Filadélfia: Lippincott.

____, 1963 [1877]. *Ancient Society* (org. por E.B. Leacock). Cleveland: World Publishing Company.

MURDOCK, George Peter, 1949. *Social Structure*. Nova York: Macmillan.

____ (org.), 1960. "Cognatic forms of social organization", in *Social Structure of Southeast Asia*. Viking Fund Publications in Anthropology 29. Chicago: Quadrangle Books.

____, 1972. "Anthropology's mythology", *Proceedings of the Royal Anthropological Institute of Great Britain and Ireland for 1971*, p.17-24.

MURPHY, Robert F., 1970. "Basin ethnography and ethnological theory", in *Languages and Cultures of Western North America* (org. por E.H. Swanson Jr.). Pocatello: Idaho State UP.

____, 1971. *The Dialectics of Social Life*. Nova York: Basic Books.

MURRAY, David C. e Herdis L. Deaber, 1957. "Colors and mood-tones", *Journal of Applied Psychology* 41, p.279-83.

NADEI, S.F., 1957. "Malinowski on magic and religion", in *Man and Culture* (org. por R. Firth). Nova York: Humanities Press.

NEEDHAM, Rodney, 1963. "Introduction to Emile Durkheim and Marcel Mauss", *Primitive Classification*, VII-XLVIII. Londres: Cohen and West.

____, 1972. *Belief, Language and Experience*. Chicago: University of Chicago Press.

OLLMAN, Bertell, 1971. *Alienation*. Cambridge: Cambridge UP.

PANOFF, Michel, 1970. *La terre et l'organisation en polynésie*. Paris: Payot.

PARAIN, Charles, 1965. "Structuralisme et histoire", *Pensée* 135 (out.), p.38-52.

PARSONS, Talcott, 1968 [1937]. *The Structure of Social Action*. 2 vols. Nova York: Free Press.

PARTRIDGE, Eric, 1967. *A Dictionary of Slang and Unconventional English*. 6ª ed. Nova York: Macmillan.

PAZ, Octavio, 1970. *Claude Lévi-Strauss: An Introduction*. Ithaca/Nova York: Cornell UP.

PEIRCE, Charles S., 1932. *Collected Paper of Charles Sanders Peirce* (org. por Charles Hartshorne e Paul Weiss), Vol.2: Elements of logic. Cambridge: Harvard UP.

PETERS, Richard, 1956. *Hobbes*. Harmondsworth, Middlesex: Peguin Books.

PETROVIC, Gajo, 1967. *Marx in the Mid-Twentieth Century*. Garden City/Nova York: Doubleday/Anchor Books.

PIAGET, Jean, 1971 [1968]. *Structuralism*. Londres: Routledge e Kegan Paul.

POFFENBERGER, A.T. e B. Barrows, 1924. "The feeling value of lines", *Journal of Applied Psychology* 8, p.187-205.

POKORNY, Joel e Vivianne C. Smith, 1972. "Color vision of normal observers", in *The Assessment of Visual Function* (org. por A.M. Potts). Saint Louis: Mosby.

POLANYI, Karl, 1944. *The Great Transformation*. Nova York: Rinehart.

POUILLON, Jean, 1966. "Préséntation: Un essai de définition", *Les Temps Modernes* 246, p.769-90.

_____, 1975. *Fétiches sans fétichisme*. Paris: Maspero.

QUAIN, Buell, 1948. *Fijian Village*. Chicago: University of Chicago Press.

RADCLIFFE-BROWN, A.R., 1948 [1922]. *The Andaman Islanders*. Glencoe: The Free Press.

_____, 1952. *Structure and Function in Primitive Society*. Londres: Cohen and West.

_____, 1957. *A Natural Science of Society*. Glencoe : Free Press.

_____ e D. Forde (orgs.), 1950. *Introduction to African Systems of Kinship and Marriage*. Londres: Oxford UP for the International African Institute.

RADIN, Paul, 1966 [1933]. *The Method and Theory of Technology*. Nova York: Basic Books.

RAPPAPORT, Roy A., 1967. *Pigs for the Ancestors*. New Haven: Yale UP.

_____, 1971. "Nature, culture and ecological anthropology", in *Man, Culture and Society* (org. por H.L. Shapiro). Londres: Oxford UP.

RESEK, Carl, 1960. *Lewis Henry Morgan: American scholar*. Chicago: University of Chicago Press.

RICHARDS, Audrey, 1957. "The concept of culture in Malinowski's work", in *Man and Culture* (org. por R. Firth). Nova York: Humanities Press.

RICHARDSON, Jane e A.L. Kroeber, 1940. "Three centuries of womens's dress fashions", *University of California Antropological Records* 5, p.111-54.

RICOEUR, Paul, 1967. "La structure, le mot, l'événement", *Esprit* 360, p.801-21.

_____, 1970. *History and Truth*. Evanston: Nortwestern UP.

ROSENCRANZ, Mary Lou, 1972. *Clothing Concepts*. Nova York. Macmillan.

ROUSSEAU, Jean-Jacques, 1964. *Oeuvres complèts*. Vol.3: Du Contrat Social; Écrits Politiques. Paris: Bibliothèque de la Pléiade.

RUDOLFSKY, Bernard, 1947. *Are Clothes Modern?* Chicago: Theobald.

RYAN, Mary Shaw, 1966. *Clothing: A Study in Human Behavior*. Nova York: Holt, Tinehart and Winston.

SAHLINS, Marshall, 1961. "The segmentary lineage: An organization of Predatory expansion", *American Antropologist* 63, p.322-45.

_____, 1962. *Moala: Culture and Nature on a Fijian Island*. Ann Arbor: University of Michigan Press.

_____, 1969. "Economic anthopology and anthropological economics", *Social Science Information* 8 (5), p.13-33.

_____, 1972. *Stone Age Economics*. Chicago: Aldine-Atherton.

_____, 1976. "Colors and cultures", *Semiotica* 16(1), p.1-22.

SALISBURY, Richard, 1962. *From Stone to Steel*. Cambridge: Cambridge UP.

SAPIR, Edward, 1933. "Language", *Encyclopedia of the Social Sciences* 9, p.155-69.

SARGENT, Walter, 1923. *The Enjoyment and Use of Colors*. Nova York: Scribner's.

SARTRE, Jean-Paul, 1968. *Search for a Method*. Nova York: Random House/Vintage Books.

SAUSSURE, Ferdinand de, 1966 [1915]. *Course in General Linguistics*. Nova York: McGraw-Hill.

SCHAFF, Adam, 1967 [1964]. *Langage et connaissance.* Paris: Editions Anthropos.

____, 1970. *Marxism and the Human Individual.* Nova York: McGraw-Hill.

SCHMIDT, Alfred, 1971. *The Concept of Nature in Marx.* Londres: NLB.

SCHNEIDER, David M., 1968. *American Kinship: A Cultural Account.* Englewood Cliffs, N.J.: Prentice-Hall.

____, 1972. "What is kinship all about?", in *Kinship Studies in the Morgan Centennial Year* (org. por P. Reining). Washington, D.C.: Anthropological Society of Washington.

SCHWARTZ, Jack, 1958. *Men's Clothing and the Negro.* Tese de mestrado. Committee on Communication, Universidade de Chicago.

SEBAG, Lucien, 1964. *Marxisme et structuralisme.* Paris: Payot.

SILVERSTEIN, Michael, 1976. "Shifters, linguistic categories and cultural description", in *Meaning in Anthropology* (org. por K. Basso e H. Selbey). Albuquerque: University of New Mexico Press for School of American Research.

SIMMEL, George, 1904. "Fashion", *International Quarterly* 10, p.130-55.

SMITH, Marian, 1959. "Boas 'natural history' approach to field method", in *The Anthropology of Franz Boas* (org. por W. Goldschmidt). American Anthropological Association memoir 89.

SOUTHAL, James P.C., 1937. *Introduction to Physiological Optics.* Londres: Oxford UP.

SPENGLER, Oswald, 1956. *The Decline of the West.* Vol.1. Nova York: Knopf.

STEINER, Franz, 1954. "Notes on comparative economics", *British Journal of Sociology* 5, p.118-9.

STEWARD, Julian H., 1936. "The economic and social basis of primitive bands", in *Essays in Honor of Alfred Lewis Kroeber* (org. por R.H. Lowie). Berkeley: University of California Press.

____, 1938. "Basin-Plateau aboriginal sociopolitical groups", Smithsonian Institution, Bureau of American Ethnology *Bulletin 120.* Washington, D.C.: U.S. Government Printing Office.

____, 1955. *Theory of Culture Change.* Urbana: University of Illinois Press.

STOCKING, George W. Jr. 1968. *Race, Culture and Evolution.* Nova York: Free Press.

____, 1974. *The Shaping of American Anthropology 1883-1911: A Franz Boas Reader.* Nova York: Basic Books.

STONE, Gregory P., 1959. "Clothing and social relations: A study of appearance in the context of community life", tese de doutorado em sociologia. Universidade de Chicago.

TAMBIAH, S.J., 1969. "Animals are good to think and good to prohibit", *Ethnology* 8, p.423-59.

TERRAY, Emmanuel, 1972. *Marxism and "primitive" societies.* Nova York: Monthly Review Press.

THOMPSON, Laura, 1940. "Southern Lau, Fiji: An ethnography", *Bernice P. Bishop Museum Bulletin* 162.

TIPPEL, Alan Richard, 1968. "Fijian material culture", *Bernice P. Bishop Museum Bulletin* 232.

TREGEAR, Edward, 1891. *The Maori-Polynesian Comparative Dictionary.* Wellington: Lyon and Blair.

TURKLE, Sherry, 1975. "Simbol and festival in the French student uprising (May-June 1968)", in *Symbol and Politics in Communal Ideology* (org. por Sally Falk Moore e Barbara G. Meyerhoff). Ithaca, Nova York: Cornell UP.

TURNER, Bryan S., 1974. "The concept of social 'stationariness': Utilitarianism and Marxism", *Science and Society* 38, p.3-18.

TURNER, Terence S., MS. "The social structure of the Northern Kayapo".

TURNER, Victor, 1967. *The Forest of Symbols*. Ithaca, Nova York: Cornell UP.

VALERI, Renee, 1971. "Study of tradicional food supply in the southwest of France", *Ethnologia Scandinavica*.

VALERI, Valério, 1970. "Struttura, transformazione, 'esaustivita': Un'esposizone di alcuni concetti di Claude Lévi-Strauss", *Annali della Scuola Normale Superiore di Pisa*, ser.2, 39, p.347-75.

VAYDA, Andrew P., 1965. "Anthropologist ecological problems", in *Man, Culture and Animals* (org. por A.P. Vadya). American Association for the Advancement of Science Publication 78, p.1-5.

____, 1969. "An ecological approach in cultural anthropology", *Bucknell Review* 17(1), p.112-9.

____ e Roy A. Rappaport, 1967. "Ecology, cultural and non-cultural", in *Introduction to Cultural Anthropology* (org. por J. Clifton). Boston: Houghton Mifflin.

VEBLEN, Thorstein, 1934 [1899]. *The Theory of the Leisure Class*. Nova York: Modern Library.

VENABLE, Vernon, 1966 [1945]. *Human Nature: The MarxianView*. Cleveland: World Publishing Co.

VOLOSINOV, V.N., 1973 [1930]. *Marxism and the Philosophy of Language*. Nova York: Seminar Press.

VYGOTSKY, L.S., 1962. *Thought and Language*. Cambridge/Nova York: MIT Press/ John Wiley.

WAGNER, Roy, 1972. *Habu*. Chicago: University of Chicago Press.

WELLMER, Albrecht, 1971. *Critical Theory of Society*. Nova York: Herder and Herder.

WENTWORTH, Harold e Stuart Berry Flexner, 1967. *Dictionary of American Slang*. Nova York: Crowell.

WEXNER, Louis B., 1954. "The degree to which colors (hues) are associated with mood-tones", *Journal of Applied Psychology* 38, p.432-5.

WHITE, Leslie, 1942. "On the use of tools by primates", *Journal of Comparative Psychology* 34, p.370-4.

____, 1949. *The science of Culture*. Nova York: Farrar, Straus and Cudahy.

____, 1958. "Man, culture, and human beings". Comunicação do vice-presidente e diretor da Seção E (Antropologia) da American Association for the Advancement of Science. Washington, D.C., 27.12.1958 (mimeo).

____, 1959a. "The concept of culture", *American Anthropologist* 61, p.227-51.

____, 1959b. *The Evolution of Culture*. Nova York: McGraw-Hill.

____, 1960. "Four stages in the evolution of minding", in *The Evolution of Man* (org. por Sol Tax). Chicago: University Chicago Press.

WILLIAMS, Thomas e James Calvert, 1959. *Fiji and the Fijians*. Nova York: Appleton.

WOLF, Eric R., 1964. *Anthropology*. Englewood Cliffs, N.J.: Prentice-Hall.

WORSLEY, Peter M., 1956. "The kinship system of the Tallensi: A revaluation", *Journal of the Royal Anthropological Institute* 86, p.37-75.

AGRADECIMENTOS

Gostaria de agradecer especialmente àqueles que, em parte ou no todo, participaram da versão de um ou outro manuscrito deste livro e ofereceram a sua crítica e o seu estímulo: Firthjof Bergmann, James Boon, Vern Carroll, Remo Guidieri, Paul Kay, Raymond Kelly, Julius Kirshner, Barbara Sahlins, David Schneider, Bob Scholte, Judith Shapiro, Michael Silverstein, George Stocking, Jr., Stanley Tambiah, Michael Taussig e Terence Turner.

Um gentil convite do Departamento de Antropologia do Lehman College da City University of New York permitiu-me dar expressão pública a estas ideias numa série de conferências, em abril de 1973. Sou grato à professora Lucy Saunders, pela oportunidade a mim concedida e pela hospitalidade com que me recebeu.